Original illisible
NF Z 43-120-10

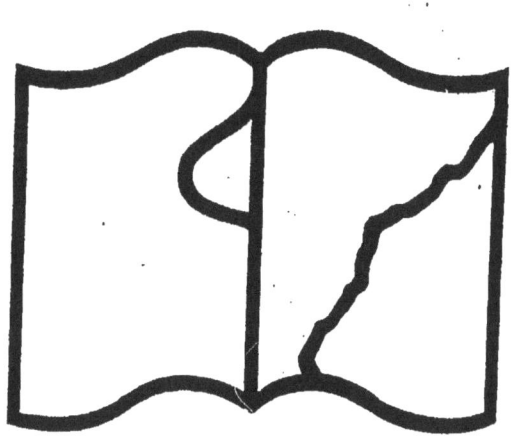

Texte détérioré — reliure défectueuse
NF Z 43-120-11

"VALABLE POUR TOUT OU PARTIE
DU DOCUMENT REPRODUIT".

LES CÔTES DE LA FRANCE

DE

SAINT-NAZAIRE A BIARRITZ

PAR LA PLAGE

Grand in-4°

BAYONNE

LES CÔTES DE LA FRANCE

Par Madame DE LALAING

DE

SAINT-NAZAIRE A BIARRITZ

PAR LA PLAGE

Volume orné de 70 gravures.

J. LEFORT, ÉDITEUR

LILLE | PARIS
RUE CHARLES DE MUYSSART, 24 | RUE DES SAINTS-PÈRES, 30.

Propriété et droit de traduction réservés.

DE SAINT-NAZAIRE A BIARRITZ

PAR LA PLAGE

CHAPITRE PREMIER

DE SAINT-NAZAIRE AU POULIGUEN

Départ de Saint-Nazaire. — Pornichet. — Le Pouliguen.

Depuis une heure, je me promenais de long en large dans la gare de Saint-Nazaire, quand on signala enfin le train de Nantes; quelques instants plus tard, les voyageurs débarquaient sur le quai; parmi eux était Charles Duval.

— Enfin ! m'écriai-je en l'apercevant à travers les vitres de la salle d'attente.

Il entendit ma voix, m'aperçut, remit son billet de bagages au conducteur de l'omnibus de correspondance, et me rejoignit aussitôt.

— Cette fois me voilà ! dit-il en me tendant la main.

— Ce n'est pas malheureux.

— J'ai bien cru vraiment que je ne voyagerais pas cette année.

— Et pourquoi cela ?

— Tu as reçu mon télégramme ?

— Oui, mais j'avoue n'y avoir pas compris grand'chose. Qu'est-ce que tout cela signifie ? Je ne t'ai jamais connu d'oncle.

— Ni moi non plus. Ou plutôt je savais que ma mère avait un frère et que conséquemment je devais avoir un oncle ; mais cet oncle ayant quitté la France plusieurs années avant ma naissance, je n'avais jamais eu occasion de t'en parler. Eh bien, ne voilà-t-il pas qu'il s'imagine de débarquer à Dunkerque juste la veille du jour où j'en devais partir.

» — Il est malheureux que cela tombe ainsi, me dit mon père ; mais tu dois comprendre que ton voyage est maintenant impossible.

» Je le comprenais trop.

» Mais ma mère est bien bonne, tu le sais, et mon oncle est son digne frère ; le lendemain de l'arrivée de M. Dassy, ma mère lui glissa, tout doucement, deux mots de certain voyage que j'avais projeté de faire cette année avec un de mes amis.

» — Quand pars-tu ? me demanda-t-il aussitôt.

» — Je ne pars pas, mon oncle, lui répondis-je.

» — Pourquoi cela ?

» — Je ne vous ai pas encore vu, balbutiai-je.

» — Tu me verras à ton retour.

» — Mais mon oncle....

» — Il n'y a pas de mais. Je ne prétends pas que tu modifies en rien tes projets. Je ne quitterai pas la France avant le mois de novembre. Je vais rester ici une semaine ou deux, puis j'irai passer un mois à Paris, et ne reviendrai à Dunkerque que vers la fin de septembre. C'est à peu près l'époque où, sans doute, tu comptes y rentrer toi-même; nous ferons alors plus ample connaissance.

» — Mon oncle....

» — J'entends que tu partes le plus tôt possible.

» Je t'ai envoyé mon second télégramme. Et me voici.

— Ton oncle est un brave homme.

— Il a gagné immédiatement toute mon affection.

Pendant que nous causions dans la salle d'attente, on avait transporté au dehors et chargé sur l'omnibus les bagages à destination de Saint-Nazaire. Comme nous sortions enfin de la gare,

— En voiture, Messieurs, nous cria le conducteur de la correspondance, nous partons.

Nous sautâmes vivement dans l'omnibus.

L'heure du déjeuner était passée depuis longtemps, quand nous arrivâmes à l'hôtel, car le train, qui devait arriver à midi, avait eu du retard. On nous servit dans une salle particulière. Nous mangeâmes de fort bon appétit; nous étions très gais, et nous n'oubliâmes pas de boire à la santé du brave oncle de Charles. Nous étions d'autant plus heureux à la pensée de recommencer ensemble nos pérégrinations annuelles que Charles avait cru, deux jours, son voyage manqué et que j'avais, de mon côté, éprouvé un vif désappointement à la réception du malencontreux télégramme qui renversait nos projets.

Pour voyager, il faut être deux, je l'ai dit souvent et je le soutiens. Pour moi, un compagnon m'est indispensable en voyage. Fort enthousiaste de ma nature, il m'est souvent impossible de retenir l'expression de mon admiration en face des belles œuvres de la création, ou même des merveilleuses découvertes enfantées par le génie humain; il me faut alors trouver à qui parler. Charles est, il est vrai, loin de partager mon exaltation, mais s'il ne me comprend pas, du moins il m'écoute. Et puis, comme toutes les choses de ce monde, les voyages ont parfois leurs ennuis, leurs désagréments, leurs difficultés : à deux, on supporte ce qui, seul, vous irriterait au point de vous enlever tout le plaisir d'une promenade ; on rit ensemble d'un obstacle qui paraîtrait insurmontable à chacun en particulier ; on affronte une fatigue devant laquelle l'un comme l'autre reculerait certainement. Charles est à ce point de vue un charmant compagnon de voyage ; aimant ses aises autant et plus que personne, il s'accommode de tout au besoin.

— La mauvaise humeur, dit-il, ajoute encore à des privations inévitables, pourquoi s'inquiéter des choses auxquelles on ne peut rien ?

Il est philosophe, mon ami Charles ; je le suis moins que lui, je l'avoue, et parfois son flegme m'impatiente ; nous nous disputons, mais cela ne dure guère, nous nous raccommodons bientôt, et n'en sommes pas moins bons amis.

Ayant achevé de déjeuner, nous montâmes dans nos chambres.

Charles procéda à sa toilette. Quand il fut prêt :

— Maintenant, dit-il, l'itinéraire ?

— Nous avons visité Saint-Nazaire l'année dernière, lui répondis-je, y séjourner cette année serait perdre notre temps. Mon avis est de partir demain matin pour le Pouliguen ; nous avons plusieurs pays à voir sur la route, ce sera notre première étape. Après-demain nous irons au Croisic, visiterons Guérande au retour, et reviendrons coucher à Saint-Nazaire, car je suis d'avis de remonter ensuite la Loire jusqu'à Nantes, en atterrant à Paimbœuf.

— Voilà un itinéraire que j'approuve de tous points. Mais aujourd'hui que ferons-nous ?

— Es-tu fatigué ?

— Non, j'ai passé la nuit à Nantes.

— Eh bien alors, j'y pense, si nous prenions nos valises et que nous allions, en nous promenant, dîner à Pornichet ; c'est à peine à seize kilomètres, cela nous avancerait pour demain.

— Partons.

Charles replaça dans sa valise les objets qu'il en avait déjà tirés ;

je préparai la mienne et réglai notre compte, puis nous nous mîmes en route.

Le temps, très beau, n'était cependant pas trop chaud, car il avait fait de l'orage la veille. Nous suivîmes la route du chemin de fer jusqu'à Saint-André-des-Eaux, puis, appuyant à gauche, nous allâmes passer près du château de Lesnerac.

Cette habitation tout entourée de verdure, et à laquelle conduisent deux magnifiques avenues d'arbres, est fort belle.

Nous rapprochant ensuite de la mer, nous suivîmes la côte jusqu'à Pornichet, où nous arrivâmes à près de six heures. C'était justement l'heure du bain, et la petite plage nous parut fort animée. Les baigneurs y étaient nombreux, et aussi les simples spectateurs, venus là pour assister à leurs joyeux ébats, ainsi qu'aux exploits de quelques nageurs fort habiles, je puis sciemment l'affirmer, car, nous étant assis sur le sable, dans le simple but de nous reposer quelques instants, nous restâmes plus d'une heure à les regarder, partageant l'admiration de leur galerie ordinaire.

Nous nous rendîmes ensuite au *Grand Hôtel*.

Après le dîner, nous retournâmes sur la plage où toute la colonie était de nouveau réunie, et nous passâmes une très agréable soirée à regarder les promeneurs et à respirer le bon air salin dont nous avions été si longtemps privés.

Le lendemain matin, vers neuf heures, nous quittions Pornichet. Une charmante route, tracée à travers un bois de pins, et au bord de laquelle s'élèvent de jolies villas, nous conduisit directement de cette station balnéaire au Pouliguen, où nous devions déjeuner et passer une partie de la journée.

Charmant pays que le Pouliguen ! Je l'avais souvent entendu vanter, j'avais lu la belle description qu'en a faite un de nos célèbres romanciers ; je l'aimais avant de le connaître ; en le voyant, je n'eus pas de désillusion. Sa belle plage de sable fin, bordée de jolies villas, est située en plein midi, ce qui n'est pas un grand avantage pendant les chaudes journées d'août, mais est fort apprécié des propriétaires désireux de prolonger leur séjour au bord de la mer pendant les froides journées d'automne.

La position du port et de la jetée est superbe ; de quelque côté qu'on tourne ses regards, la baie du Pouliguen offre un coup d'œil admirable ; à droite, s'élèvent les rochers pyramidaux de Pontchâteau ; à gauche, s'étend la grève d'Escoublac, terminée par une série de rochers allant de Pornichet à la pointe de Chasnoulin ; en face, se dressent les redoutables écueils de l'entrée de la Loire ; un peu plus loin que Pontchâteau, on aperçoit le rocher et le banc de sable de Leven, le canal de Baguenaud et le célèbre rocher de la Pierre-Percée ; plus loin encore, le grand et le petit Charpentier, et, à l'horizon, la pointe de Saint-Gildas ; enfin, si on a la chance de jouir d'un temps aussi clair que celui qu'il faisait le 4 août 188., au delà, bien au delà, le phare du Pilier et l'île de Noirmoutier.

Arrivés de bonne heure au Pouliguen, nous eûmes le temps de faire ample connaissance avec le pays avant le déjeuner, et, même en nous reposant longuement, nous eussions pu aller dîner ce jour-là au bourg de Batz, voire même au Croisic ; mais la température était beaucoup plus élevée que la veille, et nous avions perdu l'habitude de la marche ; nous cédâmes à la paresse et ne changeâmes rien à notre programme.

Après le déjeuner, nous allâmes nous promener un peu sur la jetée ; puis, ayant entendu dire qu'il y avait au Pouliguen un jardin public, appelé le Bois, où nous pourrions trouver de l'ombre et de la fraîcheur, nous allâmes nous y asseoir. Nous y restâmes jusqu'à cinq heures, heure à laquelle nous nous rendîmes sur la plage.

Cette fois nous ne nous contentâmes pas, comme la veille, de regarder les baigneurs, mais nous suivîmes leur exemple et prîmes un excellent bain, après lequel, frais et dispos, nous rentrâmes dîner.

Comme nous sortions le soir, je rencontrai un de mes amis, que je savais aller tous les ans au Pouliguen, mais que j'en croyais bien loin en ce moment. C'était un nouveau marié ; il me présenta à sa

CHAPITRE I

jeune femme, que je ne connaissais pas encore; de mon côté, je présentai Charles Dupré à M. et à M%me% de Branval. Nous nous promenâmes quelque temps ensemble, puis mon ami nous emmena terminer la soirée chez lui. Il habite une des plus charmantes villas de la plage. De sa terrasse, on domine la baie tout entière; nous passâmes une fort agréable soirée.

Au premier coup de dix heures, nous nous levâmes et voulûmes prendre congé de nos hôtes.

— Vous rentrez déjà? nous dit Lucien de Branval.

— Il le faut.

— Et pourquoi?

— Nous partons demain à cinq heures, et je crois que notre journée sera fatigante.

— A cinq heures! mais il ne passe pas de train à cette heure, observa M%me% de Branval.

— Nous voyageons à pied.

— A pied!

— Mais c'est la manière la plus agréable de voyager (pour des hommes s'entend), quand on veut voir en détails les pays qu'on parcourt.

— Vous allez d'ici?

— Au Croisic.

— Au Croisic!

— Oui, Madame, en nous arrêtant au bourg de Batz.

— C'est singulier.

— Quoi donc, Madame?

— Nous devons faire demain cette même promenade. Lucien a retenu la voiture ce matin.

— Et s'il pouvait être agréable à ces Messieurs d'en profiter, reprit mon ami, nous aurions deux places à leur offrir dans notre calèche. Cela nous procurerait le plaisir de passer ensemble la journée.

Nous ne pouvions refuser une si courtoise invitation. J'avoue d'ailleurs que l'idée de faire ce petit voyage avec M. et Mme de Branval me souriait infiniment. Et puis mon ami est né dans le pays; depuis qu'il l'a quitté pour habiter Paris, il n'a jamais manqué d'y retourner chaque année, et je savais trouver en lui un savant et complaisant cicerone.

Rendez-vous fut pris pour le lendemain huit heures.

CHAPITRE II

DU POULIGUEN AU CROISIC

Du Pouliguen à Batz. — Impression produite par le pays sur l'imagination des voyageurs. — Batz. — L'église. — Ruines de la chapelle de Notre-Dame-du-Mûrier. — Costumes de Batz. — Un enfant de Batz. — Les falaises. — La Barrière. — Un puits. — Arrivée au Croisic.

Le lendemain, comme huit heures sonnaient à l'église du Pouliguen, nous montions en voiture, M. et Mme de Branval, Charles et moi.

Lucien, garçon, passait pour un véritable boute-en-train, et le mariage ne semblait pas l'avoir changé ; sa femme est jeune, spirituelle et gaie ; pour moi, je n'ai pas la réputation d'engendrer la mélancolie, laquelle est complètement antipathique à Charles. Nous nous mîmes en route et commençâmes à deviser joyeusement. Pourquoi donc, moins d'un quart d'heure après avoir quitté le Pouliguen, étions-nous tous sérieux et pensifs ?

Il est inutile de chercher une autre cause à ce phénomène que l'impression profonde produite sur nous par le magnifique et saisissant spectacle que nous avions sous les yeux, spectacle à la fois monotone et triste, mais plein de grandeur et de poésie : d'un côté, un pays aride et désolé, une véritable plaine de sable ; de l'autre, la mer immense, reflétant l'éclatante lumière du soleil sur sa surface polie et miroitante, la mer calme, de ce calme perfide, précurseur souvent des plus terribles tempêtes.

Nous ne parlions plus, nous admirions et nous rêvions, sans doute. A quoi ?. Où peut s'égarer la pensée en face de l'Océan sans limites ?

> Boundless, endless and sublime,
> The image of eternity (1).

Tout à coup nous aperçûmes le clocher de Batz. Nous ne fûmes pas longtemps à arriver au bourg.

Situé sur le bord de la mer, dominé par son église construite sur une dune élevée, le bourg de Batz, dont le nom signifie en breton submergé, se compose d'humbles maisons habitées par de pauvres paludiers, qui semblent être venus chercher, à l'ombre de la maison de Dieu, un refuge contre les fureurs et les envahissements de l'Océan.

— Du temps des Romains et jusqu'au XIIe siècle, le pays de Batz était une île, nous dit M. de Branval ; mais l'espace compris entre l'île et la pleine terre s'étant peu à peu transformé en marais, l'île devint partie de la presqu'île du Croisic.

» L'église de Batz fut jadis un prieuré, placé sous l'invocation de saint Guénolé. Ce prieuré fut, dit-on, fondé en 945 par Alain-Barbe-Torte, comte de Nantes, qui fut plus tard duc de Bretagne ; il en fit don à Jean, abbé de Landévennec.

» Reconstruite aux XVe et XVIe siècles et restaurée en 1866, cette église n'a rien de bien remarquable, si ce n'est son clocher, ajouta Lucien de Branval après nous avoir donné ces détails. Cependant, si vous voulez, nous allons la visiter.

Nous étions en ce moment devant la porte de l'église de Batz. C'est une construction gothique assez ordinaire, dont la tour carrée, en pierre, est haute de soixante mètres.

Sur un des portails, Lucien nous fit remarquer la truie qui se rencontre dans un certain nombre d'églises bretonnes.

(1) Lord Byron.

Étant entrés, nous vîmes à l'intérieur deux piliers qui semblent du xiiie siècle et sont parfaitement conservés. La voûte du chœur est ornée de peintures, les clefs de voûte du collatéral nord sont fort belles.

En sortant de l'église, nous visitâmes les ruines de la chapelle de Notre-Dame-du-Mûrier. L'enceinte de cette chapelle, très intéressante par ses gracieuses ogives et ses charmantes sculptures, est presque intacte, et le reste de l'église pourrait facilement se réparer, malheureusement elle est complètement abandonnée.

— Avant de déjeuner, nous dit Lucien, allons voir maintenant le menhir.

Nous suivîmes la côte et ne tardâmes pas à arriver devant une belle pierre druidique de près de trois mètres de haut. Mme de Branval, qui ne connaissait pas la Bretagne, examina avec beaucoup d'intérêt ce magnifique débris d'un culte et d'une civilisation si différents des nôtres.

Nous nous dirigeâmes ensuite vers l'hôtel où avait été remisée la voiture, et y arrivâmes juste à temps pour déjeuner à table d'hôte.

Aussitôt sortis de table, nous pensâmes à partir pour le Croisic, mais notre cocher n'avait pas encore mangé. Lucien nous proposa d'aller, en l'attendant, faire un tour dans le village.

Comme nous passions devant l'église, une noce en sortait.

Une partie du pays était réunie sur la place, et nous pûmes constater la beauté et la force physique de cette population de Batz si vantée, et non sans raison, qui a conservé presque sans altération les traits caractéristiques de cette belle race saxonne dont elle descend : la haute taille, les cheveux blonds, l'œil gris bleu, particulier aux peuples du nord, et, surtout, cet air de dignité que peu de races possèdent à un aussi haut degré.

Le costume des habitants de Batz leur est aussi particulier que leur type et leurs mœurs; il nous parut d'ailleurs fort joli.

La femme de Batz est parfaitement belle sous son originale

coiffure, aux barbes tombantes; son collet de dentelle, son fichu artistement plissé, lui siéent à ravir; et sa robe blanche à manches rouges ou bleues, son jupon court, le plus souvent noir, quelquefois vert, bordé de velours, laissant apercevoir une jambe bien prise, coquettement emprisonnée dans un bas rouge à fines mailles et à fourchettes tranchantes, lui complètent un costume élégant et pimpant qu'elle seule a jamais porté et que personne ne porterait comme elle.

Le costume des hommes de Batz ne manque pas non plus d'originalité; leurs hauts-de-chausses larges et plissés ont du caractère, et leur chapeau, à larges bords fièrement relevés, convient à leur mâle et altière beauté.

J'aurais voulu croquer quelques-uns des groupes arrêtés sur la place, je n'en eus pas le temps. La noce, s'étant formée en cortège, se dirigea vers la maison de la mariée. Sans nous être rien dit, nous la suivîmes. Nous n'eûmes pas loin à aller. Le cortège s'arrêta bientôt devant une maison, très simple, mais nouvellement blanchie. La porte était ouverte, les mariés entrèrent les premiers. Arrêtés à quelque distance, nous pûmes plonger un regard curieux à l'intérieur de la maison et apercevoir la pièce où l'on mettait en ce moment le couvert.

— Comme tout est propre et luisant ici, remarqua Mme de Branval; on voit bien que c'est jour de fête.

— Tu te trompes, Berthe, reprit Lucien; je suis sûr que si tu revenais ici dans quinze jours ou dans un mois, tu trouverais tout dans le même état qu'aujourd'hui, et même dans un état plus parfait, car les préparatifs de la noce ont nécessairement mis un peu de désordre dans la maison.

— Tu crois?

— J'en suis sûr.

— J'avais toujours entendu dire, et je croyais que la propreté n'était pas la vertu dominante des Bretons.

— Ceux-ci sont des paludiers, et les paludiers sont de race

CHAPITRE II

saxonne; ils diffèrent des Bretons par un besoin de bien-être intérieur, inconnu à ces derniers, et ne sauraient vivre dans les misérables demeures qu'habitent la plupart de nos paysans; il leur

COSTUMES DE FÊTE DES PALUDIERS

faut, à eux, des planchers bien propres et des meubles luisants; leurs ménagères peuvent rivaliser avec les célèbres ménagères flamandes.

Cependant, tout en étudiant les costumes et les usages des habitants de Batz, nous avions oublié que le temps passait, et que notre cocher devait nous attendre depuis longtemps. Tout à coup, nous vîmes accourir vers nous un petit garçon d'une douzaine d'années :

— Messieurs et Madame, nous dit-il, c'est vous, n'est-ce pas, qui avez déjeuné à l'hôtel et qui devez aller au Croisic? Votre cocher m'a chargé de vous dire que, si vous voulez avoir un peu de temps à y rester, vous feriez bien de partir.

— Merci, mon enfant, lui répondit Lucien, nous allons nous rendre tout de suite à l'hôtel. Tu es du pays?

— Oui, Monsieur.

— Comme il parle bien le français, remarqua Mme de Branval; je croyais qu'ici on ne parlait et on n'entendait que le breton.

— Tu te trompais, ma chère; nous sommes ici, malgré l'apparence sauvage de la contrée, dans un pays très civilisé; on y parle français au moins autant que breton.

Ayant remarqué que l'enfant tenait un livre sous le bras,

— Où vas-tu donc ainsi? lui demandai-je.

— A l'école, Monsieur.

Otant sa casquette, l'enfant nous salua poliment et se mit à courir, afin, sans doute, de regagner le temps qu'il avait perdu à faire la commission de notre cocher.

— Décidément, fit Mme de Branval, je crois que nos petits paysans des environs de Paris pourraient prendre des leçons des enfants de Batz.

— Assurément.

Tout en causant, nous nous acheminions vers l'hôtel; nous y fûmes en quelques instants.

Pendant que M. de Branval allait régler notre compte avec le maître de la maison, nous nous installâmes dans la voiture. Il ne fut pas longtemps à nous rejoindre. Aussitôt le cocher fouetta son cheval qui partit presqu'au galop. Nous étions en retard.

La distance n'est que de trois kilomètres du bourg de Batz au Croisic, en suivant les dunes, improprement appelées falaises de Batz.

CHAPITRE II

Nous aperçûmes, en passant, quelques restes de la Barrière, ligne de fortifications construite par Nicolas Bouchard, partisan de Jean de Montfort, en 1355, et qui fit du Croisic une des places les plus fortifiées de Bretagne.

A peu de distance du Croisic, Lucien nous fit remarquer un puits près duquel plusieurs jeunes filles étaient réunies ; toutes portaient des cruches de terre, aux formes généralement élégantes.

— On se croirait en Judée, observai-je ; il me semble que cette belle fille qui, en ce moment, puise de l'eau à la fontaine, doit s'appeler Rébecca.

— Et peut-être, fit en souriant Mme de Branval, ne seriez-vous pas bien éloigné d'envier le sort d'Isaac.

Le cocher, se retournant,

— Cette belle fille s'appelle Suzon, dit-il ; c'est la p'tiote à la Mascotte, la sorcière du Calvaire.

Je partis d'un grand éclat de rire, provoqué par l'à-propos du renseignement. Mais mon accès d'hilarité ne dura guère.

— La cruche est lourde pour elle, ajouta le cocher, mais personne assurément ne l'aiderait à la porter.

En effet, la pauvre enfant, ayant fini de puiser, s'éloignait lentement, pliée sous le poids du fardeau dont elle était chargée.

Pauvre petite, pensai-je, devenant sombre, encore une victime de la superstition.

J'allais demander à Pierre des renseignements sur la sorcière du Calvaire, mais je n'en eus pas le temps. Comme j'ouvrais la bouche pour l'interroger, la voiture s'arrêtait devant l'*Hôtel des bains;* nous étions au Croisic.

Il était deux heures et demie ; M. et Mme de Branval devaient repartir pour le Pouliguen aussitôt après le dîner et désiraient profiter de leur voyage. Nous ne perdîmes pas de temps.

Après avoir seulement jeté un coup d'œil sur la baie du Port-Lain, petite plage située au pied de la terrasse de l'établissement, nous nous dirigeâmes vers le port.

CHAPITRE III

LE CROISIC

Position et histoire du Croisic. — Son port. — Notre-Dame-de-Pitié. — Le mont Saint-Esprit et le mont Lénigo. — La chapelle de Saint-Goustan. — L'établissement des bains Valentin. — La Grande-Côte. — Le Grand-Autel et le trou du Kourigan. — La pointe du Croisic. — Rochers et plages.

Le Croisic est une jolie ville, située à l'extrémité de la presqu'île du même nom, sur la rive méridionale du petit golfe du Trait.

Le Croisic fut fondé au ve siècle par des Saxons qui, s'y étant établis, allèrent, de là, ravager la Bretagne. En 557, ces Saxons, convertis au christianisme par saint Félix, plantèrent la croix sur le rivage. De là vient, dit-on, le nom du Croisic, dont l'étymologie la plus généralement admise et la plus naturelle est *petite croix*, étymologie confirmée par les armes de la ville « une croix et quatre hermines, » mais contestée par quelques savants qui veulent faire dériver le mot Croisic du celtique *Groaz*, grève, sable, auquel ils ajoutent la terminaison *ic*, diminutif breton.

Ce qu'il y a de certain, c'est qu'il se forma, dans la ville du Croisic, d'excellents marins qui obtinrent des ducs de Bretagne des privilèges importants, plus tard confirmés par les rois de France.

Au XIVe siècle, le Croisic se trouva mêlé aux querelles de Jean de Montfort et de Charles de Blois et tomba successivement au pouvoir des deux partis.

En 1340, Louis d'Espagne s'empara de ses navires au nom de Charles de Blois pour aller assiéger Guérande.

En 1345, Bouchard, au nom de Montfort, fit construire la Barrière, importante ligne de fortifications qui demeura intacte jusqu'en 1597.

En 1470, François II arma cinq navires au Croisic.

En 1512, quatre navires croisicais forcèrent les Anglais, d'abord vainqueurs des Français, à une fuite honteuse.

Au XVIᵉ siècle, le Croisic, comme la France entière, eut beaucoup à souffrir des guerres de religion.

Cette ville ayant pris parti pour la Ligue, La Tremblay, capitaine du roi, s'en empara et lui imposa une contribution de 30,000 écus.

Cependant, lors du siège de la Rochelle, le Croisic fournit à Richelieu deux vaisseaux de guerre, équipés à ses frais.

En 1759, cette ville repoussa du feu de ses batteries une flotte anglaise, qui venait de remporter, en vue des côtes, une victoire sur les Français.

Le port du Croisic fut un des premiers qui arma pour la pêche de la morue, sur les bancs de Terre-Neuve. Aujourd'hui, sa principale richesse repose sur le commerce du sel et la pêche de la sardine.

C'est à l'ouest du bassin du Trait que se trouve le port du Croisic, protégé par deux îlots nommés les Jonchères, et terminé par un petit bassin appelé la chambre des Vases, où s'abritent les gabares qui chargent le sel et où se construisent les chaloupes.

Au nord, à l'est et au sud du bassin du Trait, s'étendent les marais salants du Croisic, du bourg de Batz et de Guérande, qu'un promontoire artificiel, la chaussée de Pembron, préserve de l'envahissement des sables. Cette chaussée fut construite au commencement du XVIIIᵉ siècle; entre elle et le Croisic est le canal du Trait, au milieu duquel se trouve un rocher redoutable nommé rocher du Trait. Lorsque nous le vîmes pour la première fois, ce canal était à sec, car on était à basse mer, et il ne se remplit qu'à marée haute.

A l'ouest de la chaussée de Pembron, s'avance une jetée en granit.

Longue d'un kilomètre, la jetée du Croisic fut reconstruite en 1840 en remplacement d'une autre, élevée au xviiie siècle par le duc d'Aiguillon, pour protéger le bassin contre les tempêtes qui, fréquemment, viennent du large. A l'extrémité de la jetée, est un phare à feu fixe de dix milles de portée.

LE CROISIC

Le bassin du Trait, vaste et sûr, est bordé de quais, achevés au xviiie siècle par le duc d'Aiguillon, sur lesquels sont de belles maisons de granit. Derrière les quais, s'élève l'église du Croisic, Notre-Dame-de-Pitié. C'est vers elle que nous nous dirigeâmes en quittant le port. Cette église ressemble beaucoup à celle de Batz, mais elle est plus élégante et plus riche. Commencée en 1494, elle fut consacrée en 1517. Son portail nord, une des parties principales de l'édifice, porte la date de 1528 ; son clocher, haut de cinquante-six mètres, est seulement du xvii° siècle.

Le Croisic possède deux belles promenades, l'une à l'est, l'autre à l'ouest de la ville, le mont Saint-Esprit et le mont Lénigo. En sortant de l'église, nous nous dirigeâmes vers celle de l'est.

Le mont Saint-Esprit, placé entre le bassin du Trait et la gare, est une butte artificielle, en pierres provenant du lest des navires ; cette butte, qui tourne en colimaçon, est plantée de beaux arbres. Les habitants du Croisic aiment la promenade du mont Saint-Esprit, ils y montent armés de longues-vues, et ils suivent de là les évolutions des navires en même temps qu'ils jouissent d'un admirable coup d'œil. D'un côté, on aperçoit l'anse de Pembron, s'avançant dans les terres, ainsi que les maisons entourées de verdure qui s'élèvent sur ses bords ; de l'autre, Turballe, Piriac, les îles Dumet, d'Houat et d'Houédic, les côtes du Morbihan, Belle-Isle, etc. ; en face, le phare du Four, et plus loin, au sud, celui du Pilier ; enfin, à l'horizon, l'Océan.

Du mont Saint-Esprit, nous nous dirigeâmes vers le mont Lénigo.

En nous rendant d'une promenade à l'autre, nous eûmes occasion de remarquer l'aspect agréable de la ville. Les maisons du Croisic sont peu élevées, mais généralement propres et bien bâties.

Le mont Lénigo est une butte en pente douce ; comme le mont Saint-Esprit, il est planté de beaux arbres et porte un sémaphore et un feu fixe. Un autre feu fixe s'élève près du rivage. Le mont Lénigo domine un beau mail planté. A l'est, au sud et même à l'ouest, la vue est à peu près la même qu'au mont Saint-Esprit ; mais du côté du nord, dominant la baie du Croisic, on aperçoit la pointe de l'île de Dumet, et, à l'horizon, l'embouchure de la Vilaine.

Après nous être reposés quelques instants sur le mont Lénigo, nous en descendîmes, et, guidés par Lucien, nous nous dirigeâmes vers la chapelle de Saint-Goustan.

Cette chapelle, rangée au nombre des monuments historiques, est surtout remarquable par son antiquité. Elle est située un peu en dehors de la ville, au lieu où, suivant la légende, son saint patron aborda, après avoir traversé la mer, soutenu par une force miraculeuse.

De la chapelle Saint-Goustan, nous revînmes à l'hôtel. Il était temps ; quand nous arrivâmes, on sonnait la table d'hôte.

A huit heures, M. et Mᵐᵉ de Branval nous quittaient pour retourner au Pouliguen.

Nous n'avions pas eu le temps, dans la journée, d'aller voir la plus belle plage du Croisic, celle qui se trouve devant l'établissement des bains Valentin, nous l'avions seulement aperçue de loin le matin. Nous nous y rendîmes et y passâmes la soirée.

Le lendemain, dès sept heures, nous nous mettions en route afin de faire, dans la matinée, le tour de la pointe du Croisic, promenade que Lucien de Branval nous avait beaucoup recommandée.

Nous passâmes devant la chapelle Saint-Goustan et suivîmes la côte jusqu'à l'extrémité de la presqu'île.

C'est après avoir doublé la pointe du Croisic, sur laquelle se trouve un petit fort, que notre promenade devint surtout intéressante et pittoresque. Ayant dépassé le corps de garde, nous arrivâmes bientôt sur ce qu'on appelle la Grande-Côte. A partir de ce moment, nous ne rencontrâmes plus que rochers aux formes étranges, aiguilles allongées, profondes crevasses. A plusieurs reprises, nous sentîmes le sol trembler sous nos pas, un bruit d'eau, s'engouffrant avec fracas, nous fit comprendre que nous étions au-dessus de grottes, creusées dans le granit par l'action des flots.

Au milieu des nombreux rochers de la Grande-Côte, nous remarquâmes particulièrement une sorte de promontoire, appelé le Grand-Autel et renommé pour la pêche du homard et de la chevrette, ainsi qu'une cavité, excessivement profonde, désignée dans le pays sous le nom de trou du Kourigan.

Qu'était-ce que le Kourigan ?

Le rivage s'étant tout à coup abaissé, nous nous trouvâmes sur une jolie petite plage, encaissée dans les rochers, la plage de Portereau, à la suite de laquelle nous en rencontrâmes deux autres, celle du Sable-Chenu et celle des Bonnes-Femmes où sont quelques cabines de bains.

Nous rentrâmes au Croisic par les bains Valentin, et arrivâmes à l'hôtel un peu avant midi.

Nous remontâmes dans nos chambres afin de fermer nos valises et réglâmes notre compte pour nous avancer. A une heure, nous prenions le chemin de fer de Guérande. Connaissant le bourg de Batz et le Pouliguen, nous n'avions aucune raison pour faire la route à pied.

CHAPITRE IV

GUÉRANDE

Origine et histoire de cette ville. — Son aspect général. — Ses fortifications. — L'église Saint-Aubin. — Coiffure des femmes de Guérande. — Guérande, évêché. — Les marais salants.

Lucien de Branval m'avait prêté une *Histoire de Guérande et de ses environs*. Je profitai du temps que j'avais à passer en chemin de fer pour la parcourir, et y trouvai quelques renseignements assez curieux sur la vieille ville bretonne. Je vais les résumer ici en y ajoutant quelques détails.

Vers le milieu du IVe siècle, après la dispersion, par l'empereur Julien, des barbares qui avaient pénétré dans les Gaules, la côte actuelle du Croisic, alors entourée de tous côtés par la mer, devint le repère des Saxons, qui, de cette île, allèrent faire des reconnaissances sur la terre ferme.

Les Romains avaient construit, sur la colline qui domine la ville, la forteresse de Grannona, dont le nom, réuni au mot breton Ker, cité, a produit Ker-rann, d'où Guérande. Les Saxons du Croisic s'établirent au pied de cette colline, et y fondèrent une ville.

Guérande eut la gloire de repousser deux fois les Normands, partout si redoutés. Cependant, vers 908, après la mort de leurs vainqueurs, Judicaël et Alain, ils reparurent. Les Guérandais, effrayés, allaient se décider à leur ouvrir leurs portes, quand, dans leur détresse, ils eurent l'idée de s'adresser à saint Aubin, leur patron. « Saint Aubin, rapporte Albert de Morlant, descendit du ciel et se mit à leur tête, et extermina dans une grande sortie le plus grand nombre des ennemis. »

L'histoire parle peu de Guérande pendant les siècles suivants. Cependant la prospérité de cette ville allait toujours croissant, par suite de l'extension de son commerce de sel, produit des marais salants dont elle est entourée.

Quand Louis d'Espagne, se portant au secours de Charles de Blois, vint assiéger Guérande, la garnison se retira dans la citadelle de Grannona. La défense fut admirable : prêtres, femmes, enfants, tous y prirent part. Des flots de sang coulèrent dans la ville. L'église Saint-Aubin fut livrée aux flammes, et les malheureux qui s'y étaient réfugiés, enfouis sous les décombres de la voûte écroulée ; sept mille Guérandais périrent. Les Espagnols détruisirent la citadelle.

Cependant, l'année suivante, Jean de Montfort fournit à Guérande les pierres nécessaires à la réédification de ses remparts, et ce fut sous les murs de Guérande que son fils, Jean IV, signa le traité de pacification qui mit fin à la guerre.

« On s'y assembla de part et d'autre, dit un historien, à cause du carême, afin d'avoir du poisson plus abondamment. »

La paix de Guérande, conclue sous la médiation du roi de France, représenté par l'archevêque de Reims, fut signée devant le grand autel de Saint-Aubin en 1365. Le comte de Montfort jura, sur son âme, et les représentants de la duchesse de Blois, sur l'âme de leur maîtresse, de respecter et de fidèlement exécuter cette paix.

Seize ans plus tard, de nouvelles conventions, que les contractants jurèrent sur la vraie croix, furent signées par Jean IV dans l'église Notre-Dame de la Blanche. Ce second traité de Guérande assurait à la maison de Montfort la possession exclusive de la couronne.

Entre les deux traités, la guerre s'était rallumée, et Guérande avait, suivant son habitude, pris parti contre la France. Assiégée par Du Guesclin et Clisson, elle avait été prise par le grand connétable en 1373.

PORTE SAINT-MICHEL A GUÉRANDE

Plus tard, cependant, le calvinisme s'étant répandu dans la ville, Guérande se montra pour Henri III et Henri IV, contre Mercœur. C'est à Guérande que se réunirent les États de Bretagne en 1625.
Au siècle dernier, Guérande était une ville assez importante pour envoyer un député aux États.

Elle fut prise par les royalistes en 1793. La garnison soutint un siège contre eux en 1815, et, quoiqu'ils eussent les sympathies de la majorité des habitants, ils furent forcés de fuir.

Les Guérandais se montrèrent en plusieurs circonstances vraiment héroïques.

En 1379, la flotte castillane menaçait leur ville; elle avait débarqué trois cents hommes; ceux-ci furent repoussés par seize habitants de Guérande, sous les ordres de Guillaume de Châtel.

En 1457, les Espagnols, beaucoup plus nombreux, désolaient la côte; cette fois encore, ils débarquèrent à Guérande. Chavaignac, sénéchal de Guérande, réunit trois cents hommes de la ville et des faubourgs, et força l'ennemi à regagner ses vaisseaux.

Guérande doit sa prospérité actuelle au commerce très actif de son port, et surtout à l'exploitation de ses marais salants.

Le voyage n'est pas long du Croisic à Guérande. Il n'était pas deux heures quand nous entrâmes dans la vieille ville féodale; nous avions encore une grande partie de l'après-midi pour la visiter; mais, ne voulant donner que cette journée à Guérande, nous n'avions assurément pas de temps à perdre.

L'aspect de Guérande est tout particulier; je ne saurais dire l'impression que produisit, au premier moment, sur moi, la vieille cité bretonne, avec ses hautes murailles qu'enserre un inextricable réseau de lierre; ses remparts à mâchicoulis, flanqués de hautes tours ébréchées, dans les échancrures desquelles poussent le chèvrefeuille et le jasmin; ses fossés, tapissés de glaïeuls et de nénuphars; ses portes massives, aux voûtes surbaissées, sous lesquelles passent constamment les chars à bœufs, si communs dans le pays, et les mules empanachées des paludiers. Guérande est encore aujourd'hui entièrement entourée de fossés et de murailles. Ses belles murailles de granit, de quinze cents mètres de circonférence, sont celles que bâtit Jean V en 1431. Des onze tours dont elles étaient flanquées, dix subsistent encore.

Vue du dehors, Guérande semble plutôt une forteresse qu'une

ville. On ne peut y entrer que par quatre portes, situées aux quatre points cardinaux.

La porte Vannetaise, au nord, du côté de la gare, celle par laquelle nous pénétrâmes dans la ville, se compose de deux tours en ruines.

A l'est, la porte Saint-Michel, la principale, formant, à elle seule, une véritable forteresse, est défendue par deux tours élevées. Elle renferme les archives, la prison et l'hôtel de ville.

PLAN D'UN MARAIS SALANT

Enfin, les portes Bizienne et de Saillé sont de simples arcades.

Des boulevards plantés d'arbres entourent la ville et forment, entre les portes Saint-Michel et de Saillé, une terrasse élevée d'où l'on jouit d'un magnifique coup d'œil sur les marais salants, les dunes d'Escoublac, le bourg de Batz, le Croisic et la mer, sur laquelle était autrefois Guérande et dont elle est maintenant distante de cinq kilomètres.

Cette terrasse, la promenade favorite de Guérande, se nomme le Mail.

La physionomie intérieure de Guérande est en parfait rapport avec l'aspect de sa gothique enceinte. Les rues étroites et tortueuses n'ont pas été modifiées depuis des siècles; les maisons à pignons n'y sont soumises à aucune espèce d'alignement; au pied des murailles, tapissées à l'intérieur comme à l'extérieur de plantes grimpantes, sont des fossés, dont l'eau croupit faute d'écoulement.

Autrefois, Guérande avait un grand nombre de monuments. Mais son château a été détruit; le marché au bois occupe l'emplacement où il s'élevait jadis; les hôtels de la Prévôté et de l'Amirauté sont aujourd'hui maisons particulières; l'hôtel de ville et la prison ont été transférés dans les tours de la porte Saint-Michel. Des nombreuses églises de Guérande, deux seulement existent encore : Notre-Dame de la Blanche et l'église Saint-Aubin.

Ce qu'on regrette encore à Guérande, c'est le costume national; il a presqu'entièrement disparu. Cependant les femmes portent encore, lorsqu'elles s'habillent, l'ancienne coiffure, à longues barbes gracieusement relevées sur le sommet de la tête.

Après avoir parcouru la ville à peu près dans son entier, afin de juger de son aspect général, nous nous dirigeâmes vers l'église Saint-Aubin.

En même temps que nous, un baptême entrait dans l'église. Nous remarquâmes avec étonnement que les femmes qui lui faisaient cortège portaient des coiffures à longues barbes pendantes, encadrant leur visage d'une façon très seyante, mais qui leur donnait un air de gravité tout à fait remarquable. Je demandai le soir au propriétaire de l'hôtel dans lequel nous étions descendus, comment il se faisait que les femmes de Guérande ne portassent pas toutes la même coiffure.

— Je ne comprends pas ce que Monsieur veut dire, me répondit cet homme, toutes les Guérandaises se coiffent de même lorsqu'elles s'habillent.

— Excepté cependant celles qui entraient tantôt à l'église Saint-Aubin.

— Je crois bien, fit-il; elles avaient laissé tomber les barbes de leurs coiffures pour entrer dans l'église.

— Pourquoi cela?

— Je l'ignore, c'est un usage.

ARRIVÉE DES PALUDIERS A L'ÉPOQUE DE LA RÉCOLTE DU SEL

Il fallut me contenter de cette réponse.

Pour en revenir à l'église Saint-Aubin, elle date du IXe siècle. Les étranges chapiteaux qui surmontent les six premiers piliers de la nef affirment, paraît-il, aux véritables connaisseurs qu'elle fut reconstruite aux XIIe et XIIIe siècles, et appartient par conséquent au style de transition. A part ces chapiteaux, les parties les plus anciennes sont le transept et le chœur, qui ne remontent qu'aux xv⁰ et xvi⁰ siècles. A droite du porche principal, écroulé en 1876, se trouve une chaire extérieure, faisant corps avec le reste de l'édifice, et taillée comme lui en plein granit. On rencontre fort peu de ces chaires extérieures, dont, en dépit de toutes leurs recherches, les archéologues n'ont pu fixer au juste la destination. Celle-ci communiquait directement avec l'intérieur par un petit escalier, creusé dans l'épaisseur de la muraille.

Nous remarquâmes encore, dans cette église, des chapiteaux romans d'une très grande variété de sculptures, des vitraux anciens, de beaux retables du xvii⁰ siècle et un monument funèbre du xvi⁰.

Ce qui nous étonna beaucoup, ce fut d'apercevoir, sur les murs de l'église Saint-Aubin, des crosses et des mitres d'évêque sculptées. Ayant un jour fait allusion à cette particularité devant un vieux savant de ma connaissance, il m'en apprit la raison.

— Au ix⁰ siècle, me dit-il, les Guérandais eurent un évêque qui se nommait Gislard; il s'établit à Guérande en 855, et y resta jusqu'à sa mort, arrivée en 895. Il était soutenu par le roi breton Érispoë, et fut longtemps en lutte contre l'évêque de Nantes, Actard, que soutenait le roi franc.

— Mais, demandai-je, les Guérandais n'eurent pas d'autre évêque que celui-là ?

— Non, me répondit le savant, ils durent rentrer sous l'autorité de l'évêque de Nantes; mais leur collégiale prit désormais place dans les synodes, immédiatement après le chapitre métropolitain.

De l'église Saint-Aubin, nous allâmes à la chapelle Notre-Dame de la Blanche. Cette chapelle, bâtie par Jean de Montfort en 1348, est très petite, mais jolie. Elle se compose de cinq arcades à colonnes engagées; son portail, ainsi que ses vitraux, sont modernes. Elle a été entièrement restaurée.

Quand nous sortîmes de Notre-Dame de la Blanche, nous nous aperçûmes qu'il était tard, et dûmes rentrer immédiatement.

Nous passâmes la soirée à Guérande. La pluie s'étant mise à tomber vers la fin du dîner, nous ne pûmes sortir, et, pour passer le temps, nous fîmes causer notre hôte ; ce ne fut pas difficile, le brave homme étant, de son naturel, fort bavard. Nous lui demandâmes une foule de détails sur les marais salants, nous réservant de vérifier le lendemain l'exactitude de ses renseignements. De Guérande, nous devions nous rendre à pied à Escoublac, parcourant ainsi une partie du pays des salines.

Voici ce que nous apprîmes :

— Il y a de cela bien longtemps, nous dit notre hôte, il paraît que nos marais étaient couverts par la mer ; aujourd'hui, elle ne monte plus aussi haut ; alors, l'eau des grandes marées, retenue par l'inégalité du terrain, en s'évaporant à l'action du soleil, laissait le sel sur la grève, où l'on n'avait plus qu'à le recueillir.

— On procède tout autrement aujourd'hui ?

— Ah ! oui, Monsieur. On a creusé une quantité de bassins que l'on a divisés en compartiments ou œillets, dans lesquels sont introduites les eaux de la mer. Pendant l'hiver, on submerge ces bassins pour les préserver des dégradations de la gelée. C'est vers la fin d'avril que commence la récolte du sel.

— Les salines occupent-elles un grand nombre d'ouvriers ? demandai-je.

— Sept à huit mille.

— Mais la quantité du sel récolté dans ce pays est donc énorme ?

— Cinquante millions de kilogrammes, me disait-on il y a quelques jours. C'est entre Guérande et le bourg de Batz que sont les plus abondantes salines de Bretagne.

Notre hôte disait cela avec un accent de fierté. C'est que les salines sont la richesse de son pays.

Les premiers exploiteurs des marais salants furent les moines d'une abbaye voisine de Guérande. Les Saxons, lorsqu'ils se furent établis en conquérants dans le pays, ne négligèrent pas cette source de richesse, qui, depuis tant de siècles, n'est pas encore épuisée.

CHAPITRE V

DE GUÉRANDE A PAIMBŒUF

Rêveries. — Départ de Guérande. — Aspect des marais salants. — Escoublac. — Une ville disparue. — La Bôle. — Retour à Saint-Nazaire et départ pour Paimbœuf.

Quand nous nous réveillâmes, le lendemain matin, le soleil brillait à l'horizon; le ciel, entièrement dégagé, semblait promettre une belle journée. J'ouvris ma fenêtre, un air tiède et embaumé pénétra dans l'appartement. En face, de l'autre côté de la rue, mon regard s'arrêta sur le jardin d'un vieux manoir, aux murs bien sombres, aux arbres plusieurs fois centenaires, abandonné, je crois, mais où les œillets et le chèvrefeuille croissaient en abondance, couvrant vieux murs et vieux arbres de leurs fleurs gracieuses et parfumées.

Je songeai à ma cousine Juliette. Si elle était là, pensai-je, comme elle jouirait de cette belle matinée, comme ce pays poétique et pittoresque lui plairait!

Et déjà je faisais le projet de revenir un jour à Guérande avec elle... bientôt peut-être... quand elle serait ma femme.

— Eh bien! s'écria Charles, faisant irruption dans ma chambre, je croyais que nous devions partir de bonne heure. Il est huit heures passées.

— Déjà!

— Tu n'es pas prêt !

— Non, mais je le serai bientôt.

— Tu as fait la grasse matinée ?

— Je suis levé depuis longtemps.

— Alors, tu n'es pas pardonnable. Que faisais-tu ?

— Je regardais par la fenêtre.

— Belle occupation !

— Ne suis-je pas en vacances ? Je prends le plaisir où je le trouve.

— Et tu le trouves à cette fenêtre, à regarder une vieille maison et un jardin qui ressemble à une forêt vierge ?

— Oui ; je te plains de ne pas me comprendre.

Il haussa les épaules.

— Maintenant, dit-il, dépêche-toi. Je descends.

Un quart d'heure après, je le rejoignais. Nous prîmes une tasse de café au lait et partîmes aussitôt.

A peine sortis de Guérande, nous nous trouvâmes dans les marais salants. L'aspect de ces réservoirs d'eau, encadrés dans un réseau inextricable de digues et de sentiers, est des plus pittoresques ; des monticules polis et brillants, appelés malouins, que l'on rencontre à chaque pas et qui se dressent comme des tentes ou, si l'on veut, comme les meules que l'on voit dans nos campagnes, font fort bien dans ce paysage, d'ailleurs tout à fait particulier. Ces monticules sont formés avec le sel récolté pendant l'année, quelquefois plus anciennement, lequel reste ainsi jusqu'à l'heure d'être vendu ou exporté.

Une partie de ce sel est raffiné dans un grand établissement du Pouliguen, et sert à la conservation des sardines.

A une lieue de Guérande à peu près, nous passâmes devant le château de Carheil, château en ruines aujourd'hui, mais dont les ruines sont imposantes et grandioses. Les parties qui en subsistent appartiennent à deux époques ; les plus anciennes se composent d'un mur d'enceinte à créneaux et à mâchicoulis, très élevé et d'une grande épaisseur. Les autres, construites dans un temps plus calme, appartiennent à l'architecture fantaisiste de la Renaissance.

CHAPITRE V

Il était midi quand nous arrivâmes à Escoublac. Notre premier soin fut de déjeuner, car nous mourions de faim; puis, comme nous avions quelques heures à nous avant de prendre le train de Saint-Nazaire, nous allâmes nous promener jusqu'à la Bôle, nouvelle station de bains de mer, située au milieu de dunes plantées de pins.

FEMMES APPORTANT LE SEL

Le village d'Escoublac n'a absolument rien de curieux; mais un village du même nom, plus considérable, existait autrefois à un kilomètre à peu près du village actuel; la mer et le sable, poussés par le vent d'ouest, l'ensevelirent au milieu du siècle dernier; au commencement de ce siècle, on apercevait encore, au-dessus des sables, la flèche du clocher de son église.

Aujourd'hui pareil sinistre n'est plus à redouter; les sables des dunes d'Escoublac ont été fixés par des plantations de pins.

Nous revînmes de notre promenade à la Bôle, bien en temps pour prendre à cinq heures le train de Saint-Nazaire. Avant six heures, nous étions de retour à l'hôtel que nous avions quitté trois jours auparavant; nous dînâmes et nous couchâmes presqu'aussitôt, car nous voulions prendre le lendemain le bateau à vapeur de Nantes, et il partait à cinq heures du matin.

DÉPART POUR LA TROQUE

Nous quittâmes Saint-Nazaire par un temps magnifique. Nous devions nous arrêter à Paimbœuf. De Saint-Nazaire à Paimbœuf il n'y a que dix kilomètres, une simple promenade, mais une promenade ravissante sur le plus beau fleuve de France. Il était encore de très bonne heure quand nous y arrivâmes; mais, désireux de reprendre le bateau qui devait passer à une heure, nous nous hâtâmes de visiter la ville.

CHAPITRE VI

PAIMBŒUF

Origine et histoire de Paimbœuf. — Une ville morte. — Réflexions philosophiques. — Le port de Paimbœuf, son môle. — L'église. — Le maître-autel de Buzay.

La ville de Paimbœuf, ou plutôt le hameau dont elle tient la place, remonte à une haute antiquité. Son nom et son origine se trouvent dans des chartes du vi° siècle.

Nous lisons dans le plus ancien historien de la Bretagne :

« Un petit-fils d'Hoël le Grand, établi au-dessous de Nantes, sur l'autre rive de la Loire, dans le lieu nommé Paimbœuf, ou, comme parlaient nos anciens, Pénochen, ce qui signifie la même chose.... »

Vers la fin du même siècle, le château de Pénochen fut occupé par le comte de Vannes, le fameux Warroch, celui qui, se posant comme champion de l'indépendance armoricaine, allait ravager le pays de Nantes et « vendanger, à coups d'épée, les coteaux de la Loire. »

Dans les siècles suivants, l'histoire se tait sur Pénochen, qui certainement subit, comme les villes voisines, l'invasion normande.

Le prieuré de Notre-Dame fut fondé en 1052, il appartenait à l'abbé de Saint-Sauveur de Redon.

Le nom de Pénochen ou Pen'och veut dire en breton tête de

bœuf. Les Français ont francisé la première syllabe et traduit la seconde.

Au xive siècle, l'historien Monteil désigne l'ancien Pénochen sous le nom français de Paimbœuf.

« Nous avons sur l'Océan, dit-il, les ports de la Rochelle, des Sables, de Harfleur et de Paimbœuf. »

En 1682, Louis XIV érigea en marquisat, en faveur de René de Bruc, sa terre de la Guirche, d'où dépendaient Saint-Brevin, Corsept, Saint-Père, Sainte-Opportune, Saint-Michel et Paimbœuf, lui octroyant en même temps la permission de tenir audience de la juridiction dans le bourg ou l'île de Paimbœuf, peuplé du plus grand nombre d'habitants et le plus commerçant.

Paimbœuf n'avait été longtemps qu'un simple hameau de pêcheurs, colonie perdue au milieu des landes et des marais, devant laquelle les navires qui se rendaient à Nantes passaient dédaigneusement. Mais, plus tard, l'amoncellement des sables entravant la navigation, les bateaux de trois cents tonneaux durent relâcher à Paimbœuf. Alors des communications s'établirent entre son port et celui de Nantes, au moyen de barques et de gabares, portant seulement de soixante à cent tonneaux, à l'aide desquelles on transportait, d'un port à l'autre, les marchandises en destination de Nantes. Un quai fut construit à Paimbœuf pour le chargement et le débarquement des navires, un môle fut élevé au niveau des plus hautes marées; le hameau devint petite ville, et la prospérité de Paimbœuf croissant toujours, il ne lui fallut pas plus d'un siècle pour atteindre au chiffre de cinq mille habitants. En 1716, une ordonnance royale dota cette ville d'un hôpital. En 1750, elle fut érigée en paroisse. Bientôt un nouveau port fut créé, que l'on fit assez profond pour recevoir les plus grands bâtiments et même une frégate.

Mais, pendant la Révolution, Paimbœuf partagea la mauvaise fortune de Nantes; tant à cette époque que durant l'empire, cette ville perdit un tiers de sa population.

Plus tard, la création du port de Saint-Nazaire, en lui enlevant

CHAPITRE VI

la station des navires, porta à Paimbœuf un coup qu'on peut dire mortel; depuis lors, l'importance de son port a toujours été décroissant.

En parcourant les quais déserts de Paimbœuf, en considérant son port abandonné, ses chantiers déserts, je me sentis, je l'avoue, saisi d'une grande tristesse. Il en est des villes comme des États et des particuliers, un mot suffit parfois pour ruiner un homme, un décret condamne une ville florissante à l'abandon et à la misère; mais ce mot élève un autre homme, mais ce décret fonde une cité.

PAIMBŒUF

Paimbœuf n'est plus qu'un souvenir, les richesses des deux mondes affluent à Saint-Nazaire.

Tout passe et se renouvelle, c'est ce qui console le philosophe; moi, qui ne suis qu'un artiste et qu'un rêveur, je salue l'avenir, mais ne puis m'empêcher de donner au passé un souvenir et souvent un regret.

Ce que le port de Paimbœuf offre de plus remarquable, c'est son beau môle tout revêtu de pierres de taille. Il fut construit, de 1778 à 1782, sur les plans de M. Grosleau; long de deux cents pieds, sur vingt de large, il a été si parfaitement exécuté qu'on le croirait nouvellement achevé, tant il est bien conservé en dépit de la violence des lames qui le battent sans cesse. Malheureusement, il n'a pu prévenir l'ensablement du port.

Après avoir visité le port de Paimbœuf, nous entrâmes dans la ville.

Paimbœuf se divise en trois quartiers : la ville proprement dite, le haut et le bas Paimbœuf.

Paimbœuf est une ville longue et très étroite.

Il n'y a qu'un monument à voir à Paimbœuf, c'est l'église ; et, dans cette église, construite en 1744, le maître-autel seul est curieux. Il vient de l'abbaye de Buzay ; il ne lui manque que le couronnement du tabernacle. Il se compose d'une grotte pour l'exposition du Saint-Sacrement, formée par deux palmes en marbre surmontées d'une croix. Le tabernacle fut brisé pendant le transport.

Le maître-autel de Buzay fut acheté, en 1792, aux enchères par M. Brelet, maire de Paimbœuf, pour la somme de 610 francs.

Voici la description qu'en fait M. Pitre-Chevalier :

« L'autel, dans le style Louis XV, est en marbres précieux, encadrés dans des moulures et ornements de marbre blanc. Les gradins forment, de chaque côté du tabernacle, des arcs gracieux qui se recourbent en avant et présentent à leur extrémité des consoles en marbre blanc ; à droite et à gauche du tombeau, dont le milieu est occupé par un cartouche encadrant l'agneau, passent deux délicieuses têtes d'anges, terminées en consoles, dans le genre rocaille, servant de support ou de gradins. Deux petits anges en cariatides accompagnent la porte du tabernacle, qui se termine par un joli groupe de trois têtes d'anges sur lesquelles reposait autrefois le groupe d'exposition. »

Ce magnifique autel ferait honneur à une cathédrale.

En sortant de l'église, nous n'avions plus rien à faire à Paimbœuf ; nous allâmes déjeuner, puis nous nous rendîmes sur le port. Le bateau ne tarda pas à passer.

Deux heures plus tard, nous étions à Nantes.

CHAPITRE VII

NANTES

Origines, notions historiques.

La ville de Nantes remonte à la plus haute antiquité. Certains historiens vont jusqu'à prétendre qu'elle fut fondée par un petit-fils de Noé, nommé Namnès. D'autres donnent à son origine la date de 1620 avant Notre-Seigneur Jésus-Christ. Ce qu'il y a d'authentique, c'est qu'au moment de l'invasion romaine elle était occupée par les Namnètes dont, sous le nom de Cantignie, elle était la capitale et le principal *oppidum* (1). Les Romains changèrent son nom en celui de Candivinum et en firent un des chefs-lieux les plus importants de leur administration.

Le christianisme fut introduit à Nantes, vers 275, par saint Clair, qui en devint évêque. Ses premiers prosélytes furent deux jeunes patriciens, deux frères, qui, devenus d'ardents apôtres de la foi, ne contribuèrent pas peu à la conversion de leurs compatriotes et payèrent de leur vie leur zèle pour la religion du Christ. Martyrisés à Nantes en 290, ils y sont connus et honorés sous l'appellation touchante des enfants Nantais.

Nantes, dont l'importance commerciale tenait à la navigation de la Loire, devait prospérer sous la domination romaine qui, unissant

(1) Camp retranché servant tour à tour de champ de foire et de lieu de refuge pendant la guerre.

les pays, favorisait naturellement les opérations commerciales. Elle devint le grand entrepôt des métaux de l'Amérique et de la Grande-Bretagne, qui, de là, étaient transportés à Lyon, à Marseille et à Rome, et s'y échangeaient contre les produits industriels du Midi et de l'Orient.

Un monument, qui attestait cette prospérité de Nantes sous la domination romaine, exista longtemps près de la porte Saint-Pierre ; c'était une vaste salle voûtée, ayant servi de Bourse ou de tribunal de commerce et qui devait être consacrée, d'après une inscription découverte en ce lieu, à Volianus, dieu qui nous est inconnu et qui avait à Nantes un temple célèbre, dieu que les uns ont cru être Noé, dans lequel d'autres ont vu un des dieux de la théogonie des Gaules et qui, sans doute, n'était autre que Janus. C'est, croit-on, sur l'emplacement de ce temple que fut bâtie l'église de Saint-Pierre et Saint-Paul, élevée en 516 par saint Félix, évêque de Nantes, à l'endroit où se trouve la cathédrale actuelle.

A la chute de l'empire, le pays de Nantes fut conquis par le roi de France, Clovis. Lors du partage de ses États entre ses fils, la Bretagne fut divisée en quatre comtés dont l'un était celui de Nantes, tributaire des Francs. Mais Nantes tomba bientôt complètement sous le joug de Clotaire. Heureusement, ce roi s'y fit représenter par l'évêque Félix.

Saint Félix fut un des plus grands bienfaiteurs de Nantes. Il y fit exécuter d'immenses travaux d'amélioration ; il creusa des canaux pour endiguer l'Erdre par une large prise d'eau de neuf mètres ; il amena la Loire au pied des murs de Nantes qui, située au confluent de l'Erdre et du Seil, se trouva, dès lors, arrosée par trois cours d'eau dont un grand fleuve. Enfin, il fit achever la cathédrale, commencée par son prédécesseur, un monument admirable, d'après les descriptions des historiens du temps.

« Le vaisseau estoit si superbe en sa structure, dit le P. Albert, et si riche en ornemens et parures, qu'il ne s'en trouvoit point de pareil en toute la France. Toutes les parois en dedans estoient revestues d'images et de peintures très riches, faites à la mosaïque ; la vouste tout azurée, semée de grosses estoiles d'or, représentoit le firmament ; tout le bastiment estoit couvert de fin estain de Cornouaille insulaire, si clair, qu'aux rayons du soleil ou de la lune il ressembloit à l'argent. Sur la croisée s'eslevoit une tour pyramidale, pareille à deux autres qui estoient de part et d'autre du portail ; les arcades et voustes estoient enrichies, à la romaine, de belles figures pétries de stuc et de plastre. »

Le peuple de Nantes était réfugié dans la cathédrale de Saint-Félix, quand, en 843, les Normands pénétrèrent dans la ville. Ils égorgèrent l'évêque Gohard au pied de l'autel, pillèrent et incendièrent Nantes.

Charles le Chauve et les Normands se disputèrent les restes de la malheureuse cité. Nominoë et Érispoë, rois de Bretagne, les combattirent ; mais, sous leur successeur Salomon, les ennemis la saccagèrent si bien de fond en comble que les habitants s'enfuirent. Pendant trente ans Nantes fut un désert ; les ronces poussaient autour des ruines de sa cathédrale, quand le comte Alain Barbe-Torte, vainqueur des Normands, voulut y aller rendre grâce à Dieu.

Nantes, relevée de ses ruines par Alain, ne tarda pas à tomber au pouvoir du duc de Bretagne, Conan le Tors, qui construisit à Nantes le château du Bouffay, en même temps château et forteresse. Mais elle en fut délivrée par Foulques d'Anjou, qui battit le duc à Conquereul.

Annexée de nouveau au duché de Bretagne en 1084, Nantes se révolta contre les ducs et se donna à Geoffroi d'Anjou, frère du roi d'Angleterre, Henri II. Mais elle fut, plus tard, prise par Henri lui-même, et enfin, après l'assassinat d'Arthur de Bretagne, fut soumise au protectorat de Philippe-Auguste.

En 1118, un incendie détruisit presqu'entièrement la ville, il n'y eut qu'un ou deux édifices d'épargnés. Pour la seconde fois Nantes dut être reconstruite.

Prise et reprise pendant la guerre de succession qui, au XIV° siècle, arma toute la Bretagne, Nantes se déclara contre Charles V; elle dut cependant ouvrir ses portes à Du Guesclin, mais elle fit retour au duc dès que cela lui fut possible. Jean V y établit sa résidence. Elle fut également celle de ses successeurs.

Alain Barbe-Torte avait divisé Nantes en trois parts, une pour lui-même, une pour les seigneurs et une pour l'évêque. Le tiers des revenus appartenait donc à ce dernier, et ses hommes prêtaient serment au duc sous cette réserve : sauf la fidélité que nous devons à l'évêque.

Dans de telles conditions, les évêques de Nantes devaient avoir et eurent de fréquents démêlés avec le duc de Bretagne. Louis XI, sous prétexte de médiation, vint à Nantes fomenter la discorde. Déjà il songeait à la réunion de la Bretagne à la France, réunion qui ne devait s'opérer que sous son successeur, par le mariage de Charles VIII avec la veuve de François II.

Nantes devint française; mais sa prospérité n'eut pas à en souffrir. Si la Bretagne perdit son indépendance, sa capitale gagna à l'annexion repos et sécurité, avantages inappréciables pour une ville commerçante, comme celle dont nous nous occupons.

Nantes faisait le commerce de blé, de sel et de poisson avec les rives de la Loire; elle trafiquait avec Bordeaux, la Rochelle, l'Espagne et l'Angleterre, et François II avait signé des traités de commerce avec toutes les puissances du nord; sa marine s'était beaucoup perfectionnée.

Nantes envoya à Charles VIII deux navires de mille tonneaux, et, un peu plus tard, au devant d'Éléonore de Portugal, épouse de François I°ʳ, deux galiotes à chambres vitrées, somptueusement meublées.

La Réforme ne troubla pas profondément la ville de Nantes. Les protestants firent de très grands efforts pour y établir l'influence qu'ils avaient dans d'autres villes de l'ouest, mais les Nantais restèrent pour la plupart catholiques; cependant leurs magistrats refusèrent de prendre part à la Saint-Barthélemy.

CHAPITRE VII

Cette résistance fut la dernière manifestation d'indépendance de l'ancienne capitale de la Bretagne. A partir de Henri IV, elle n'eut plus de vie propre, mais vécut entièrement de la vie de la France.

Le règne de Henri IV est célèbre à Nantes par le fameux édit de pacification, qui y fut signé en 1598 et mit fin aux guerres de Religion.

NANTES. — LE CHATEAU

Sous Louis XIII eut lieu à Nantes, par ordre de Richelieu, l'exécution du malheureux prince de Chalais.

Le cardinal de Retz fut, pendant la guerre de la Fronde, enfermé dans le château de Nantes, d'où il trouva moyen de s'évader à l'aide d'une échelle de corde.

C'est à Nantes que le surintendant Fouquet fut arrêté en 1661, par ordre de Louis XIV.

Enfin, la place du Bouffay, théâtre de l'exécution de Chalais, fut encore témoin de la mort des quatre nobles Bretons, complices de Cellamare, exécutés le 18 mars 1720, à huit heures du soir, devant la population consternée.

Mais si Nantes eut à souffrir des rigueurs des princes et de leurs ministres, elle en reçut aussi des faveurs signalées. Richelieu et Colbert firent beaucoup pour elle ; ce dernier établit à Nantes un des chantiers de direction de la compagnie des Indes.

Pendant le XVII° siècle et le XVIII°, cette ville jouit d'une très grande prospérité. Au moment où éclata la Révolution française, Nantes était devenue un vaste entrepôt où les productions de l'Anjou et de la Touraine, de l'Orléanais, du Maine, du Poitou, du Limousin, s'échangeaient contre celles de l'Amérique et des Indes. L'importance qu'avaient prise les colonies, principalement Saint-Domingue, avait beaucoup ajouté à la prospérité de son commerce. Elle occupait trente vaisseaux à la pêche de la morue et de la baleine, et faisait la traite sur une très grande échelle.

C'est du XVIII° siècle que datent en partie les plus belles constructions modernes de cette ville. Jusqu'aux premières années du règne de Louis XV, une vaste grève, connue sous le nom de la Saulsaye, s'étendait en face du Bouffay. A partir de 1724, un quartier magnifique, celui de l'île Feydeau, s'éleva sur cette grève, qui se couvrit de belles maisons aux balcons saillants et ouvragés et de nombreux édifices ; des maisons, dont beaucoup sont de fort bon goût et même d'une savante architecture, furent construites principalement sur le quai de la Fosse. Sous Louis XVI, les fortifications de Nantes disparurent et firent place à d'autres riches quartiers ; le fermier général Graslin construisit une ville autour de la place qui porte son nom.

La population nantaise accueillit favorablement les idées progressives de 89, mais seulement en ce qu'elles avaient de vraiment juste et libéral.

Assiégée par les Vendéens, insurgés contre le gouvernement, Nantes leur résista avec énergie. Cathelineau tomba sous ses murs le 29 juin 1793.

Mais Nantes ne marchait pas avec la Convention ; son maire Baco, accusé de fédéralisme, fut jeté à l'Abbaye, pendant un voyage qu'il fit à Paris, et des commissaires du pouvoir furent envoyés à Nantes. Le plus connu d'entre eux, Carrier, déshonora le gouvernement dont il

NANTES. — CHATEAU DE LA DUCHESSE ANNE

était le représentant par les crimes les plus odieux. Les noyades de la Loire sont tristement célèbres. L'échafaud vengea les victimes de Carrier, dont le nom resta voué à jamais à l'exécration publique.

Depuis cette époque, l'histoire de Nantes offre peu d'événements dignes d'être signalés.

Pendant les guerres de l'empire, cette ville arma de nombreux corsaires ; à la paix, elle reprit ses anciennes opérations commerciales.

Saint-Domingue ne nous appartenant plus, elle trouva de nouveaux débouchés; elle trafiqua avec les États naissants de l'Amérique du Sud, avec Bourbon et Sumatra.

Depuis une douzaine d'années, le mouvement commercial du port

NANTES. — MUSÉUM D'HISTOIRE NATURELLE

de Nantes a beaucoup diminué. Quant à l'industrie nantaise, très prospère il n'y a pas encore longtemps, elle a énormément souffert, depuis dix ans, dans une de ses branches les plus importantes, l'industrie des sucres.

CHAPITRE VIII

NANTES (Suite).

Arrivée à Nantes par la Loire. — Le quai de la Fosse. — La place Graslin. — La place Royale. — L'église Saint-Nicolas. — Le passage Pommeraye. — Principaux monuments de Nantes.

Il faut être allé à Nantes par la Loire pour se faire une idée de l'effet que produit sur le voyageur qui, pour la première fois, aperçoit du bateau son port encombré de paquebots, de navires et de bâtiments de toute sorte, la belle ville maritime, avec ses îles nombreuses, formées par les divers bras du fleuve, ses ponts sautant d'une île à l'autre, ses superbes quais, plantés d'arbres magnifiques et bordés de splendides hôtels, enfin ses nombreux monuments.

Le quai de la Fosse, sur lequel nous débarquâmes, est le plus beau quai de Nantes. Planté d'arbres et long d'environ deux kilomètres, il est la promenade favorite des Nantais, qui n'en sauraient, d'ailleurs, trouver de plus agréable ni de plus animée.

En quittant le bateau, nous nous fîmes indiquer la place Graslin; c'était dans un hôtel, situé sur cette place, que devaient nous attendre nos malles. Il nous fallut peu de temps pour nous y rendre.

Nous nous installâmes dans nos chambres, fîmes notre toilette, puis, comme il n'était pas encore l'heure du dîner, nous sortîmes.

La place Graslin est située au centre de Nantes. C'est sur cette place que se trouve le grand théâtre. Ce monument, qui passe pour le chef-d'œuvre de Mathurin Crucq, habile architecte du siècle dernier, fut terminé en 1788; il est surtout remarquable par sa belle façade d'ordre corinthien, surmontée de statues représentant huit des Muses. On regrette que la neuvième n'y ait pas trouvé place.

Nous prîmes la rue Crébillon, qui nous conduisit sur une seconde place, la place Royale. Là se trouve une belle fontaine monumentale, inaugurée en 1865. Elle est en granit bleu de Rennes; elle se compose d'un premier bassin, d'un stylobate, surmonté de quatre statues de bronze représentant quatre des affluents de la Loire : la Sèvre, l'Erdre, le Cher et le Loir; d'un second stylobate, supportant huit génies, assis sur des dauphins, au centre duquel s'élève un piédestal, surmontant une grande vasque, au milieu de laquelle est un dernier piédestal, très richement orné, sur lequel se dresse une belle statue en marbre blanc, représentant la ville de Nantes. Au-dessous et en avant du monument, est la figure en bronze de la Loire.

Tout près de la place Royale, est une église dont le beau clocher, flanqué de quatre tourelles et surmonté d'une flèche de pierre très élevée, attira notre attention. Le style de cette église est l'ogival pur, élégant et correct du XIII° siècle. Elle fut, avons-nous appris depuis, réédifiée sur l'emplacement d'une ancienne église du XII° siècle, devenue fabrique d'armes pendant la Révolution, par les soins de Mgr Fournier, dernier évêque de Nantes, et sur les plans de l'habile architecte Lassus. Elle est placée sous l'invocation de saint Nicolas.

Étant entrés dans cette église, nous fûmes frappés de l'élévation du chœur. Nous y remarquâmes de belles sculptures, et surtout le mausolée en marbre blanc élevé à la mémoire de Mgr Fournier, dont les statues, celle du prélat et quatre figures allégoriques ornant le piédestal, sont l'œuvre du sculpteur Bayard de la Vingtrie.

Quand nous sortîmes de Saint-Nicolas, six heures et demie sonnaient; en quelques minutes nous regagnâmes l'hôtel.

Le soir, ayant appris que nous demeurions tout près du célèbre passage Pommeraye, nous nous y rendîmes.

Le passage Pommeraye est une des curiosités de Nantes. Ce

VUE GÉNÉRALE DE NANTES

CHAPITRE VIII

passage, sans rival en France, date de 1840; il porte le nom du banquier qui fournit les fonds nécessaires à sa construction.

Il se compose de trois belles galeries superposées, d'un effet magique, « galeries toutes de verre, où se réflètent, comme des milliers d'étoiles, les clartés échappées de tous ces becs de gaz si habilement distribués le long du passage. »

Nous entrâmes dans la galerie Pommeraye par la galerie de la Fosse; dans cette galerie, où se trouvent de nombreux et brillants magasins, s'ouvre et se développe un escalier d'une remarquable légèreté, composé de cinquante-deux marches de bronze et destiné à relier le niveau des deux rues Santeuil et de la Fosse.

Cet escalier conduit à une seconde galerie plus belle et plus ornée que la première. D'élégantes colonnes soutiennent les galeries l'une au-dessus de l'autre. Les chapiteaux de ces colonnes sont, eux-mêmes, soutenus par de charmantes statuettes en terre cuite.

La troisième galerie, la galerie supérieure, est la plus belle de toutes. Le style Renaissance y déploie toute sa magnificence. Des arcades, s'élevant de chaque ouverture de magasin, soutiennent la voûte, d'une remarquable hardiesse. Dans le pourtour de cette galerie, sont les médaillons, délicatement sculptés, des principales illustrations bretonnes.

Nous passâmes une grande partie de notre soirée dans le passage Pommeraye.

Nous rentrâmes de bonne heure. Nous avions beaucoup à écrire, n'en ayant pas encore pris le temps depuis le commencement de notre voyage.

Nous sortîmes de bonne heure le lendemain. Nous voulions, avant le déjeuner, visiter les principaux monuments de Nantes. Nous nous dirigeâmes d'abord vers la cathédrale.

La cathédrale de Nantes avait été primitivement bâtie par saint Félix, sur l'emplacement d'un temple païen ; elle fut réparée par Alain Barbe-Torte au xe siècle.

On en commença la reconstruction au xv⁰ siècle, et actuellement on y travaille encore.

Quand on aperçoit, de loin, ses tours massives et les combles de sa nef, l'ensemble de cette église est imposant ; de près, la cathédrale de Nantes présente des détails d'architecture fort intéressants. Les portails de la façade sont surtout remarquables. Sur les voussures sont représentées des scènes de l'Ancien Testament, des scènes allégoriques et des scènes du Jugement dernier. Un quatrième portail, en retour d'équerre, s'ouvre dans la tour du nord. Les tours ont soixante-trois mètres de hauteur.

A l'intérieur, nous fûmes frappés de la grandeur du vaisseau, et surtout de la longueur de l'église, qui a cent deux mètres de long sur vingt-six mètres quinze centimètres seulement de large. Elle se compose d'une triple nef de cinq travées, de deux croisillons, et du nouveau chœur, qui a dû, malheureusement, remplacer l'ancien chœur roman, lequel subsistait encore il n'y a pas bien longtemps, mais que l'on a trouvé trop petit pour l'église. Dix piliers seulement séparent la nef des bas-côtés ; de beaux bas-reliefs du xv⁰ siècle ornent les piliers qui soutiennent les tours. La hauteur de cet édifice est de trente-sept mètres trente, sans voûte.

A droite et à gauche du buffet d'orgues, fort beau et datant du xvii⁰ siècle, ont été placées quatre statues, œuvre d'un artiste nantais, M. Louis.

Dans une des chapelles, la dernière à droite, j'admirai beaucoup un tableau d'Hippolyte Flandrin, représentant saint Clair guérissant les aveugles.

Mais ce qui attira toute notre attention et nous frappa d'admiration, ce fut le magnifique tombeau de François II et de la duchesse Marguerite de Foix, sa femme, placé dans le transept du chœur, croisillon de droite. Ce tombeau, l'un des chefs-d'œuvre de la Renaissance, est dû au ciseau de Michel Colomb ; il date de 1507. Il se compose d'un massif rectangulaire de marbre blanc, établi sur un soc également de marbre blanc, recouvert d'une table de marbre noir, sur laquelle sont

CATHÉDRALE DE NANTES

couchés François II et la duchesse, son épouse. Le duc et la duchesse ont la tête appuyée sur des oreillers brodés, soutenus par trois anges; un lion et un lévrier, emblèmes de la force et de la fidélité, sont couchés à leurs pieds. Aux quatre angles du monument sont quatre statues debout : la Justice, la Force, la Tempérance et la Prudence. Il est à remarquer que les figures de ces statues ont toutes le type breton.

THÉATRE DE NANTES

La Justice est représentée sous les traits de la duchesse Anne. Les niches des côtés latéraux contiennent seize petites statuettes représentant les douze apôtres, saint François d'Assise, sainte Marguerite, Charlemagne et saint Louis; au-dessus, seize autres niches sont occupées par seize pleureuses, en marbre vert, dont les pieds et les mains seuls sont en marbre blanc.

Toutes les figures sont admirables.

En face de ce beau monument funéraire de la Renaissance, dans le croisillon gauche du chœur, a été inauguré, en 1879, un autre tombeau, un chef-d'œuvre de la statuaire moderne, le tombeau du général Lamoricière par le sculpteur Paul Dubois.

Le général est représenté, enveloppé dans un linceul, un crucifix sur la poitrine. Le soubassement ainsi que la statue sont en marbre blanc; l'entablement, formant dais, est supporté, aux quatre angles, par des piliers de marbre blanc et, sur les côtés, par des colonnes de marbre noir. Aux angles du monument sont quatre statues, assises et fort belles : le Courage militaire, la Charité, l'Histoire et la Foi; de jolis bas-reliefs, représentant des génies auxquels l'artiste a donné de charmantes figures, sont placés entre ces statues. Sur chaque face du monument sont tracées des inscriptions.

En sortant de la cathédrale, nous suivîmes le cours Saint-Pierre, belle promenade plantée, qui sépare les faubourgs de Richebourg et de Saint-Clément de la ville, et est orné des quatre statues, malheureusement médiocres, d'Anne de Bretagne, d'Arthur III, de Du Guesclin et d'Olivier Clisson, et arrivâmes, en peu de temps, au château.

Le château de Nantes, fondé au IXe ou Xe siècle, fut rebâti en 1466 par le duc François II. C'est lui qui construisit la façade principale, qu'il fit flanquer de quatre grosses tours, dont trois seulement subsistent aujourd'hui; la quatrième, nous dit l'homme qui nous servait de guide pendant notre visite au château, contenait une poudrière qui, en 1800, sauta et détruisit la tour.

Du côté du château donnant sur le port Maillard, sont trois autres tours; ces tours, nous dit-il, sont celles de la bonne reine Anne.

Les ducs de Bretagne habitèrent souvent le château de Nantes. Pierre Mercœur le transforma; il y augmenta de beaucoup les fortifications, et s'en fit un véritable nid d'aigle.

Les souvenirs historiques ne manquent pas à ce château.

Il servit souvent de prison d'État. Parmi les illustres prisonniers qui y furent enfermés, on peut citer Gilles de Retz, Gondi, cardinal de Retz, le surintendant Fouquet et la duchesse de Berry. L'Édit de Nantes dut y être signé, cela du moins me semble vraisemblable, et la chronique est de mon avis, quoique la légende désigne une maison du quai de la Fosse, la maison des Tourelles, comme ayant

LE GÉNÉRAL LAMORICIÈRE

eu l'honneur d'abriter Henri IV, au moment où il signa l'acte de pacification.

L'intérieur du château de Nantes est fort curieux à visiter. Nous vîmes avec intérêt le grand puits de la cour, surmonté d'une belle armature en fer; de magnifiques salles d'armes, le grand logis de la duchesse Anne, très beau spécimen de l'architecture du moyen âge, enfin la chapelle où fut célébré le mariage de Charles VIII et d'Anne de Bretagne, chapelle qui, malheureusement, fut endommagée en 1800, par l'explosion de la poudrière dont nous avons parlé.

En quittant le château, nous continuâmes à arpenter la ville. Nous passâmes successivement devant la Bourse, bâtiment construit de 1792 à 1812, et qui renferme le tribunal et la chambre de commerce. L'une de ses façades est ornée de statues allégoriques, l'autre est flanquée de quatre colonnes doriques, sur lesquelles sont placées les statues de Jean Bart, Duguay-Trouin, Duquesne et Cassard;

L'hôtel de ville, monument moderne dont le portique, assez beau, est surmonté des statues de la Loire et de la Sèvre;

La préfecture, ancien palais de la cour des comptes, bâti en 1763;

Et le palais de justice, inauguré en 1853, sur la frise duquel se voit un groupe représentant la justice protégeant l'innocence contre le crime, œuvre d'un sculpteur nantais, nommé Suc. Le palais de justice est précédé d'une cour d'honneur;

Enfin l'église Sainte-Croix, bâtie primitivement sur les ruines d'un temple païen, reconstruite en 1685, mais dont la tour ne date que de 1840. On remarque dans cette église de belles verrières et un joli autel. C'est sur la tour circulaire de l'église Sainte-Croix qu'est placé le beffroi de la ville.

En sortant de cette église, nous nous trouvâmes près du jardin des plantes.

Le jardin des plantes de Nantes est un des plus beaux jardins publics de France; il est divisé en deux parties : un jardin des plantes proprement dit et un jardin paysagiste, où se trouvent des lacs, des cascades, des grottes, tout ce qui peut concourir à l'agrément du promeneur. Nous y admirâmes une allée de magnolias comme nous n'en avions jamais vu, comme il n'y en a peut-être pas une seconde en Europe.

CHAPITRE VIII

En quittant le jardin des plantes, nous sautâmes dans un tramway qui, en quelques instants, nous fit parcourir toute la ligne des quais. Nous admirâmes, en passant, les vastes et beaux magasins en granit, qui servent d'entrepôt aux marchandises venues des colonies; ils datent, nous a-t-on dit, de 1778, ont cent mètres de long, soixante-quatorze de large, et dix de hauteur. Ces bâtiments sont appelés les Sorlonges.

NANTES. — LA PRÉFECTURE

Nous descendîmes de voiture au quai de l'Aiguillon pour gravir un bel escalier qui nous conduisit au sommet de la colline de l'Ermitage, sur laquelle s'élève une statue colossale de sainte Anne qui, dominant la ville, semble étendre sur elle sa protection toute spéciale. Près de la statue de la sainte, est une église moderne placée sous son invocation.

Le coup d'œil dont on jouit de la colline de l'Ermitage est splendide; au premier plan, le port avec son animation; un peu plus loin, les nombreux bras de la Loire et les îlots formés par le fleuve que relient une multitude de ponts, les quelques monuments renfermés dans ces îles, quartiers éloignés de la ville, l'Hôtel-Dieu, l'église et l'hospice Saint-Jacques; plus loin encore, les riches campagnes des environs de Nantes. C'est la plus belle vue de la ville.

De la colline Sainte-Anne, nous allâmes à la place Sanitat, où se trouve l'église de Bon-Port. Cette église est, comme presque toutes les églises de Nantes, tout à fait moderne; mais les sculptures et la fresque du fronton méritent de fixer l'attention des voyageurs; à l'intérieur se trouvent aussi quelques bonnes peintures.

Nous rentrâmes par le cours Cambronne, promenade plantée, au milieu de laquelle se trouve la statue du général.

Nous avions bien occupé notre matinée.

Cependant, nous avions encore bien des choses à voir avant de quitter Nantes; nous prîmes une voiture et nous nous fîmes conduire directement à Saint-Jacques.

L'église Saint-Jacques, située sur la rive gauche de la Loire, est un des monuments religieux les plus anciens de Nantes, et aussi l'un des plus intéressants. De belles voûtes, de grandes arcades, de forme longue et étroite, des fenêtres terminées en plein cintre, aux baies grandement évasées et à fleur de mur au dehors, tout cela annonce la période de transition du roman au gothique; la légèreté des moulures et la délicatesse des ornements font déjà pressentir le XIIIe siècle. On peut donc assigner, sans crainte d'erreur grave, la fin du XIIe siècle, comme date à la fondation de l'église Saint-Jacques. Malheureusement, elle a été reconstruite, et en partie défigurée, en 1484. La façade a été refaite en 1851, dans le style roman.

A l'intérieur, cette petite église est charmante, les détails d'architecture en sont ravissants; les chapiteaux, couronnés d'acanthes et de fleurs d'artichauts, de plantes imaginaires et de figures fantastiques, sont fort curieux. Longtemps ces merveilleux détails disparurent sous le badigeon. Aujourd'hui, grâce à une intelligente restauration, il est permis d'en apprécier le mérite.

Tout près de l'église est l'hôpital Saint-Jacques, situé sur les bords de la Loire. Le bâtiment principal fut élevé de 1832 à 1833, en remplacement de l'ancien hospice Sanitat, lequel datait de 1532 et tombait en ruines. Ce dernier était mal placé au centre de Nantes, ce qui n'était pas sans inconvénient, ni pour la ville, ni

NANTES. — STATUE DE CAMBRONNE

pour les habitants de l'hôpital. On construisit le nouvel édifice à l'extrémité des ponts, sur la rive gauche de la Loire. On se servit d'anciens bâtiments, faisant partie du prieuré des bénédictins de Permil et d'un dépôt de mendicité; on ajouta des constructions nouvelles, élevées sur deux lignes reliées par la chapelle et par des galeries couvertes, à colonnettes, qui se prolongent autour d'une cour plantée. La belle façade du devant se déploie sur un jardin anglais. Au nord, sont des dépendances et des jardins allant jusqu'à la Loire. L'architecture de ces bâtiments est très simple, mais pure de lignes. La chapelle, construite dans le style grec, est d'un assez bon effet. Son clocher peut servir d'observatoire; on y jouit d'une admirable vue sur la ville de Nantes, si bien posée au fond du vaste bassin de la Loire, entourée de verdure et surmontée de sa vieille cathédrale.

L'hospice Saint-Jacques contient seize cents lits. On y reçoit des vieillards, des femmes, des orphelins, mais surtout des aliénés.

Munis de la permission nécessaire, nous visitâmes l'établissement en détails; nous pénétrâmes partout, excepté dans le quartier des aliénés, absolument interdit au public. Partout règnent un ordre remarquable et une extrême propreté.

Quand nous eûmes achevé cette intéressante visite, nous reprîmes le chemin de la ville, par la chaîne des ponts qui, jetés sur les six bras de la Loire, relient entre eux les différents quartiers de Nantes. Nous traversâmes le pont de Permil qui, construit pour la première fois en 1563, est composé de seize arches, et long de deux cent cinquante-trois mètres; le pont des Récollets, ceux de la Toussaint et de la Madeleine. Ce dernier, construit en 1580, suit une ligne brisée, l'angle saillant contre le courant; il fut élargi en 1841.

Ayant traversé le pont de la Madeleine, nous nous trouvâmes sur le quai qui conduit à l'Hôtel-Dieu; nous nous y rendîmes, et, grâce à un parent de Charles, attaché à l'établissement en qualité de médecin, nous pûmes le visiter, et fûmes émerveillés de son aménagement. Il peut contenir douze cents lits. Sa chapelle est de style roman.

De l'Hôtel-Dieu, nous nous fîmes conduire au musée de peinture et de sculpture.

Ce musée se compose de sept salles, bien éclairées par le haut. Il mérite d'être cité comme un des plus beaux musées de province.

On y admire des tableaux anciens vraiment précieux et appartenant à toutes les écoles : une *Vierge aux Rochers*, de Léonard de Vinci ; le *Baptême du Christ*, de l'Albane ; les *Pèlerins d'Emmaüs*, de Philippe de Champaigne ; un *Portrait de femme*, de Rembrandt ; une *sainte Thérèse*, de David Téniers ; *Jésus au milieu des docteurs*, de Ribera ; une *Vierge*, de Murillo, etc., etc.

Ce musée n'est pas moins riche en tableaux modernes, la plupart de nos grands artistes y sont représentés. Nous y remarquâmes :

NANTES. — LE PALAIS DE JUSTICE

un *Portrait*, de Largillière ; deux *Portraits*, de Greuze ; le *Bal costumé*, de Lancret ; un tableau de Watteau, représentant *Arlequin, Pantalon, Pierrot et Colombine* ; des *Marines*, de Joseph Vernet ; *Abraham renvoyant Agar et Ismaël*, d'Horace Vernet ; le *Caïd marocain*, d'Eugène Delacroix ; *Pic de la Mirandole*, et plusieurs autres tableaux de Paul Delaroche ; la *Rêverie*, d'Hippolyte Flandrin ; des *Paysages*, de Corot ; les *Cribleuses de blé*, de Courbet ;

Daniel dans la fosse aux lions, de Ziégler ; l'*Ermite*, de Léopold Robert ; des *Paysages*, de Théodore Rousseau ; un *Paysage*, de Français, etc., etc.

La ville de Nantes augmente chaque année sa collection de quantité de bons ouvrages acquis à la suite des expositions annuelles.

NANTES. — LE PONT DE BARBIN

Le musée de sculpture, moins riche que celui de peinture, ne possède guère que des imitations ou des copies.

Nous ne sortîmes du musée que quand les gardiens nous renvoyèrent ; il était quatre heures. Nous partions pour Pornic par le train de cinq heures, nous n'avions que le temps de passer à l'hôtel prendre nos valises.

CHAPITRE IX

PORNIC

Position et aspect de la ville. — Le port et la rade. — Le commerce de Pornic. — Les cendres marines. — Le château de Pornic. — La promenade de la Terrasse. — La croix des Huguenots. — La plage du château. — La Malouine. — La falaise. — Le phare. — La plage de Noveillard. — La source de Malmy. — Les Cheminées. — Mlle Thérèse.

Au commencement de ce siècle, Pornic était fort peu connu ; on savait qu'on y avait fait autrefois la pêche de la morue, et voilà à peu près tout. Cette ville alors, presque entièrement oubliée, a acquis, depuis la mode des bains de mer, une certaine célébrité. Elle est aujourd'hui très fréquentée.

Parfaitement située au milieu de la Loire, en face de la baie de Bourgneuf, sur une petite crique, dans laquelle débouche le canal de Haute-Perche, la ville de Pornic est bâtie en amphithéâtre, sur la pente d'un coteau, qui s'élève de plus de vingt-cinq mètres au-dessus du niveau de l'océan. Elle se divise en deux parties : la ville haute, et la ville basse, connue sous le nom des Sablons. Cette dernière est habitée par les marins et les préposés des douanes ; la ville haute, la plus importante, possède l'église, la mairie, l'hôpital, la justice de paix, les halles et les bains de mer. Ces deux villes communiquent entre elles par de larges escaliers, ordinairement taillés dans le roc.

Ce qui nous frappa tout d'abord à Pornic, ce fut combien les rues étaient étroites, mal pavées et boueuses. Mais les maisons très basses, car elles ne se composent généralement que d'un rez-de-chaussée et d'un étage, et presque toutes couvertes d'ardoises, sont propres et soignées; on les blanchit au lait de chaux chaque année. Pour la propreté des maisons, Pornic semble pouvoir rivaliser avec les villes flamandes.

Nous avions fait les observations que je viens de signaler en nous rendant de la gare à l'hôtel.

Le soir, après le dîner, nous descendîmes de la ville haute, où nous demeurions, pour nous rendre au port.

Le port de Pornic, précédé d'une bonne rade, comprise entre la passe Notre-Dame et la côte Sainte-Marie, se compose d'un beau bassin de trois cents mètres, large de cent mètres à l'entrée; entouré de quais et relié à la mer par une charmante petite baie, devant laquelle s'étend une jolie promenade. Les plus hautes marées ne s'élèvent pas à Pornic à plus de six mètres.

Le port de Pornic est, paraît-il, excessivement sûr; mais, faute de profondeur, il est souvent encombré par les sables. Une écluse de chasse pourrait remédier à cet inconvénient.

— Il me semble, dis-je à un marin que, selon notre habitude, nous avions interrogé et auquel nous devions les renseignements que j'ai donnés au lecteur, qu'il règne dans ce port une certaine activité; il s'y fait du commerce?

— Certainement, Monsieur.

— Quel est l'objet du commerce de Pornic?

— D'abord le blé. Ne savez-vous pas, Monsieur, qu'il n'y a pas de blés plus appréciés en France, et mieux cotés sur les marchés, que ceux de Pornic et de Paimbœuf?

— Je l'ai entendu dire.

— Pornic fait encore un autre commerce excessivement important. Voyez-vous ces petits navires chargés de bois de chauffage? Demain matin, de bonne heure, ils partiront pour Noirmoutier, ils déposeront

CHAPITRE IX

leur cargaison dans l'île et en reviendront chargés de cendres marines.

— Qu'appelez-vous cendres marines ?

— Les cendres marines sont le produit de la combustion du goémon, mélangé au terreau des marais salants.

— Elles constituent un engrais ?

— Oui, Monsieur, et un engrais très recherché, dont le commerce

BAIE DE PORNIC

se fait d'avril en septembre. Mais ce n'est pas tout, nous armons pour la pêche de la morue.

Je remerciai le marin de ses renseignements et nous le quittâmes.

Nous passâmes, sur la promenade qui fait face au port, le reste de la soirée.

Le lendemain matin, en sortant de l'hôtel, nous commençâmes par nous rendre au château, le seul monument de Pornic qui offre quelque intérêt. Ce château, admirablement situé au fond d'une baie animée par le commerce et la navigation, sur la colline rocheuse qui domine le port, remonte au XIIIe ou XIVe siècle. Il a été parfaitement restauré. Il fit autrefois partie de l'apanage des ducs de Bourgogne, et appartint aussi au duc Gilles de Batz, le croquemitaine des annales bretonnes. Il dispute à plusieurs châteaux des environs l'honneur d'avoir été le théâtre des crimes de Barbe-Bleue.

Une belle promenade, appelée promenade de la Terrasse, est placée derrière le château; de cette promenade, on jouit d'une vue très étendue sur la ville, le port, l'île de Noirmoutier, le Bain, Beauvoir et les côtes vendéennes, dans un rayon de vingt-quatre kilomètres.

Sur le rocher qui sert de base au château et s'avance dans la mer, est une grande croix de pierre inclinée. Ayant demandé à un homme du pays, qui par hasard passait en cet endroit en même temps que nous, à quel sujet avait été élevée cette croix,

— Je ne sais pas, me répondit-il. C'est la croix des Huguenots.

— D'où lui vient ce nom?

— Je n'en sais rien, fit-il en s'éloignant.

Je demandai, le soir, à notre hôte, l'explication que je n'avais pu obtenir du paysan. Il ne m'en donna pas une, mais plusieurs.

De ces diverses explications, il semble résulter que des huguenots convertis auraient fait ériger cette croix pour marquer la sépulture d'un grand nombre de victimes de nos dissensions politiques, et que deux cents Vendéens, tués à la première attaque de Pornic, auraient été enterrés au pied de cette croix.

Ce qu'il y a de certain, c'est que quand on détruisit une partie du rocher pour construire l'établissement des bains chauds, on trouva là des ossements humains.

Huguenots ou catholiques, républicains ou Vendéens, des hommes furent enterrés à cette place, à l'ombre de la croix.

Prenant à droite du château, nous redescendîmes la colline et nous trouvâmes sur une belle plage en pente douce, qui doit être fort agréable pour le bain. C'est la plage du château; la petite anse dans laquelle elle est renfermée porte le nom d'anse aux Dames.

Vers la pointe ouest de la plage, dans une situation tout exceptionnelle, à l'entrée du port, s'élève une charmante et coquette maison de campagne de forme italienne, connue sous le nom de la Malouine. Ayant dépassé cette maison, nous remontâmes sur la falaise et suivîmes une longue et sinueuse promenade bordée de jolies villas, donnant sur l'anse du Jardinet. Cette anse, resserrée entre deux rochers, est fréquentée par des baigneurs. Bientôt nous rencontrâmes le phare destiné à éclairer l'entrée du port, où se trouvent deux dangereux écueils : la Basse-Notre-Dame et le Caillou. Nous arrivions à la grande plage de Pornic, la plage de Noveillard; c'est là que se trouve le grand établissement des bains. Nous nous reposâmes quelques instants sur cette belle plage, où, quoiqu'il fût encore de bonne heure, régnait déjà beaucoup d'animation. Après quoi nous reprîmes notre chemin, car nous avions l'intention de faire encore avant le déjeuner une petite excursion de l'autre côté du port, ne voulant pas quitter Pornic sans avoir visité les curieux rochers appelés les Cheminées. En nous rendant à la plage près de laquelle ils se trouvent, nous passâmes près de la source ferrugineuse de Malmy. Cette source coule au fond d'une grotte formée par une crevasse de rocher, nous y descendîmes par un escalier commode en pierre de taille. L'eau de la source de Malmy est, paraît-il, excellente pour les maladies d'estomac.

Peu après avoir quitté la source, nous arrivâmes à la plage, à l'est de laquelle se trouvent les Cheminées, curieux rochers creusés par la vague, auxquels on a donné ce nom, parce que, lorsque viennent les gros temps, l'eau s'élance avec force de leur voûte crevassée comme de tuyaux de cheminées.

La matinée avançait; nous revînmes à Pornic, et n'y arrivâmes que juste à temps pour nous mettre à table. Nous n'avions plus rien à voir dans cette ville, et pensions partir dans la journée pour l'île de Noirmoutier, d'où nous devions continuer notre route, en regagnant les côtes vendéennes par le passage du Goa. On nous avait bien parlé de quelques monuments celtiques à visiter dans les environs, mais nous en avions tant admirés l'année précédente, et de plus remarquables, assurément, que nous ne jugeâmes pas utile de prolonger notre séjour dans le seul but de les aller voir.

Ce que je regrettais bien plus en quittant Pornic, c'était de ne pas avoir rencontré une seule femme, portant le riche et élégant costume du pays, ce qui n'était pas étonnant d'ailleurs, n'y ayant passé qu'un seul jour, et un jour de semaine.

Le hasard me servit. En m'asseyant à la table d'hôte, je fus tout étonné d'apercevoir, en face de moi, une jeune femme aux traits fins et délicats, aux manières élégantes et distinguées, et, charme inappréciable, portant le costume ou plutôt la coiffure traditionnelle du pays : la haute pyramide de dentelle légèrement arrondie à son extrémité et soutenue par un carton recouvert de soie bleue, faisant transparent, ses cheveux relevés en chignon derrière la tête, et de longues boucles accompagnant ses joues.

Je ne saurais dire combien cette originale et coquette coiffure seyait à la jeune femme.

Pendant tout le temps que dura le déjeuner, j'eus toutes les peines du monde à m'empêcher de fixer constamment cette ravissante figure.

Le déjeuner achevé, la jeune femme se retira. Un homme, de soixante ans peut-être, paysan par les manières, monsieur par le costume, assis auprès d'elle, se leva en même temps. Ils sortirent.

Nous ne tardâmes pas à quitter, nous aussi, la salle à manger; nous avions demandé qu'on nous servît notre café sur la terrasse.

Je rencontrai le propriétaire de l'hôtel.

— Connaissez-vous, lui demandai-je, la jeune femme qui était à table en face de moi?

— Si je connais Mlle Thérèse ! Qui ne la connaît pas ici? C'est la fille de M. Legros, le notaire de la Birochère.

— Elle est charmante. Mais comment se fait-il qu'elle porte le bonnet du pays, elle, une demoiselle ?

— Nos paysannes y ont renoncé, mais Mlle Thérèse n'imite personne. Sa mère portait le bonnet de Pornic, et elle avait toujours trouvé sa mère charmante sous sa coiffure de dentelle. Quand elle revint de pension — car elle a été en pension à Nantes, et elle est très savante, Mlle Thérèse, — elle a voulu la porter, elle aussi. En vain sa mère a-t-elle cherché à s'y opposer, disant que c'était bon pour les vieilles femmes de conserver les anciennes traditions, mais que les jeunes filles devaient s'habiller à la mode du jour ; en vain son père a-t-il juré, tempêté, contre ce qu'il appelait l'inconvenance d'une telle fantaisie, Mlle Thérèse a fait tant et si bien, qu'ils ont cédé tous deux. Le fait est qu'elle a eu raison ; car je ne sais vraiment si, coiffée comme vos dames de Paris, elle ne serait pas moins jolie.

— Assurément.

— Je ne sais trop, dit Charles.

— Mlle Thérèse est une fille de goût.

— Oui, parce qu'elle t'a procuré l'occasion de voir une femme portant le bonnet de Pornic. Enthousiasme d'artiste !

— Vous êtes artiste, Monsieur ? dit l'hôte. De quel instrument jouez-vous donc ?

— Du pinceau, fis-je en riant.

— Que voulez-vous dire ?

— Je suis peintre.

— C'est-à-dire que vous faites des tableaux, comme Mlle Thérèse.

— Mlle Thérèse serait peintre ?

— Mais oui ; et c'est, je crois bien, pour faire ce qu'elle appelle une esquisse qu'elle est venue aujourd'hui à Pornic. Tenez, la voyez-vous qui se dirige vers la campagne, sa boîte de peinture à la main ; son père tient son chevalet et son parasol.

— C'est vrai.... A quelle heure le bateau de Noirmoutier part-il ?

— A trois heures seulement ; il reviendra fort tard cette nuit.

— Cela m'est égal, nous ne reviendrons pas. J'ai envie d'aller dessiner un peu avant l'heure du départ. Je vais chercher ce qu'il me faut.... Attends-moi, Charles.

Je montai à ma chambre, pris mon album et mes crayons, et, redescendant aussitôt, j'entraînai Charles sur le chemin qu'avaient suivi la jeune femme et son père. Bientôt, nous les vîmes quitter ce chemin qui longeait la plage, et s'engager sur une route qui s'enfonçait dans les terres; ils marchèrent un quart d'heure environ; nous les suivions toujours; ils traversèrent une vaste plaine, coupée çà et là par de beaux bouquets d'arbres, au bout de laquelle se trouvait un village. Ils n'entrèrent pas dans le village, mais s'arrêtèrent à quelque distance, en vue de la première maison : une jolie ferme, dont la porte, ouverte, laissait voir la cour, plantée d'arbres magnifiques et peuplée de nombreux volatiles. C'était assurément cette cour que voulait peindre Mlle Thérèse. Elle déplia son chevalet, le changea plusieurs fois de place; enfin, elle parut s'installer. Je suivais tous ses mouvements. Quand je fus bien sûr qu'elle avait définitivement choisi sa place, je cherchai la mienne.

Je m'assis, à quelque distance, dans un endroit où, caché par de grands arbres, je la voyais sans qu'elle me vît, et, tirant mon album, j'esquissai son visage, m'efforçant surtout de copier fidèlement sa jolie coiffure du pays.

Quand j'eus fini, je montrai mon œuvre à Charles.

— Mais c'est un portrait fort ressemblant, dit-il.

— Tu trouves? Je ne me suis pourtant appliqué qu'à la coiffure. Je suis enchanté d'emporter ce croquis d'une femme de Pornic.

— Ou plutôt ce portrait de Mlle Thérèse.

— Je n'avais pensé, je te l'affirme, qu'à copier l'originale et typique coiffure de Mlle Thérèse, mais j'ai justement besoin d'une tête de jeune fille; je vais corriger un peu cette figure et la placerai dans mon tableau. Je ne saurais trouver un plus charmant modèle.

Je me remis au travail.

— Il est deux heures, dit Charles tout à coup.

CHAPITRE IX

Je regardai ma montre :

— C'est vrai, pourtant.

Nous nous levâmes, et nous nous dirigeâmes, en toute hâte, vers l'hôtel.

Mlle Thérèse ne s'est jamais doutée du service qu'elle m'a rendu ce jour-là. Aucun tableau ne m'a fait plus d'honneur, au salon, que celui pour lequel elle a bien involontairement posé, et dans ce tableau, on a tout particulièrement remarqué un idéal visage de jeune fille.

Une demi-heure après, nous avions quitté Pornic, et voguions vers Noirmoutier. L'état de la mer était parfait. La traversée se fit sans aucun accident.

CHAPITRE X

L'ILE DE NOIRMOUTIER

Le port de Noirmoutier. — Histoire de l'île. — Le château de Noirmoutier. — Le bois de la Chaise. — L'îlot du Pilier. — Notre-Dame de la Blanche. — La Guérinière. — La Barbâtre. — Le passage du Goa.

Le port de Noirmoutier, auquel nous abordâmes après un peu plus d'une heure de traversée, est assez important, quoiqu'il ne puisse recevoir de navires de plus de deux cents tonneaux. Il doit toute son importance à la proximité de la Loire. Son commerce consiste principalement dans l'exportation du sel, tiré des marais de l'île, et du blé, produit de son sol, et aussi du varech, de la soude, des huîtres et du poisson. Quant à son commerce d'importation, il a surtout pour objet les denrées coloniales, les vins et les bois de construction. Sa rade est parfaitement sûre.

L'île de Noirmoutier n'était, dans le principe, qu'une simple roche; agrandie lentement mais constamment par les alluvions, elle est devenue une terre de quatre mille quatre cent quarante-deux hectares, habitée par plus de sept mille cinq cents habitants.

Longue de dix-huit kilomètres, et large de deux à six kilomètres, les habitants comparent sa forme à celle d'une épaule de mouton. Très basse, elle a les deux tiers de son territoire au-dessous du niveau des plus hautes marées; elle serait donc infailliblement destinée à devenir, en grande partie du moins, la proie de l'Océan, si neuf cents hectares de dunes ne lui étaient une protection naturelle, et si on n'avait, en outre, opposé aux envahissements de la mer une belle digue de dix-huit kilomètres.

L'île de Noirmoutier forme deux communes, dont la ville ne contient pas la moitié des habitants; le reste est disséminé dans les campagnes.

On ne connaît pas absolument l'origine du nom de Noirmoutier. Les uns prétendent qu'il vient du costume noir que portaient les moines du monastère de Bénédictins, fondé dans l'île par saint Philibert vers 680; les autres, qu'il est une transformation des deux mots : her et moutier. Le nom primitif de l'île était en effet Her ou Hério, et moutier, en vieux langage, signifie monastère.

Ce qu'il y a de certain, c'est que le monastère, fondé par saint Philibert, rendit célèbre l'île de Noirmoutier, et qu'en 740 ce monastère avait pris tant d'importance, que l'un de ses moines, saint Vian, quitta le couvent, afin d'aller chercher un endroit plus solitaire pour se livrer aux exercices de la pénitence.

Charlemagne et Louis le Débonnaire enrichirent, de leurs généreuses donations, le monastère de Noirmoutier.

Mais vinrent les invasions normandes. Deux fois, les terribles barbares abordèrent dans l'île. La première fois, ils pillèrent le couvent; la seconde fois, ils forcèrent les moines à abandonner leur monastère, qui resta longtemps inhabité.

Enfin, les Bénédictins reprirent possession de leur sainte demeure. Ils y vécurent tranquilles durant de longues années; mais en 1601, l'abbaye de Noirmoutier fut réduite à l'état de prieuré-couvent.

En 1674, un grave événement vint troubler la paix du couvent et celle de l'île. Les Hollandais, ayant à leur tête l'amiral Tromp et le comte de Horn, débarquèrent à Noirmoutier dont ils détruisirent les fortifications et, après s'être ravitaillés aux dépens de l'habitant, imposèrent à la ville une contribution de 1,400 écus d'or.

L'île de Noirmoutier fut vendue à Louis XV par le prince de Condé; mais, en lui vendant son marquisat, le prince ne put céder au roi

CHAPITRE X

qu'un tiers des revenus de l'île, le seul dont il pût disposer, les deux autres appartenant l'un au clergé, l'autre au peuple.

Vint la révolution de 1789. Pendant l'insurrection vendéenne, Noirmoutier tomba au pouvoir des royalistes ; c'était pour eux un point très important par la facilité de communiquer de là avec la marine anglaise. Les républicains le comprirent. Après plusieurs tentatives infructueuses, une expédition, renforcée de quelques navires de l'escadre de Villaret de Joyeuse, fut dirigée sur Noirmoutier. Les Vendéens, poursuivis, se réfugièrent dans la ville, mais celle-ci ne tarda pas à tomber au pouvoir des républicains. D'Elbée et quatre autres chefs vendéens furent condamnés à mort et fusillés.

Aussitôt arrivés à Noirmoutier, nous nous dirigeâmes vers le château.

L'ancien manoir des célèbres abbés d'Her, aujourd'hui place de guerre de quatrième classe, est surmonté d'une plate-forme et flanqué de quatre tourelles régulières, placées aux quatre angles. De cette plate-forme, on découvre l'île tout entière, ainsi qu'une grande étendue d'Océan.

L'aspect de l'île de Noirmoutier nous parut triste et monotone. Douze cents hectares de marais salants, pas un arbre, à l'exception d'un bois de pins et de chênes verts, le bois de la Chaise, et puis, partout, des plaines et des champs moissonnés. C'était un mois plus tôt qu'il eût fallu venir là, quand les blés mûrs, encore debout, étalaient au soleil leurs blonds épis.

Du château, nous nous rendîmes à l'église. Elle n'a rien de bien curieux, si ce n'est peut-être sa crypte du XIe siècle, dans laquelle nous ne pûmes descendre, la seule personne qui eût pu nous la faire visiter étant absente au moment où nous eussions eu besoin d'elle.

Nous nous promenâmes une heure ou deux dans la campagne dont nous pûmes constater l'extrême fertilité, fertilité qui tient, en grande partie, à l'engrais que fournissent au sol les plantes marines.

Nous étions arrivés trop tard à Noirmoutier pour songer à repartir le même jour, nous dûmes y dîner et y coucher.

Comme nous étions un peu fatigués, nous rentrâmes de bonne heure, et fîmes une bonne nuit, en dépit des mauvais lits de l'hôtel.

Le lendemain, à sept heures, nous nous mettions en route, avec armes et bagages. Nous voulions visiter l'île, et il fallait qu'à onze heures nous fussions au détroit de Fromentine, sans quoi il ne nous serait plus possible de gagner à pied la terre ferme, par le passage du Goa, comme nous l'avions projeté.

Nous nous dirigeâmes d'abord vers le bois de la Chaise. Ce bois, situé à l'ouest de l'île, sur la baie de Bourgneuf, occupe une étendue de dix-sept hectares. De nombreuses villas y ont été construites. Sous ses ombrages, fort peu solitaires, car le bois de la Chaise est la principale promenade du pays, s'exhale un enivrant parfum, composé d'une suave et vivifiante odeur d'arbres verts, mêlée aux âpres senteurs de l'Océan. Envahi par une sensation de bien-être inexprimable, je m'arrêtai, et machinalement m'assis au pied d'un arbre, invitant Charles à suivre mon exemple.

— Serais-tu déjà fatigué? me dit-il.

— Non, lui répondis-je, mais il fait si bon ici!

Sans me comprendre sans doute, il s'assit à son tour.

Nous restâmes là quelque temps, un quart d'heure, peut-être.

— Si nous faisons de pareilles pauses tout le long du chemin, nous pourrons bien passer la nuit prochaine dans cette île, me dit Charles.

— Tu as raison, lui répondis-je en me levant, marchons.

Nous nous remîmes en route; mais en quittant le bois de la Chaise, j'enviais le sort des propriétaires des villas dont les fenêtres commençaient à s'ouvrir l'une après l'autre.

Qu'ils sont heureux! pensais-je.

Heureux! ils le sont d'autant plus qu'ils sont plus réellement privilégiés; je m'en aperçus bientôt.

Une fois hors du bois, nous ne rencontrâmes plus que terrains nus et dunes arides, pas un petit ruisseau pour égayer le regard, pas une fontaine où se rafraîchir, pas un arbre à l'ombre duquel s'abriter des ardeurs du soleil!

CHAPITRE X

Arrivés à la pointe de l'Herbaudière, nous nous trouvâmes en face de l'îlot du Pilier. Cet îlot, sur lequel s'élève un phare, dépend de Noirmoutier, dont il n'est qu'à cinq kilomètres. C'est un rocher aride et très escarpé ; plus considérable autrefois, il communiqua, dans un temps, avec l'île de Noirmoutier, au moyen d'une digue, maintenant détruite. Là était l'abbaye des Bernardins, fondée, en 1172, par Pierre de la Garnache, laquelle fut transférée, en 1205, à la pointe septentrionale de l'île de Noirmoutier. Cette abbaye portait le nom de Notre-Dame de la Blanche, par opposition à celui de l'abbaye de Noirmoutier.

De la pointe de l'Herbaudière, suivant la côte, nous longeâmes les marais salants, jusqu'au hameau de la Guernière, traversâmes ensuite celui de la Barbâtre, et arrivâmes enfin au passage du Goa.

Autrefois, l'île de Noirmoutier était, en cet endroit, séparée du continent par un détroit très profond ; ce détroit, large de quatre kilomètres à marée haute, de quinze cents à deux mille mètres à marée basse, est le détroit de Fromentine. Aujourd'hui, une route empierrée, longue de quatre kilomètres, qui, à marée basse, n'est recouverte d'eau qu'en peu d'endroits, permet de traverser le détroit en voiture, à cheval et même à pied. Les soulèvements du sol, les débris pulvérisés des roches bretonnes et les alluvions de la Loire ont comblé, en partie, le golfe, et bientôt, sans doute, le marais breton et l'île de Noirmoutier finiront par se souder ensemble. L'île n'existera plus.

Le passage actuel a été découvert en 1766 ; la route de communication entre l'île et le continent porte le nom de passage du Goa ou du Gué. La marée n'étant pas forte ce matin-là, nous passâmes à peu près à pied sec.

Une route directe nous conduisit du Goa à Beauvoir-sur-Mer, où nous avions hâte d'arriver, car nous marchions depuis cinq heures et n'avions pris aucune nourriture, depuis notre départ de l'hôtel de Noirmoutier.

CHAPITRE XI

DE BEAUVOIR AUX SABLES-D'OLONNE

Beauvoir. — La Barre-de-Mont. — Notre-Dame-de-Mont. — Saint-Jean-de-Mont. — Saint-Hilaire-de-Riez. — Sainte-Croix-de-Vie. — Saint-Gilles-sur-Vie. — L'île d'Yeu.

Beauvoir est un chef-lieu de canton, situé au fond de la baie de Bourgneuf, sur le canal de la Cahouette, qui lui sert de port.

Nous déjeunâmes de fort bon appétit, dans une mauvaise auberge de Beauvoir.

En traversant le pays, pour continuer notre route, nous vîmes les débris d'un vieux château démoli depuis deux cents ans, et aperçûmes de loin un gros clocher carré, fort ancien, qui doit au moins dater du xie siècle; c'est tout ce que Beauvoir renferme de curieux.

Une route, se dirigeant vers l'ouest, et se rapprochant par conséquent toujours de l'Océan ou plutôt du détroit de Fromentine, nous conduisit à la Barre-de-Mont, village situé sur le bord du détroit où s'élèvent deux phares, à feux fixes, de peu de portée. Prenant ensuite un chemin qui contourne les dunes, nous arrivâmes à Notre-Dame-de-Mont, commune située tout près de l'Océan, où nous remarquâmes la porte de l'église ornée de curieuses sculptures du xie siècle. Continuant à suivre le même chemin, nous aperçûmes bientôt une pointe de rocher s'avançant dans la mer. Là, commence une belle plage, parfaitement unie et couverte d'un beau sable fin, laquelle s'étend en avant des dunes plantées de pins qui lui servent de bordure. Cette plage est celle de Saint-Jean-de-Mont, autre village que nous ne tardâmes pas à atteindre.

Saint-Jean-de-Mont est une petite station balnéaire assez pittoresque, mais encore peu fréquentée. Le bourg, percé de larges rues et planté de beaux arbres, dominé par des dunes couvertes de verdure, sur lesquelles se dressent des moulins à vent, est d'un aspect agréable. Sa belle plage, dont nous n'avions parcouru que la moitié, avant d'arriver au village, et qui s'étend au sud-est jusqu'à Saint-Gilles-sur-Vie, en rend le séjour des plus agréables aux baigneurs.

Nous nous arrêtâmes à l'hôtel de Saint-Jean-de-Mont, demandâmes des chambres et nous nous reposâmes jusqu'à l'heure du dîner. Nous eussions voulu aller plus loin, ce jour-là, que les forces nous eussent fait défaut. Il est vrai que nous avions marché de sept heures du matin à cinq heures du soir, en exceptant seulement une heure consacrée à notre déjeuner.

Le soir, nous nous traînâmes jusqu'à la plage, afin de profiter un peu de la fraîcheur de la soirée.

Nous nous assîmes en face de la mer. Elle était si calme et si tranquille ce soir-là, qu'on eût dit un beau lac, mais un lac sans limite. Tout à coup, dans l'infini de l'Océan, nous distinguâmes un point lumineux.

— Qu'est-ce cela? demandai-je à un Monsieur assis à quelques pas de nous et qui semblait habitant du pays.

— Le principal phare de l'île d'Yeu, me répondit-il.

Nous rentrâmes de bonne heure. Le lendemain matin, nous nous remîmes en route.

Suivant la plage de Saint-Jean, nous arrivâmes bientôt à Saint-Hilaire-de-Riez, village sans intérêt situé entre l'Océan et la Vie.

Le premier pays que nous rencontrâmes ensuite fut Sainte-Croix-

CHAPITRE XI

de-Vie. Nous traversâmes un pont suspendu et nous trouvâmes à Saint-Gilles-sur-Vie. Il était onze heures, et nous avions fait quatre lieues depuis notre départ de Saint-Jean. Nous déjeunâmes à Saint-Gilles.

Saint-Gilles-sur-Vie est situé au confluent de la Vie et du Jaunay qui forment son port, un petit port fréquenté presqu'uniquement par les bateaux de pêche et où l'on s'embarque pour l'île d'Yeu.

Nous étant informés à l'hôtel où nous avions déjeuné si nous pourrions avoir un bateau pour faire la traversée, un voyageur nous proposa de partager avec lui une barque qu'il venait de louer. C'était une occasion dont nous nous empressâmes de profiter. Mais la barque en question ne pouvait partir avant une heure ; nous voulûmes, en attendant, voir le pays.

Nous allâmes à la plage.

Cette plage est à un kilomètre de la ville, entre le Jaunay et la mer, devant des dunes, que nous dûmes gravir et au delà desquelles nous trouvâmes l'établissement des bains.

La plage de Saint-Gilles ressemble à toutes celles de la côte. Nous n'y séjournâmes pas longtemps.

Nous avions donné rendez-vous sur le port à notre compagnon de voyage. Nous le trouvâmes à l'endroit convenu. Le moment d'embarquer était arrivé, nous partîmes.

La traversée de Saint-Gilles à l'île d'Yeu est de vingt-huit kilomètres ; nous la fîmes sans accident et même sans aucun incident digne d'être rapporté, et allâmes aborder à Port-Breton.

Ce port, situé sur la côte nord-est de l'île, abrité par des rochers et protégé par d'importants travaux de maçonnerie, d'une longueur de trois cents mètres, peut recevoir des navires de deux cents tonneaux, et est signalé par deux phares de quatrième ordre et à feu fixe, placés à son entrée. Un autre phare de même ordre s'élève sur la pointe sud-est de l'île, appelée pointe des Corbeaux, très célèbre dans les légendes de la province. Le principal phare de l'île, celui que nous avions aperçu la veille, un phare de premier ordre, occupe la butte de la Petite-Foule.

Dans l'île d'Yeu, existait autrefois un château-fort de forme quadrangulaire, remontant au XIe ou XIIIe siècle, dont il ne reste plus aujourd'hui que des ruines, particulièrement quelques murs crénelés, entourant une grande place d'armes.

Ce château, très pittoresquement situé sur trois pointes de rochers à pic, s'élevait de cent pieds au-dessus du niveau de la mer, au fond d'une petite anse, où pouvaient aborder les navires. Un pont-levis le mettait en communication avec la terre ferme.

Dans l'île d'Yeu, moitié moins grande que celle de Noirmoutier, se trouvent quelques collines, des sources vives et des ruisseaux; de grandes bruyères en recouvrent la moitié, le reste est cultivé par les femmes, car les hommes sont tous pêcheurs ou matelots.

Le pays est pauvre. Le sol n'y fournit pas la nourriture à ses habitants; cependant ceux-ci, comme presque tous les insulaires, sont très attachés à leur pays.

L'île a pour base un rocher de gneiss et de micaschite. Une seule de ses côtes, celle où se trouve le Port-Breton ou Port-Joinville, est accessible aux navires; celle de l'ouest et du sud, composée de roches élevées et ardues, est très inhospitalière; on la désigne sous le nom de côte Sauvage.

Nous n'eûmes que peu de temps à passer dans l'île d'Yeu; mais nous en profitâmes amplement, et quand, à la marée suivante, nous remontâmes en bateau, nous la connaissions parfaitement; nous en avions presque fait le tour.

Rentrés tard à Saint-Gilles, nous dûmes y coucher. Le lendemain, nous nous informâmes si nous pourrions louer une voiture pour nous rendre aux Sables-d'Olonne. Le chemin que nous avions à parcourir jusqu'à cette ville n'était pas assez curieux et ressemblait trop à ceux que nous avions suivis les jours précédents, pour que nous eussions intérêt à le faire à pied.

Ce ne fut pas sans difficulté qu'on nous procura une mauvaise

CHAPITRE XI

guimbarde et un cheval quelque peu poussif, dont le propriétaire consentit, moyennant un prix relativement très élevé, à nous conduire aux Sables-d'Olonne; le trajet était de huit lieues à peu près. Nous suivîmes les dunes, traversâmes Bretignolles et Saint-Martin-de-Brem, où nous nous arrêtâmes pour déjeuner, tant bien que mal, dans une mauvaise auberge, où nous laissâmes reposer notre cheval pendant environ deux heures.

Ayant enfin passé, sans nous y arrêter, par plusieurs villages du pays d'Olonne, nous arrivâmes aux Sables. Il était près de cinq heures; il ne nous eût pas fallu plus de temps pour faire à pied le trajet, que nous n'en avions mis pour venir de Saint-Gilles; mais nous ne nous étions pas fatigués, chose à considérer, car nous n'eussions pu marcher tous les jours comme nous l'avions fait la veille.

CHAPITRE XII

LES SABLES-D'OLONNE

Notions historiques sur la ville. — Le port. — La plage. — Le Casino. — Une belle soirée. — La ville des Sables. — Ses environs.

Les Sables-d'Olonne ne remontent pas à une époque excessivement reculée; quand, en 817, les Normands débarquèrent dans la petite rade, située en face de la ville actuelle, l'histoire ne dit pas qu'ils aient trouvé d'établissement sur la côte.

La fondation des Sables-d'Olonne est attribuée à une colonie de Basques et d'Espagnols. Son territoire fit partie des domaines de la maison de Mauléon, passa ensuite aux vicomtes de Thouars, et plus tard aux La Trémoille. Un mariage en mit en possession les Montmorency-Luxembourg, et il appartenait encore à cette famille au moment de la Révolution.

Cette ville n'eut aucune importance commerciale ni maritime jusqu'au règne de Louis XI; mais, pendant un voyage qu'il fit en Poitou, ce prince fut frappé des avantages de sa position; il décida aussitôt de la fortifier et d'y créer un port, et Comines fut chargé d'assurer l'exécution de ses projets. Le roi encouragea en outre les constructions particulières, et exempta de tout impôt, pendant vingt ans, les habitants de la ville qu'il voulait protéger. Ses efforts devaient avoir un plein succès.

Pendant le XVIe siècle, les Sables eurent beaucoup à souffrir des guerres de religion. La ville fut assiégée et prise trois fois, dans l'espace de huit années, de 1570 à 1578.

En 1622, elle fut investie par Rohan Soubise. Ayant capitulé, elle n'en fut pas moins livrée au pillage, par suite de la mauvaise foi du chef protestant. Mais Louis XIII, en personne, le contraignit bientôt à la retraite.

Les Sables-d'Olonne furent un des points de ravitaillement de l'armée catholique pendant le siège de la Rochelle.

La découverte de l'Amérique, en étendant les opérations des armateurs, avait beaucoup contribué à la prospérité des Sables-d'Olonne. En 1688, ses habitants mettaient annuellement à la mer cent un vaisseaux, tandis qu'à la même époque, Nantes n'en avait que quatre-vingt-neuf, et la Rochelle, trente-deux.

Les Sables étaient alors à l'apogée de leur prospérité.

Les guerres maritimes du siècle suivant décimèrent sa population et ruinèrent son commerce; de plus des ouragans épouvantables détruisirent en grande partie la ville en 1747, en 1750 et en 1751.

Pendant la Révolution, les Sables repoussèrent les attaques des Vendéens.

En 1809, un brillant combat, suivi d'une glorieuse victoire, fut livré dans sa rade par trois frégates françaises, *la Calypso*, *la Cybèle* et *l'Italienne*, contre cinq vaisseaux de ligne anglais.

De grands travaux furent exécutés dans le port des Sables sous le règne de Louis-Philippe.

Ce port est le plus fréquenté de la Vendée; un service régulier de bateaux à vapeur, qui viennent y chercher des denrées agricoles, la met en communication avec Liverpool. Malheureusement, pour conserver libre un port d'ailleurs dans d'excellentes conditions, il faut constamment exécuter de nouveaux travaux : dragages, écluses de chasse, constructions hydrauliques, etc.

L'hôtel dans lequel nous descendîmes en arrivant aux Sables-d'Olonne, est situé sur le port; ce fut donc lui qui eut notre

première visite, quand … … … … … …
toilette, nous descendîm… … … … … …
promenade avant le dîner.

Ce port, protégé par la poi… … … … …
batteries du fort Saint-Nicolas, es… … … …
lante de la côte, entre l'île d'Yeu et l… … … …

COSTUMES DES FEMMES DES SABLES-D'OLONNE

il est un précieux refuge pour les navires qui font le cabotage
entre Bordeaux, la Rochelle et Nantes, et il peut rendre également
de grands services, en temps de guerre, aux vaisseaux de
l'État. C'est sans doute à cause de cela que tous les gouvernements,
depuis le commencement de ce siècle, se sont inquiétés de son
amélioration.

Il communique avec la mer par un long chenal. Le bassin est bordé de deux beaux quais droits. L'entrée du port est signalée par quatre feux fixes rouges, d'une portée de sept à neuf milles.

Il se fait, dans le port des Sables-d'Olonne, un commerce assez considérable de vins, de grains, de sel, de conserves, de goudron et de bois du Nord. On y arme pour Terre-Neuve. Il s'y pêche beaucoup de poisson et de coquillages.

Étant rentrés un peu avant l'heure de la table d'hôte, nous nous étions assis sur un banc, à la porte de l'hôtel. Un ancien capitaine, qui, comme nous, attendait le dîner, nous donna les derniers détails. Enfant des Sables-d'Olonne, après avoir passé sur mer plus de cinquante années de sa vie, il demeure maintenant à Brest, où il vit avec une de ses filles, mariée à un inspecteur de marine; mais, tous les ans, il vient passer quelques semaines dans son pays natal, auquel il est plus attaché que le laboureur à la chaumière où il est né et qu'il n'a jamais perdue de vue.

Aussitôt après le dîner, nous nous rendîmes sur la plage, nous avions hâte de voir si elle justifierait les éloges que nous en avions entendu faire. Je m'empresse de dire qu'ils n'étaient en rien exagérés.

Cette magnifique plage s'étend, en forme de croissant, sur une longueur de mille cinq cents mètres; la côte est en pente douce, et le sable, d'une remarquable finesse.

Des quais splendides, construits en terrasse le long de la mer, et bordés d'hôtels, de villas et de châlets fort élégants; forment une magnifique promenade, appelée le Remblai.

C'est à l'extrémité du Remblai, en face du chenal, que se trouve le casino.

La soirée était superbe. Les baigneurs ne tardèrent pas à arriver sur la plage, presque déserte quand nous y étions arrivés. Ils sont nombreux chaque année aux Sables-d'Olonne, et je ne m'en étonne pas, la plage est si belle et l'air y est si pur.

Il y avait longtemps que nous n'avions passé la soirée sur une

PLAGE DES BAIGNEURS AUX SABLES-D'OLONNE

plage fréquentée ; nous nous amusâmes beaucoup d'une animation, d'un mouvement qui, au moins en passant, ne laissent pas d'avoir un certain charme.

A onze heures, nous étions encore sur la plage ; les baigneurs étaient partis les uns après les autres, et, à mesure que la solitude s'était faite autour de nous, nous avions mieux joui — je devrais dire j'avais joui — davantage du charme de cette belle nuit, resplendissante d'étoiles, chargée de parfums mystérieux comme l'Océan lui-même, et poétique comme lui. Charles s'était tranquillement endormi au bruit du flot qui battait la grève ; pendant que moi, je rêvais en regardant l'Océan. Les éclats rouges du phare de Berges, placé à quelque distance en mer, apparaissaient par intervalles égaux, mêlant un ton éclatant au ton sombre de la vague, à la douce clarté des étoiles..

Le lendemain, aussitôt levés, nous allâmes visiter l'église, seul monument que nous eussions à voir aux Sables-d'Olonne. Cette église est de 1647. Les portes, de style renaissance, sont charmantes, malheureusement elles ne sont pas en parfait état.

Nous occupâmes le reste de la matinée à parcourir la ville.

Située à l'embouchure de la Vie, la ville des Sables forme une presqu'île, qui ne tient au continent que du côté de l'est. Elle se divise en deux parties : l'une comprend le port et la gare, c'est celle qui tient au continent ; l'autre, située entre le chenal et la mer, est prolongée du côté de la mer par les dunes d'Olonne, c'est le faubourg de Chaume.

Les rues des Sables sont longues, bien pavées et propres. Les habitants sont pour la plupart marins ou pêcheurs. La pêche de la sardine, à laquelle ils sont très adroits, en occupe un grand nombre. Les marins habitent presque tous le faubourg de Chaume.

En quelques heures, nous connûmes parfaitement les Sables-d'Olonne. Nous rentrâmes déjeuner ; puis, aussitôt sortis de table, nous prîmes une voiture pour visiter les environs. Nous nous fîmes d'abord conduire au château d'Olonne, où nous vîmes les dolmens ruinés de la Grosse-Pierre, de la Croix, du champ du Caillou et des Épinettes ; les menhirs de la Croix, de la Rudelière ; les ruines de l'abbaye d'Orbestiers, et surtout la belle plage bordée d'énormes rochers, que l'on appelle la plage de Caïola ; après quoi, nous nous dirigeâmes vers le château de Pierre-Levée, célèbre dans le pays pour avoir servi de refuge aux Vendéens, pendant les guerres de la Révolution. Le cocher qui nous conduisait nous fit encore visiter près de là, dans les dunes de l'ermitage de Vicence, près des ruines du château du même nom, la tour dite d'*Arundel*, sur laquelle est élevé un phare ; le fossé des Sarrasins, dont je ne pus arriver à connaître l'histoire, et plusieurs menhirs, trop semblables à tant d'autres pour mériter une description.

Nous rentrâmes de bonne heure aux Sables, et en repartîmes aussitôt pédestrement pour Talmont, où nous voulions dîner et coucher. Nous n'avions que huit kilomètres à faire. Il n'était pas plus de sept heures quand nous y arrivâmes ; mais il était temps, un violent orage nous avait surpris en chemin, et nous étions mouillés jusqu'aux os.

Nous nous réfugiâmes dans la première auberge que nous rencontrâmes. Le hasard nous servit assez mal. Nous y couchâmes, mais ne fûmes pas tentés d'y faire long séjour. A six heures du matin, nous nous remettions en route.

CHAPITRE XIII

DES SABLES-D'OLONNE A LA ROCHELLE

Les ruines du château de Talmont. — Jard. — Saint-Vincent-sur-Jard. — Tumulus du champ de la Fée. — La Tranche. — Le marais Poitevin. — Les Angles. — Aiguillon. — Les parcs aux moules. — Une triste traversée. — Ars-en-Ré. — Saint-Martin. — Départ pour la Rochelle.

Nous avions entendu parler des ruines du château de Talmont, nous nous en fîmes indiquer la place. Elles méritent d'être visitées, car elles sont vraiment fort belles et surtout très pittoresques ; on peut voir encastré dans le donjon, qui date de 1050, un clocher du xe siècle, c'est celui de l'ancienne église, Saint-Pierre de Talmont, qui fut plus tard transférée ailleurs. Le château de Talmont, sur ce qu'on en peut juger aujourd'hui, devait être rangé parmi les beaux châteaux du moyen âge.

En quittant Talmont, nous prîmes un chemin qui, se rapprochant de plus en plus de la côte, nous fit traverser un bourg sans intérêt, appelé Jard, puis Saint-Vincent-sur-Jard, petit village situé au milieu des dunes, qui autrefois avait un port, lequel, comme tant d'autres, fut comblé par les sables, et où se trouvent plusieurs monuments mégalithiques, les dolmens de la Versaine, de la Pierre, celui du Grand Bouillac, appelé encore palet de Gargantua, et aussi le tumulus du champ de la Fée, pour arriver à la Tranche, petite station de bains de mer tout à fait inconnue, située à l'entrée du pertuis Breton, près de la pointe du Grouin-du-Cou, sur laquelle se trouve un phare destiné à indiquer l'entrée du passage.

Nous avions pensé déjeuner à la Tranche; nous eûmes bien de la peine à y trouver un morceau de lard et du fromage.

Nous allions quitter le marais Breton pour le marais Poitevin. Le pays que nous devions maintenant parcourir était, autrefois, un vaste golfe s'avançant très avant dans les terres (Luçon était alors sur le bord de l'Océan, comme Aigrefeuille et même Niort); dans ce golfe se trouvaient des îlots calcaires; des alluvions, venus de la mer ou amenés par les nombreux ruisseaux du littoral, se réunirent à ces îlots, et, peu à peu, le territoire s'étendit aux dépens du golfe.

Aujourd'hui le grand golfe Poitevin est devenu le petit golfe de l'Aiguillon, dont la surface n'est que de dix mille hectares, dont le continent gagne en moyenne quarante hectares par an. Les îles d'autrefois sont aujourd'hui des collines auxquelles on donne dans le pays le nom de buttes. La plus élevée est la butte du Gué-de-Velluire qui a trente-six mètres de hauteur. Sur presque toutes ces buttes sont maintenant des villages.

Mais cette contrée, gagnée sur l'Océan, inondée chaque année, au printemps et en automne, par les nombreuses rivières qui en sont tributaires, n'est devenue à peu près habitable qu'à force de digues, de canaux de ceinture et de canaux secondaires; encore les cabaniers (on appelle ainsi les habitants de ce pays) sont-ils forcés de parcourir leurs campagnes en bateau pendant plusieurs mois de l'année.

Nous eûmes la bonne fortune d'arriver dans le marais avant le commencement des pluies. Un mois plus tard, il eût été impraticable.

De la Tranche, nous dûmes remonter jusqu'aux Angles, où l'on nous avait fait espérer que nous trouverions une voiture pour nous conduire à Aiguillon.

Aussitôt arrivés, nous nous assurâmes de la susdite voiture; après quoi, ayant entendu dire que le village des Angles possédait une église assez curieuse, nous voulûmes l'aller voir.

Cette église, autrefois église abbatiale, date du commencement du xiii° siècle. Elle fut restaurée au xiv° siècle d'abord, puis en 1857. On y remarque un pignon surmonté d'un gros ours de pierre, portant la croix sur son dos. Sous l'église est une crypte romane, laquelle communique avec un souterrain, qui, à l'occasion, servait de refuge.

RUINES DU CHATEAU DE TALMONT

Des Angles, nous allâmes, en nous promenant, jusqu'au Moricq, petit port de mer situé sur la rive gauche du Lay, où il n'y a pas grand'chose à voir, si ce n'est une grosse tour féodale à mâchicoulis du xv° siècle, et une petite tour cylindrique, appelée la Tourelle, qui fut prise longtemps, à tort, pour une construction romaine.

Quand nous revînmes aux Angles, il était l'heure du dîner. Aussitôt sortis de table, nous montâmes en voiture.

Il était sept heures; nous n'avions que quatre lieues à faire pour nous rendre à l'Aiguillon, et notre conducteur nous avait assuré qu'il les ferait facilement en deux heures.

Quand nous y arrivâmes, il était plus de dix heures; heureusement nous trouvâmes à l'Aiguillon des lits convenables, où nous pûmes nous reposer des fatigues de la journée.

Nous passâmes la matinée du lendemain à l'Aiguillon-sur-Mer. Cette petite ville est située à trois kilomètres de l'embouchure du Lay, sur l'anse qui porte son nom, anse qui, en cas de mauvais temps, sert de refuge aux navires; elle est signalée par un phare et protégée par une langue de terre, formant digue, qui s'étend au sud-est de la ville.

En face de l'Aiguillon est l'île de Ré, séparée de la terre ferme par le pertuis Breton. Nous décidâmes de visiter cette île et de passer ensuite de Saint-Martin, sa capitale, à la Rochelle, par le paquebot qui fait de l'une à l'autre des deux villes un service quotidien. Pour cela, il fallait trouver un pêcheur qui consentît à nous y conduire. On nous indiqua un vieux marin qui devait aller pêcher ce jour-là dans le golfe d'Ars, et qui pourrait nous aborder dans le port d'Ars-en-Ré. Il ne partait qu'à midi. Ayant entendu dire qu'on s'occupait tout spécialement à l'Aiguillon de l'élevage des moules, je demandai à notre hôte si nous ne pourrions visiter les parcs.

— Rien de plus facile, nous répondit cet homme. Si vous voulez, mon fils va vous y conduire.

— Cela nous fera grand plaisir.

Un grand garçon de quinze ans répondit à son appel :

— Mène ces messieurs aux bouchots, lui dit-il.

Nous partîmes avec l'enfant.

Les bouchots établis au milieu des vases du golfe de l'Aiguillon sont des rangées de palissades sur lesquelles les moules croissent en grappes. Ils sont disposés en forme de triangle; l'entrée, ménagée à la pointe même de ce triangle, ferme au moyen de filets; le pêcheur parcourt la région vaseuse où ils sont déposés au moyen d'un bachot

CHAPITRE XIII

sur lequel il appuie un genou, tandis que son autre jambe, plongée dans la boue, lui sert à la fois de gaffe et de gouvernail. Ce singulier esquif, nommé acou ou pousse-pied, est, d'après M. de Quatrefages, de l'invention d'un naufragé irlandais, nommé Walton, qui vivait au XIIIe siècle.

BOUCHOTS A MARÉE BASSE

Notre promenade au parc aux moules occupa notre matinée, d'autant plus qu'il nous fallait rentrer de bonne heure pour déjeuner avant notre départ.

A midi, nous sortions de l'hôtel; le bateau qui devait nous conduire à Ré était prêt, et son propriétaire nous attendait sur le quai; nous embarquâmes aussitôt. Le temps était beau. La première partie du voyage se fit promptement et gaiement; un vent frais soufflait du large, le pêcheur avait hissé sa voile, nous glissions doucement sur les flots.

Tout à coup le vent devint un peu plus fort, quelques nuages apparurent à l'horizon; le visage du pêcheur parut se rembrunir. Il replia sa voile et prit ses avirons.

— Vous craignez le mauvais temps? lui demandai-je.

— Oui, me répondit-il d'un ton bref. Peut-être arriverons-nous avant le grain, reprit-il après une pause, mais nous n'avons pas un instant à perdre.

Je regardai le ciel. En quelques instants il avait pris un aspect tout à fait menaçant. Le vent avait tourné et soufflait maintenant de l'ouest.

Une demi-heure passa sans grand changement. Cependant les flots, de plus en plus agités, commençaient à imprimer à la barque des oscillations assez désagréables pour des gens peu habitués aux brusqueries de l'Océan. Charles ne disait rien. Il ne se plaignait pas; cela me parut de mauvais augure. Plus vaillant que lui, je me plus d'abord à l'idée d'assister à l'un des plus beaux et des plus terribles spectacles de la nature. Je me voyais déjà faisant à ma cousine le récit de cette tempête, lui en peignant les sublimes horreurs. Elle admirait le sang-froid qui, au milieu du danger, m'avait laissé la faculté de voir et d'admirer; j'étais pour elle un héros!

Hélas!

Bientôt je ne vis plus rien, je n'entendis plus rien, je ne songeai plus à rien, à personne, pas même à ma cousine.

Une heure plus tard, nous débarquions à Ars. Le grain avait passé sans amener la tempête redoutée du vieux pêcheur; il en avait été quitte pour la peur, nous n'en pouvions dire autant.

Le mauvais temps nous avait retardés; nous n'étions pas d'ailleurs disposés à la promenade ni à quoi que ce soit. Nous nous fîmes conduire à l'hôtel, où nous nous reposâmes le reste de la journée.

Le lendemain, quand nous nous réveillâmes, tout était oublié. Nous déjeunâmes de bon appétit et sortîmes.

CHAPITRE XIII

Nous n'avions rien à voir à Ars que l'église. C'est vers elle que nous nous dirigeâmes. Bientôt nous aperçûmes de loin son clocher.

PHARE DE LA BALEINE A L'ÎLE DE RÉ

Sa flèche à jour, entourée à sa base d'une double galerie carrée et flanquée aux angles de jolis clochetons, est remarquable par sa légèreté; elle a quarante et un mètres de haut et sert d'amers aux navires.

Cette église est du xiv° siècle. Par suite sans doute des soulèvements de terrain, si fréquents dans la contrée, elle se trouve aujourd'hui encavée de quatre-vingt-quatre centimètres.

Avant de nous diriger vers Saint-Martin, nous remontâmes la route jusqu'à un phare, élevé au milieu des dunes, à la pointe nord-ouest de l'île. Ce phare, appelé phare de la Baleine, est très remarquable. Il s'élève de quarante-sept mètres trente-cinq au-dessus du sol, et à cinquante mètres au-dessus du niveau des plus hautes marées; il est couronné par une lanterne dont le feu, à éclipse, éclaire et signale la partie du littoral de l'île appelée côte Sauvage. Ce phare, commencé en 1849 et achevé en 1854, affecte la forme d'une tour octogonale; contre cette tour la grosse mer vient se briser, terrible, sans rencontrer sur son passage aucun obstacle capable d'amortir le choc. A cet endroit la mer forme un large bassin, nommé le fort d'Ars, d'où partent de nombreux canaux qui, s'enfonçant dans les terres, menacent de submerger cette partie de la côte; aussi a-t-on construit de fortes digues en terre et en sable revêtues de pierres.

Ce n'est qu'après avoir visité ce beau phare à l'intérieur, après avoir constaté avec quel confort et quelle élégance sont installées les chambres des ingénieurs et admiré la belle vue dont on jouit, lorsque, après avoir gravi trente-trois marches de métal, on arrive à la coupole, vue qui, d'un côté, s'étend sur l'île tout entière, et de l'autre, sur l'ensemble de la rade, que, reprenant la même route par laquelle nous étions venus, nous retournâmes à Ars, où nous avions laissé nos valises et où nous déjeunâmes.

Nous en partîmes vers une heure. Cette fois nous allions à Saint-Martin. Avant d'atteindre le village de la Couarde, nous traversâmes une grande région de marais salants, dont l'exploitation est une des principales sources de richesse de l'île. Arrivés à ce village, nous demandâmes s'il n'y avait rien à voir de curieux. Sur la réponse négative qui nous fut faite, nous continuâmes notre chemin. Nous eûmes beaucoup à souffrir de la chaleur ce jour-là, car l'île est

COSTUMES DES FEMMES DE L'ÎLE DE RÉ

presqu'entièrement privée d'arbres. Il paraît qu'autrefois on y trouvait beaucoup de chênes verts, mais ils ont disparu.

Il était cinq heures et demie quand nous arrivâmes à Saint-Martin. Le bateau de la Rochelle était parti, nous fûmes bien forcés de remettre notre départ au lendemain, ce que nous eussions fait du reste

SAINT-MARTIN-DE-RÉ

quand nous fussions arrivés une heure plus tôt, car nous tenions à visiter Saint-Martin. Nous nous informâmes d'un hôtel et nous nous rendîmes aussitôt dans celui qui nous fut indiqué, afin de nous débarrasser de nos valises et d'y retenir des chambres pour la nuit.

Cet hôtel nous ayant frappés par son cachet d'antiquité, nous interrogeâmes le garçon qui nous avait accompagnés dans notre appartement; nous apprîmes alors que nous étions dans une maison historique, l'ancien *Hôtel des Cadets*.

L'*Hôtel des Cadets* était, on le sait, une sorte d'école où le roi faisait instruire les jeunes gentilshommes destinés au service de la marine.

Le temps de nous installer et de faire notre toilette, l'heure du dîner arriva.

Le soir, la pluie nous empêcha de sortir. Ce ne fut donc que le lendemain matin que nous pûmes visiter la ville. Saint-Martin, capitale de l'île de Ré, est situé à quatre kilomètres du point le plus rapproché du continent, entre le pertuis Breton et le pertuis d'Antioche.

Cette ville eut, dit-on, pour origine un couvent de Saint-Benoît, fondé par Eudes, duc d'Aquitaine, et par sa femme Vitrude, en 735. Eudes voulut reconnaître par cette fondation les services que les habitants de l'île de Ré lui avaient rendus, ainsi qu'à Charles Martel, pendant la bataille de Tours en 720. Eudes et sa femme furent enterrés dans le monastère qu'ils avaient fondé. Les Normands détruisirent ce monastère, et ce n'est qu'en 1730, et par un effet du hasard, que le tombeau d'Eudes fut découvert; on y retrouva son crâne, couronné d'une couronne ducale, en cuivre, car il y avait été renfermé avec les insignes de la royauté, suivant l'usage des Mérovingiens.

Située à seize kilomètres de la Rochelle, la ville de Saint-Martin fut très souvent disputée comme poste avancé de cette place, et sa citadelle eut un rôle important dans l'histoire. En 1628, elle soutint un siège de trois mois contre les Anglais, alliés des protestants. Richelieu, qui s'en était emparé, la tenait comme un point stratégique important. Des fortifications faites par Vauban protègent la ville et le port.

La ville est petite, mais propre et bien bâtie. Son port, précédé d'une rade sûre, exporte du sel, du bois, du goudron, des spiritueux.

Saint-Martin n'est pas riche en monuments, son plus remarquable

CHAPITRE XIII

est l'église. Sa première fondation remonte à la fin du XII⁰ siècle. Ruinée par les Anglais et les Hollandais en 1696, fort mal restaurée au commencement du XVIII⁰ siècle, cette église est étrange; ses parties les plus anciennes appartiennent au style roman, elles sont garnies de mâchicoulis et de tourelles et ornées de sculptures bizarres. Une crypte romane règne sous cette église.

L'église et quelques maisons anciennes, entre autres celle qu'on dit avoir été habitée par Sully, sont tout ce qu'on a à voir à Saint-Martin-de-Ré. Nous pûmes, sans difficulté, rentrer assez tôt à l'hôtel pour y déjeuner avant de nous embarquer pour la Rochelle. Le départ du bateau avait lieu, ce jour-là, à midi et demi. La traversée de Saint-Martin-de-Ré à la Rochelle n'est que de seize kilomètres, nous la fîmes en peu de temps et fort agréablement. La mer était magnifique et d'un calme dont, cette fois, nous n'eûmes pas envie de nous plaindre.

PÊCHE AUX MOULES

CHAPITRE XIV

LA ROCHELLE

Son origine, son histoire.

La Rochelle a joué dans l'histoire un rôle trop important pour que, avant de promener le lecteur dans la vieille cité, nous ne rappelions pas ici, dans une rapide esquisse, son origine, ses progrès, ses luttes, ses victoires et ses revers.

Au fond d'une des anses du golfe de Gascogne, dans une rade vaste et sûre, protégée par les îles de Ré et d'Oléron, s'élevait, au xe siècle, un rocher (*rupella*) inconnu, formant un petit cap allongé, entouré de trois côtés par la mer; quelques pêcheurs, à demi sauvages, habitaient, au pied de ce rocher, de misérables huttes, creusées dans le sable du rivage. C'est à ce rocher que la Rochelle doit son nom. La partie de la côte où s'élève aujourd'hui cette ville, appartenait alors à la baronnie de Châtelaillon; un château protégeait le domaine. Plus tard, ce château ayant été détruit par les Normands, celui de Vauban s'éleva près du rocher dont nous avons déjà parlé. Les serfs de Châtelaillon et de Montmeillant, fuyant des terres dévastées par la guerre et par l'Océan, vinrent se mettre sous sa protection; une colonie, chassée du bas Poitou, suivit leur exemple, et les pêcheurs creusèrent un port sur la partie la plus rapprochée du rivage. En 1152, la ville naissante ne pouvait plus contenir ses habitants. Un terrain, appelé le champ de Lyre, situé entre le port et le bourg, fut alors abandonné par ses propriétaires, Ebles de Mauléon et Geoffroi de Rochefort, pour y construire un quartier où s'éleva une nouvelle église, Saint-Barthélemy.

Les intrépides pêcheurs de la Rochelle avaient entrepris des opérations commerciales et maritimes dont le succès explique les rapides progrès de la population.

Pendant les guerres de Richard Cœur de Lion et de Henri Plantagenet, les Rochelois avaient gardé une étroite neutralité. Éléonore de Guyenne, libre maîtresse de l'Aquitaine, leur octroya, par un acte daté de Niort, leur première charte communale, en 1199.

La Rochelle étant devenue sujette de l'Angleterre, quand Philippe-Auguste, après le jugement rendu à la suite du meurtre d'Arthur de Bretagne, voulut s'emparer des villes françaises du roi Jean, les Rochelois refusèrent de lui ouvrir leurs portes, et, après un siège d'un an, il fut forcé de se retirer. Aussi, quand Jean sans Terre vint en France pour essayer de reprendre la Guyenne et le Poitou, redevenus provinces françaises, ce fut à la Rochelle qu'il descendit. Ce fut à la Rochelle que le prince anglais prépara son expédition contre le roi de France, ce qui indisposa les Rochelois.

Ceux-ci ne voyaient dans un prince anglais ou français qu'un défenseur de leurs droits, un protecteur de leur repos et de leur commerce. Les Rochelois ne désirèrent jamais qu'une chose : la paix. Ils se détachèrent donc peu à peu de la cause anglaise; et la conduite de Henri III, qui leur refusa tout secours pendant le siège qu'ils eurent à soutenir contre Louis VIII en 1224, prépara leur soumission à la France. Après une glorieuse défense, la Rochelle ouvrit ses portes à Louis, qui se hâta de reconnaître et de confirmer les privilèges de leur cité, et s'assura ainsi les affections et les sympathies de la ville vaincue.

La Rochelle devint franchement française.

Elle le resta de fait jusqu'en 1330.

Quand le traité de Brétigny la céda à Édouard III, ce ne fut pas sans une vive douleur qu'elle se sépara de la France.

« Nous serons et obéirons aux Anglais des lèvres, mais les cœurs ne s'en mouvront, » disaient leurs magistrats.

Quand, en 1371, une bataille navale fut livrée devant la Rochelle, entre le comte de Pembroke et le roi de Castille, Henri de Transtamare, les Rochelois refusèrent d'intervenir, disant qu'ils n'étaient point exercés à combattre sur mer, surtout contre les Espagnols, et qu'ils avaient leur ville à garder; Henri de Transtamare était l'allié de la France.

Jean d'Évreux, sénéchal du roi d'Angleterre, ayant quitté la Rochelle pour se porter à la défense de Poitiers qu'assiégeait Du Guesclin, chargé par son roi de reprendre aux Anglais les pays qu'il leur avait dû céder par le traité de Brétigny, n'avait laissé au château de la Rochelle qu'un simple écuyer, Joseph-Philippe Mansel; Jean Chauldrier, maire de la Rochelle, profita de l'occasion pour chasser les Anglais de la ville. Du Guesclin, à cette nouvelle, marcha sur la Rochelle; il y fut parfaitement accueilli, mais les Rochelois lui posèrent leurs conditions, et ces conditions étaient celles-ci :

Le château de la Rochelle serait rasé, la ville incorporée au domaine royal, sans pouvoir jamais en être aliénée, et le droit de battre monnaie rendu aux habitants.

Charles V, non seulement accepta, mais ajouta aux privilèges réclamés par les Rochelois l'exemption de toute redevance. Il leur promit de ne lever aucun impôt sans l'assentiment du conseil municipal, et concéda la noblesse à leur maire et à ses successeurs.

L'alliance conclue entre Charles V et les Rochelois fut sincère; ceux-ci restèrent fidèles au roi de France pendant le règne désastreux de Charles VI, et fournirent à Charles VII une flotte qui l'aida à reconquérir Bordeaux.

Cependant un dissentiment s'éleva, un peu plus tard, entre le roi de France et ses sujets de la Rochelle : ce fut quand Louis XI, ayant fait donation à son frère, Charles de Valois, de la Guyenne et de la Saintonge, comprit, contrairement à l'article des conventions signées par Charles V, la Rochelle dans ladite donation. Les Rochelois protestèrent, et, après la mort de Charles de Valois, Louis XI vint, en personne, à la Rochelle, et prêta, à genoux, une main sur le crucifix, l'autre sur les saints Évangiles, le serment de maintenir les franchises municipales de la ville.

Les Rochelois profitèrent de cette visite du souverain pour en obtenir une nouvelle concession. A partir de ce moment, ils purent continuer leurs relations commerciales avec les étrangers, même en temps de guerre.

L'importance politique, commerciale et maritime de la Rochelle alla toujours se développant, à la faveur de la paix, jusqu'au règne de Charles IX.

La réforme avait pénétré à la Rochelle comme dans la plupart des villes du royaume; cependant elle n'y avait pas été accueillie avec plus d'enthousiasme qu'ailleurs. Mais le parti hostile à la cour veillait, prêt à profiter de toutes ses fautes. Il y en eut de commises à la Rochelle. Les gouverneurs royaux se montrèrent d'une intolérance maladroite; le roi, pendant son voyage de 1563, ayant passé à la Rochelle, ne prêta pas, comme ses prédécesseurs, serment de respecter ses libertés et ses privilèges. Il s'aliéna les Rochelois et prépara ainsi les voies à ses ennemis. Les élections municipales, qui eurent lieu quelque temps après, appelèrent au pouvoir d'ardents réformistes, et la ville se trouva bientôt engagée dans des querelles auxquelles elle ne demandait qu'à rester étrangère.

La reine de Navarre y eut une cour. Le synode national d'avril 1571 fut tenu à la Rochelle; Coligny, Jeanne d'Albret, Henri de Navarre et Henri de Condé y assistèrent, sous la présidence de Théodore de Bèze. Pendant ce temps, les forces de l'armée royale se concentraient à Brouage, port voisin et rival de la Rochelle.

Sur ces entrefaites, parvint dans la ville la nouvelle de la Saint-Barthélemy; en même temps des massacres étaient ordonnés dans les provinces. Beaucoup de malheureux, échappés à ces massacres, se réfugièrent à la Rochelle.

C'est alors qu'une milice s'organisa dans la ville; des volontaires

SIÈGE DE LA ROCHELLE PAR LOUIS XIII (D'APRÈS CALLOT)

s'engagèrent ; les Rochelois refusèrent de recevoir les envoyés du roi, quoique, disaient-ils, « ils ne voulussent pas faire remonter jusqu'à lui la responsabilité de la lâche entreprise et barbare exécution dont l'antiquité n'avait jamais ouï la pareille et dont la postérité ne pourrait ouïr parler qu'avec horreur. »

Le roi envoya contre eux le maréchal de Biron, puis le duc d'Anjou. La Noue, habile capitaine, qui, après avoir essayé des négociations pacifiques, s'était dévoué tout entier à la cause de ses concitoyens, mena les opérations du siège avec non moins d'habileté et de sang-froid que de courage. Les Rochelois firent des prodiges de valeur pendant ce siège qui dura huit mois, de décembre 1572 au 27 juin 1573, et se termina à l'honneur des assiégés.

Le duc d'Anjou ayant été appelé au trône de Pologne, on renonça à entrer dans la ville, et Charles IX signa un des traités les plus favorables aux protestants, l'édit de Pacification. La Rochelle conservait, avec la liberté des cultes, toutes ses anciennes franchises.

Toutes hostilités effectives entre les Rochelois et le roi de France furent suspendues pendant le règne de Henri IV ; mais elles ne pouvaient manquer de reprendre à la première occasion ; car, si les Rochelois ne faisaient pas au pouvoir royal une opposition systématique, ils aspiraient à une indépendance absolument incompatible avec la Constitution politique et territoriale de la France d'alors. Le gouverneur de la Rochelle n'avait plus guère qu'un pouvoir nominal. Une lutte était inévitable, la destruction du fort Louis en fut le prétexte. Ce fort, resté sous la dépendance du gouverneur royal, offusquait la susceptibilité défiante des bourgeois de la Rochelle qui demandaient sa destruction. La querelle s'étant envenimée, une assemblée extraordinaire d'églises réformées s'étant réunie, malgré sa défense, sous les murs de cette ville, sans opposition des autorités municipales, Louis XIII vint, en personne, mettre le siège devant la Rochelle, pendant que le duc de Guise la bloquait par mer.

La victoire était indécise, quand une diversion, faite par les protestants du midi, et des complications extérieures décidèrent le roi à signer le traité de Montpellier, dont une des clauses fut la destruction du fort Louis.

Mais la citadelle resta debout, malgré les promesses de Louis XIII.

« Il faut que la ville avale le fort, avait dit Lesdiguières, sinon le fort avalera la ville. »

La lutte recommença. Cette fois les Rochelois allaient avoir affaire à forte partie. Richelieu tenait alors les rênes du gouvernement. Le ministre avait résolu d'élever une France homogène et forte, sur les ruines de la féodalité; il comprit que la citadelle de la Rochelle serait le camp de retranchement de ses ennemis nationaux et étrangers, et décida de détruire une ville qui était pour lui une menace. En 1627, emmenant le roi, il alla présider lui-même aux travaux du siège, et il se montra aussi expérimenté dans les choses de la guerre qu'il était habile à dénouer les intrigues de cour ou à élaborer les travaux de cabinet.

Afin de ne rien laisser au hasard, il changea bientôt le siège en blocus. Une tranchée, flanquée de onze portes et de dix-huit redoutes, entoura la ville assiégée sur un espace de douze kilomètres; une digue immense, en pierre schisteuse, s'éleva au milieu du golfe, afin d'intercepter l'entrée du port et d'empêcher ainsi les Rochelois de recevoir des vivres et des secours de l'Angleterre. Les assiégés, ainsi séquestrés de tous côtés, ne pouvaient manquer d'épuiser leurs vivres. Richelieu comptait sur la famine pour les amener à une prompte soumission, mais le courage des Rochelois déjoua ses espérances. Encouragés par leur maire, Guiton, ils luttèrent encore onze mois.

La capitulation fut enfin signée. Elle stipulait l'amnistie complète et la liberté des cultes; mais si elle laissait aux Rochelois leur liberté ainsi que leurs biens, elle abolissait leurs privilèges et faisait tomber leurs remparts; elle détruisait la dernière citadelle des protestants, qui, de ce jour, cessèrent d'exister comme parti politique.

Louis XIII fit son entrée victorieuse à la Rochelle, le 30 octobre 1628.

CHAPITRE XIV

Le siège avait duré quatorze mois et seize jours. Au commencement du siège, la Rochelle comptait vingt-huit mille habitants; à cette date, elle n'en avait plus que cinq mille.

La Rochelle ne s'est jamais relevée ; ses relations avec le Canada,

RICHELIEU

l'Afrique et Saint-Domingue ont pu ramener la richesse dans son sein, jamais sa population n'est revenue à son ancien chiffre.

Après la démolition de ses murailles, la Rochelle resta ville ouverte jusqu'en 1689. A cette époque, Louis XIV, menacé par la ligue anglo-hollandaise, y fit élever de nouvelles fortifications qui, commencées par Ferry, furent achevées par Vauban.

L'histoire de la Rochelle, pendant le siècle qui s'écoula jusqu'à la Révolution française, offre peu de faits intéressants. On peut pourtant citer à l'honneur des Rochelois pendant cette période, la prise de

LA ROCHELLE

Rio-de-Janeiro par Duguay-Trouin, et la victoire gagnée sur une flotte anglaise en 1757, à l'entrée de la rivière de Rochefort.

La Rochelle n'a d'importance aujourd'hui que par son port de commerce, qui, depuis le commencement du siècle, a pris une grande extension.

CHAPITRE XV

LA ROCHELLE (Suite).

L'ancien port et le port actuel. — Les bains Richelieu. — La jetée. — Les bains du Mail. — La plage. — Les bains Marie-Thérèse. — La tour de la Grosse-Horloge. — La Bourse. — Le palais de justice. — La cathédrale. — Les remparts. — La tour Saint-Nicolas. — La tour du Chaume. — La tour de la Lanterne. — Le Mail. — L'hôtel de ville. — Les vieilles maisons.

L'ancien port de la Rochelle, nous apprend M. de Quatrefages, était « situé à l'opposé du port actuel, près de la vieille porte Neuve, et un vaste marais, s'étendant à l'orient, achevait de transformer en île le centre de la ville moderne ; depuis longtemps le vieux port comblé est rentré dans la ville. »

Le port actuel est un des plus sûrs du golfe de Gascogne ; son accès, facile même pendant les tempêtes de l'Océan, en fait un port de refuge. L'anse dans laquelle il est situé est fermée par la digue de Richelieu et traversée dans toute sa longueur par un chenal de mille six cent soixante-quatorze mètres. Ce chenal, partant de l'avant-port, dans lequel se trouve une jetée de six cent cinquante mètres, donne accès au port d'échouage, fréquenté principalement par les bateaux de pêche et des navires se livrant à la navigation côtière. Indépendamment de son havre d'échouage, le port de la Rochelle a deux bassins à flot : le bassin à flot intérieur, terminé sous Napoléon Ier, en 1806, long de cent trente-trois mètres et large de cent vingt mètres ; c'est le moins important ; et un second, livré au commerce en 1861, situé près de la gare, et construit dans les proportions d'un établissement de premier ordre, auquel on pénètre par une écluse, longue de seize mètres cinquante. La longueur de ce bassin est de trois cent quatre-vingt-six mètres ; sa largeur, de soixante-dix-huit ; il a neuf cent dix-sept mètres de quai, et peut contenir soixante navires. Le port, dans son ensemble, bassins, quais et jetée, a un développement de plus de deux kilomètres.

L'entrée de la passe est éclairée par deux phares à feux fixes, placés l'un, en amont, sur le quai est du bassin à flot, l'autre, en aval, sur le quai ouest du bassin. Ces phares, d'une construction élégante, ont vingt mètres de hauteur.

Aussitôt installés à la Rochelle, nous nous rendîmes sur le port, et le visitâmes avec beaucoup d'intérêt. La mer baissait, ce qui nous permit de voir les restes de la fameuse digue de Richelieu. Les flots l'ont démolie peu à peu ; les pierres détachées du rivage et bouleversées par les chocs de l'Océan, forment une ligne noire qui semble vouloir barrer encore l'entrée du port.

Nous allâmes ensuite jusqu'à l'établissement de bains de mer connu sous le nom de bains Richelieu. Cet établissement, placé en face de la digue, est dans une situation admirable sur l'Atlantique. Les bains sont composés de bassins fermés, retenant l'eau, ce qui fait qu'on peut s'y baigner à toute heure.

Nous en profitâmes. Nous étions à peine sortis des cabines où nous nous étions rhabillés, que nous entendîmes sonner sept heures à une horloge voisine ; nous nous hâtâmes de regagner l'hôtel.

Le soir, nous allâmes faire un tour sur la jetée, une charmante jetée bordée de tamaris, d'où l'on jouit d'une vue féerique sur la mer et les îles ; puis, comme il faisait encore jour, nous nous rendîmes au grand établissement des bains, celui qui se trouve près de la promenade du Mail, un établissement de premier ordre qui possède une terrasse et un jardin anglais comme on en trouve rarement.

Tous les bains de la Rochelle sont sur le rivage septentrional. Après les bains Richelieu, et les bains du Mail, appelés aussi bains Marie-Thérèse, se trouvent les deux autres établissements : les bains

RUE DE L'ÉVÊCHÉ ET CLOÎTRE SAINT-BARTHÉLEMY

de la Concurrence, les seuls où il y ait du sable, et les bains Louise, spécialement destinés aux dames.

La plage de la Rochelle est presque partout vaseuse, aussi les créateurs d'établissements de bains ont-ils été forcés de faire des bassins fermés ou des plages artificielles. Mais, tels qu'ils sont, les bains de la Rochelle sont commodes et agréables.

Au delà des bains, au lieu dit la Digue, s'élèvent de nombreuses maisons de campagne. Quand nous y arrivâmes, la nuit étant presque venue, nous ne pûmes que constater la beauté de la situation.

Revenant sur nos pas, nous allâmes nous asseoir sur la plage, en face des bains Marie-Thérèse. Il y avait là beaucoup de baigneurs qui devisaient gaiement, en respirant l'air du soir, pendant que les enfants, les plus âgés du moins, couraient et jouaient sur la plage en attendant qu'on les emmenât coucher.

Nous passâmes agréablement la soirée.

Le lendemain, de bonne heure, nous arpentions la ville; nous ne nous étions donné qu'une journée pour la visiter, nous voulions en profiter.

Ayant consulté avec soin un plan de la Rochelle, nous nous étions fait un itinéraire, à l'aide duquel nous espérions éviter les pertes de temps qu'occasionnent si souvent aux voyageurs les erreurs de direction.

Nous demeurions quai Duperré, non loin d'une ancienne tour, faisant autrefois partie des fortifications, la tour de la Grosse-Horloge. Au XIVe siècle, la tour de la Grosse-Horloge, ou du Gros-Horloge, donnait accès, par un pont tournant, sur le faubourg du Perrot. « Là se voyait, en 1498, dit un chroniqueur, Amos Barbot, une chapure ou lanterne qui était une des plus artificieuses pointes qui se pût voir. Elle fut réparée en 1594. En 1672, un hardi travailleur réunit en une seule et large arcade les deux portes étroites et inégales dont l'une servait aux voitures, l'autre aux piétons. Elle était couronnée de mâchicoulis et surmontée d'un clocher, terminé par un campanile couvert de plomb, et flanquée de deux tourelles couronnées de mâchicoulis, aux faîtes coniques, dont les ardoises étaient taillées en écaille de poisson. »

La partie supérieure de la Grosse-Horloge fut refaite en 1746.

CHAPITRE XV

La cloche fonctionnait en 1476; on distingue sur cette cloche deux écussons, dont l'un représente les armes de France et un autre celles de la Rochelle.

Nous passâmes sous la voûte ouverte formée par la tour, et montâmes la rue du Palais qui devait nous conduire à la cathédrale. Nous

TOUR DE LA LANTERNE ET ENTRÉE DU PORT DE LA ROCHELLE

passâmes devant la Bourse et devant l'évêché, et nous arrêtâmes devant le palais de justice, dont nous remarquâmes la façade corinthienne, très vantée par des hommes compétents et assurément d'une grande pureté de lignes, mais, à mon avis, un peu lourde.

La lourdeur est encore ce qu'il faut reprocher à la cathédrale, monument construit dans le style grec, qui, commencé au xviiie siècle, fut achevé il y a seulement quelques années. Je lui préfère de beaucoup la vieille tour carrée du xiie siècle, qui se trouve tout près d'elle, un peu en arrière, et qui appartenait autrefois à l'église Saint-Barthélemy.

Un des côtés de la cathédrale donne sur la place d'Armes.

La place d'Armes de la Rochelle est une des plus belles de France. Elle forme un carré de cent vingt-sept mètres.

Prenant une rue qui côtoye la cathédrale, du côté opposé à celui par lequel nous étions venus, nous nous dirigeâmes du côté du port.

Des anciens remparts qui enserraient autrefois la ville, il ne reste aujourd'hui que trois tours très pittoresques et très curieuses, qui gardent l'entrée du port : la tour Saint-Nicolas, la tour de la Chaîne et celle de la Lanterne.

La tour Saint-Nicolas, terminée en 1384, forme un môle polygonal, auquel sont accolées quatre tourelles cylindriques et une tour carrée qui regarde la mer. Cette tour est beaucoup plus élevée que les autres. A l'intérieur, la tour Saint-Nicolas est composée de deux étages, divisés en plusieurs corridors et compartiments voûtés en ogives. La salle du premier étage, aujourd'hui salle des hommes d'armes, était autrefois une chapelle, et elle a conservé son autel, un charmant autel gothique un peu mutilé. Ses voûtes reposent, ainsi que celles du rez-de-chaussée, sur des colonnettes sculptées; la salle est octogone. On y remarque des sculptures qui semblent beaucoup plus anciennes que l'édifice, entre autres deux antilopes à cornes et à cous entrelacés, et une tête d'homme avec quatre ailes.

L'escalier de la tour, dans lequel on voit des écussons bien conservés, conduit à une tourelle, donnant sur une terrasse à mâchicoulis, d'où nous découvrîmes la rade tout entière.

La tour Saint-Nicolas est placée d'un côté du chenal; de l'autre est la tour de la Chaîne, ainsi nommée parce qu'avec la tour Saint-Nicolas, elle soutenait la chaîne qui fermait le passage aux vaisseaux. D'après l'architecte Lisch, ces deux tours auraient été les énormes

HÔTEL DE VILLE DE LA ROCHELLE

piliers d'un immense portail, dont l'ouverture avait cent mètres de long et sous lequel passaient les embarcations.

La tour de la Chaîne, de moindres proportions que celle de Saint-Nicolas, est une tour ronde, qui, couronnée autrefois d'une pyramide octogone, a été rasée, il y a de cela bien longtemps, et ne présente plus qu'un cylindre tronqué.

Les fondements des deux tours dont nous venons de parler furent posés pendant la minorité de Henri IV d'Angleterre; elles tombaient de vétusté quand le port actuel, par ordre du roi d'Angleterre, alors possesseur de la Rochelle, remplaça l'ancien port de Guillaume d'Aquitaine. Elles furent presque entièrement refaites au xv° siècle.

Nous entrâmes dans la tour de la Chaîne par une salle voûtée en ogives, dont les murs noircis ont gardé la trace d'un incendie fort ancien. Un escalier, dans lequel nous fûmes frappés de voir des nervures terminées par des têtes humaines, nous conduisit à une salle, également voûtée, et presque entièrement effondrée. Une galerie écroulée découvre la partie supérieure de la tour qui fut détruite sous la Fronde.

La troisième tour, qu'une courtine relie à la tour de la Chaîne, se dresse à l'angle de deux rues et près du port, c'est la tour de la Lanterne.

La tour de la Lanterne est un môle cylindrique flanqué de deux tourelles et couronné d'une belle pyramide octogone en pierre. Cette tour a sept étages.

La tour de la Lanterne, commencée en 1445, achevée en 1476, est appelée aussi phare de la Lanterne, parce que, sous la tourelle de son escalier, est « une lanterne de pierre percée à jour, à six pans et vitres pour empescher que le vent n'esteignit le gros cierge ou massif flambeau que l'on mettait dedans la nuit en mauvais temps pour servir de phare et lumière aux vaisseaux (1). » On la nommait aussi tour du Garot, du nom de la machine que l'on employait autrefois

(1) Mervault.

pour désarmer les navires à leur entrée dans le port. Cette tour sert de prison militaire.

Un chemin de ronde circule autour de la tour de la Lanterne; de ce chemin on découvre un magnifique panorama sur la ville, ses monuments, son port, sa rade, la gare, la campagne et les îles.

De cette tour, une route, plantée d'ormes, nous conduisit à travers les remparts jusqu'au Mail.

Le Mail, l'une des promenades les plus fréquentées de la Rochelle, est une pelouse de six cents mètres de longueur, encadrée de quatre rangs d'ormes séculaires, et qui se termine à mi-côte d'une colline, au sommet de laquelle on domine le port et la ville, et où se trouvent une maison de campagne et une ferme, habitations encaissées, ainsi que leurs jardins, dans des tertres peu élevés. Ces tertres sont tout ce qui reste du fameux fort Louis, autrefois si redoutable aux Rochelois.

Nous nous reposâmes quelque temps sur le Mail, puis nous rentrâmes dans la Rochelle. Nous n'avions plus à voir que l'hôtel de ville; mais il était trop tard, il fallait déjeuner.

Aussitôt sortis de table, nous nous y rendîmes.

L'hôtel de ville de la Rochelle, construit de 1486 à 1607, est un beau monument gothique d'un aspect tout particulier. Sa façade entièrement unie, ses deux tours, sa couronne de créneaux et de mâchicoulis lui donnent l'apparence d'une forteresse bien plutôt que d'un hôtel communal. Y étant entrés, nous admirâmes les jolies arcades intérieures du portail et d'autres curieux détails, mais nous constatâmes avec regret que des travaux y avaient été exécutés, qui, utiles sans doute au point de vue de l'aménagement intérieur, avaient eu l'inconvénient de nuire à l'ensemble du monument. On voudrait trouver encore le vieil hôtel des fiers marchands tel qu'il était au temps du fameux siège de la Rochelle, quand, frappant de son poignard une table que l'on ne manqua pas de nous montrer, leur maire Guiton disait :

— C'est assez qu'il reste un homme pour fermer les portes.

En sortant de l'hôtel de ville, nous avions achevé de visiter les monuments de la Rochelle. Ce que cette ville a de curieux pour le voyageur, c'est bien plutôt son ensemble que ses édifices. Quoiqu'on y ait exécuté depuis quelque temps de nombreux travaux d'embellissement et qu'on l'ait un peu modernisée, elle a cependant beaucoup conservé de son antique cachet. Presque toutes ses rues sont bordées de porches, ou galeries basses, sous lesquels circulent les piétons, ce qui dérobe leur vue à ceux qui passent en voiture sur la chaussée. Il y a encore à la Rochelle un assez grand nombre de belles maisons anciennes; nous y admirâmes entre autres un hôtel Renaissance dont la façade est ornée de sculptures remarquables, la maison du maire Guiton et celle dite de Henri II ou de Diane de Poitiers, dont les deux ailes, inégales et saillantes, sont ornées de curieuses sculptures représentant des têtes de panthères, de béliers et de chérubins, des vases à fleurs et à fruits.

Il était deux heures quand nous rentrâmes à l'hôtel. Nous prîmes nos valises, et, comme nous voulions visiter la côte de la Rochelle à Rochefort, nous nous mîmes bravement en route pour Châtelaillon, petit pays devenu depuis quelques années station balnéaire, et qui n'est qu'à quatre kilomètres de la Rochelle.

CHAPITRE XVI

DE LA ROCHELLE A ROCHEFORT

Châtelaillon. — Yves. — Fouras. — La pointe de l'Aiguille. — L'île d'End. — Arrivée à Rochefort.

Quelques jours auparavant, nous parcourions des côtes dont les terrains avaient été gagnés sur la mer, par suite de son abandon progressif; cette fois, nous allions avoir à constater les effets d'un phénomène bien différent. De la Rochelle à Rochefort, la mer, reprenant ce qu'elle avait abandonné dans l'anse d'Aiguillon, a cette fois fortement empiété sur le littoral; une ville entière, Montmeillant, a même disparu sans qu'on ait retrouvé d'autre trace que le procès-verbal authentique rapporté par un analyste de la Rochelle.

Nous fîmes le chemin facilement; un peu de vent régnait ce jour-là, ce qui nous permit de braver, sans trop de fatigue, un soleil qui, sans cela, n'eût pas été supportable. Nous arrivâmes d'assez bonne heure au but de notre course.

Châtelaillon est un tout petit pays, qui n'a d'autre attrait que sa belle plage. Seulement cette plage est magnifique, et l'on y découvre un panorama splendide. Au nord, la pointe de Chef-de-Baye et l'île de Ré; à l'ouest, le pertuis d'Antioche; au sud, la pointe de Fouras, l'île d'Aix et l'île d'Oléron. C'est vraiment admirable.

Depuis l'instant où nous arrivâmes à Châtelaillon jusqu'à dix heures du soir, nous ne quittâmes la plage que le temps de dîner, et je ne cessai d'être en extase. Je comprends, quand on ne peut voyager, qu'on passe ses vacances tout entières sur cette plage et qu'on ne s'en lasse pas.

Le lendemain, de bonne heure, nous partions de Châtelaillon. Nous n'avions que quatorze kilomètres à faire pour nous rendre à Fouras, où nous devions déjeuner. Ce n'était pas une bien longue étape, mais nous préférions prendre notre temps, afin de nous moins fatiguer.

Nous nous reposâmes une heure à Yves, petit village situé à peu près à mi-chemin, dans un pays que les eaux couvraient autrefois et dont les pâturages, très plantureux grâce sans doute à l'humidité du sol, nourrissent un grand nombre de bœufs. Nous nous assîmes au bord d'un pré où paissaient plusieurs de ces animaux, et fûmes frappés de leur beauté. On en voit rarement de pareils au bord de la mer.

D'Yves, nous allâmes jusqu'à Saint-Laurent-de-la-Prée. Là, fatigués, non de la course, mais de la chaleur orageuse qu'il faisait ce matin-là, nous nous arrêtâmes pour nous rafraîchir.

Nous n'étions plus qu'à six kilomètres de Fouras. Il était dix heures. Nous y allâmes en nous promenant, et y arrivâmes encore avant l'heure du déjeuner.

Fouras est un petit port de mer situé au nord-ouest de l'embouchure de la Charente, en face de l'île d'Aix et de l'île de Madame. Comme nous étions arrêtés devant l'anse qui lui sert de port, notre attention fut attirée par une borne sur laquelle était écrit quelque chose qui semblait une inscription; nous nous approchâmes. C'en était une, en effet; elle indiquait que, de cette place, Napoléon partit en 1815, pour l'île d'Aix, où l'attendait *le Bellérophon*.

Nous entrâmes dans un hôtel, et nous fîmes servir à déjeuner.

En sortant de table, nous nous dirigeâmes vers la redoute de la pointe de l'Aiguille, qui supporte le fort du même nom. La marée était basse; une chaussée naturelle nous permit d'aller nous promener dans une petite île qui faisait autrefois, ainsi que l'île d'Aix, partie

CHAPITRE XVI

du continent, l'île d'End. Nous n'avions rien à faire à Fouras. Le principal attrait de cette petite ville, devenue depuis quelques années station balnéaire, est dans la proximité de Rochefort et de la Rochelle, et le voisinage des îles, principalement de l'île d'Oléron. Ayant réfléchi qu'en partant tout de suite, nous pourrions être à Rochefort entre six et sept heures, nous rentrâmes à l'hôtel, fermâmes nos valises et nous mîmes en route.

A sept heures moins un quart, nous arrivions à Rochefort, très fatigués, mais enchantés d'avoir gagné une demi-journée, que nous pouvions mieux employer qu'à flâner à Fouras.

Le soir, nous trouvant absolument incapables de faire un pas, nous nous couchâmes. Ne pouvant dormir, je pris un livre que j'avais acheté à la Rochelle, et qui m'intéressa tellement qu'il me tint éveillé jusqu'à deux heures du matin. C'était une histoire de Rochefort, dans laquelle je trouvai, sur les origines de cette ville, de curieux détails dont je ne manquai pas de me servir, lorsque je voulus plus tard rédiger le résumé historique que l'on trouvera dans le prochain chapitre.

CHAPITRE XVII

ROCHEFORT

Origines de Rochefort. — Louis XIV crée le port et l'arsenal de Rochefort. — Privilèges accordés à cette ville. — L'amiral Tromp échoue devant Rochefort. — Brest et la Rochelle s'agrandissent à ses dépens. — Défaite de l'amiral Allemand en 1809. — Décadence de Rochefort.

Au xi° siècle, s'élevait, au milieu des marais, près de la mer, sur la rive droite de la Charente, un manoir seigneurial, sans aucune importance historique; quelques manants, pêcheurs ou laboureurs, entouraient le castel, dont le nom *Rupefortium* avait été emprunté à la colline, sur le penchant de laquelle il était situé.

Du xi° au xvii° siècle, ce domaine, qui avait le titre de châtellenie, subit toutes les vicissitudes entraînées, durant cette période de troubles, par la guerre étrangère et la guerre civile; il passa des seigneurs féodaux au roi de France, fut tour à tour pris et repris par les Anglais et par les Français, par les catholiques et par les protestants.

Mais jusqu'au xvii° siècle, la petite bourgade, dont le château de Rochefort était le centre, eut trop peu d'importance pour occuper les historiens.

Cependant Louis XIV, à l'apogée de sa gloire, craint sur le continent, voulut se faire respecter sur mer; il décida de créer une marine capable de lutter contre les deux grandes puissances maritimes d'alors, l'Angleterre et la Hollande.

La France n'avait encore qu'un port militaire, celui de Brest; il l'augmenta et voulut en créer un second. Colbert, intendant général dans la province d'Aunis, prit possession de Rochefort au nom de son roi. Les marais furent desséchés, la grande garenne du château défrichée.

Les travaux avaient commencé en 1665. Avant la fin de 1666, un vaisseau de ligne et deux galiotes, construits dans le port de Rochefort, étaient mis à la mer.

La profondeur de la Charente, à Rochefort, avait fait avec raison choisir cette place à Colbert, pour y établir le nouveau port militaire, dont la position était d'ailleurs excellente à tous les points de vue.

L'ingénieur Blondel traça le plan de la ville, dont il appuya les deux extrémités sur les bords de la Charente, afin de ceindre et de protéger l'arsenal.

Au bout de deux ans, la ville et le port de Rochefort étaient presque achevés. L'arsenal n'avait pas sa superficie actuelle, il ne présentait pas l'aspect d'un grand arsenal; cependant, en l'espace d'une année, le port naissant opéra l'armement de trente vaisseaux de ligne, dont sept à trois ponts, et Rochefort put revendiquer sa part de gloire dans les succès que remporta à cette époque notre marine, sous les regards étonnés des puissances européennes. Pendant toute la durée de la guerre contre la république batave, les ordres d'armement s'y succédèrent.

Les ennemis de la France en prirent ombrage. Voulant profiter de ce que la plupart des vaisseaux armés étaient allés, les uns secourir la Martinique, menacée par Ruyter, et les autres soutenir les Messinois contre l'Espagne, l'amiral Tromp résolut d'interrompre les travaux du nouveau port, ou plutôt de le détruire. Il vint à Rochefort avec soixante-douze vaisseaux; mais il trouva l'Aunis fortifiée, l'entrée de la Charente flanquée de forts, tous les postes

CHAPITRE XVII

occupés et si bien défendus, qu'il fut forcé d'abandonner son entreprise. C'était en 1674.

Dès 1669, Rochefort avait été érigé en bourg et jouissait de privilèges étendus.

A mesure que les armements y devenaient plus considérables, les

ARSENAL DE ROCHEFORT

ouvriers affluaient à Rochefort, dont la population atteignit en dix ans le chiffre de vingt mille habitants.

Rochefort continua de prospérer et de grandir jusqu'à la fin du XVII° siècle.

Pendant le repos qui suivit la paix de Nimègue jusqu'en 1684, les travaux de l'arsenal furent menés avec activité, et le port prit un aspect remarquable. Cependant Vauban, étant venu le visiter, proposa de rectifier les irrégularités de l'enceinte, de remplacer par des ouvrages de maçonnerie des fortifications trop peu sérieuses, et de créer sur la rive gauche de la Charente un bassin entouré de murailles. Mais la France était alors trop pauvre pour payer de pareils travaux; ils ne furent pas exécutés.

Quand, après la bataille de la Hougue (1692), la France voulut réparer ses pertes, Rochefort fit des armements importants. Elle en fit même encore pour soutenir Philippe V, en 1705.

Mais le système des grandes flottes ayant été remplacé par celui des escadres, l'activité de l'arsenal de Rochefort se ralentit bientôt; Brest et Toulon grandirent à ses dépens. Les exploits de ses équipages pendant les guerres de l'Indépendance américaine, de la Révolution et de l'Empire, et la glorieuse conduite d'un de ses plus nobles enfants, l'amiral La Galissonnière, ne purent l'empêcher de tomber dans l'abandon et dans l'oubli. Une désastreuse défaite essuyée sur les bords de la Charente par l'amiral Allemand, en 1809, défaite qui entraîna la perte de neuf vaisseaux, porta le dernier coup à la malheureuse ville que condamnait un préjugé déjà ancien, né des bruits exagérés et malveillants répandus sur l'insalubrité de l'air, ainsi que sur la fréquence et l'intensité des fièvres du pays.

Rochefort est aujourd'hui le dernier de nos grands ports militaires.

CHAPITRE XVIII

ROCHEFORT (Suite).

Situation et aspect de Rochefort. — La place d'Armes. — L'hôtel de ville. — Le jardin public et le jardin botanique. — L'église Saint-Louis. — L'hôpital de la marine et l'école de médecine navale. — Le port de Rochefort. — Le port marchand. — Le port militaire et l'arsenal. — L'hôtel de la préfecture maritime.

Nous n'avions pas beaucoup à voir à Rochefort, en dehors du port. Décidés à consacrer à la visite de ce dernier tout notre après-midi, le seul que nous dussions passer à Rochefort, nous pensâmes que la matinée nous suffirait pour visiter la ville; en conséquence, nous nous mîmes en route de bonne heure.

La ville de Rochefort, située partie sur un rocher partie sur des marais, est entourée de remparts, garnis de beaux arbres. Ses fortifications, dans lesquelles s'ouvrent sept portes, datent de 1675.

A l'intérieur, Rochefort est une ville toute moderne, percée de larges rues bien pavées et coupées à angles droits, dont un certain nombre sont ornées de fontaines alimentées par la pompe à feu et quelques-unes plantées de deux rangs d'acacias ou de peupliers d'Italie. Au centre de la ville est la place d'Armes, ou place Colbert, vaste parallélogramme de cent mètres de longueur, sur quarante mètres de largeur. Cette place, entourée d'une balustrade en fer, est bordée d'une double rangée d'ormes et ornée d'une fontaine monumentale, érigée en 1750. Le beau groupe qui la décore représente l'Océan donnant la main à la Charente.

En face de la place d'Armes se trouve l'hôtel de ville.

Devant la façade nord de l'hôtel de ville est un beau jardin public à la suite duquel se trouve le jardin botanique, créé, en 1697, par l'intendant Begon, et riche aujourd'hui de six ou sept mille plantes parmi lesquelles il en est de très rares et de fort curieuses.

Rochefort ne possède pas d'églises remarquables.

L'église Saint-Louis, reconstruite, en 1835, dans le style gréco-romain et précédée d'un péristyle grec, n'a conservé de ses anciennes constructions qu'un clocher renaissance, fort beau, qui n'a d'autre défaut que de ne plus être à sa place.

Somme toute, Rochefort est une ville assez pauvre en monuments. Elle en possède un, cependant, qui, dans son genre, est une merveille et un modèle, c'est l'hôpital de la marine. Nous passâmes à le visiter la plus grande partie de la matinée.

Cet établissement est situé hors des murs de la ville, sur un terrain élevé ; on y arrive par une belle avenue d'arbres. Devant la façade est une vaste cour plantée. Commencé en 1783, il fut construit dans l'espace de cinq ans et coûta cinq millions de livres. Il n'a de rival en Europe que l'hôpital de Plymouth. Il se compose de neuf corps de bâtiments distincts et isolés ; les salles, qui sont au nombre de dix-huit, contiennent mille deux cent quatre-vingt-cinq lits. En cas de guerre ou d'épidémie, elles pourraient en contenir bien davantage. La chapelle, surmontée d'une coupole octogone, est au centre des bâtiments.

Dans un pavillon, placé à gauche de l'entrée principale, est l'école de médecine navale que nous visitâmes avec un grand intérêt. Dans la salle, dite salle des Actes, se trouve une collection très importante d'instruments de chirurgie ; le cabinet d'histoire naturelle est fort beau ; la bibliothèque contient plus de six mille volumes, traitant exclusivement de science et de voyages. Enfin, cet établissement, absolument remarquable, possède encore un beau cabinet de physique et un laboratoire de chimie que beaucoup de chirurgiens, revenus des pays lointains, ont enrichi de leurs dons.

ROCHEFORT

CHAPITRE XVIII

Il est, dans les dépendances de l'hôpital de la marine, quelque chose de fort curieux à voir, que le gardien qui nous conduisait ne manqua pas de nous faire remarquer : c'est un puits artésien, achevé en 1866, et dont la profondeur n'avait jamais été atteinte. Elle est de huit cent cinquante-six mètres soixante-quinze centimètres, l'eau qui en jaillit est à quarante-cinq degrés.

Quand nous sortîmes de l'hôpital de la marine, onze heures et demie sonnaient, nous y étions entrés un peu après dix heures; il y a tant de choses intéressantes à voir dans cet établissement hors ligne.

Nous nous hâtâmes de regagner notre hôtel. Nous déjeunâmes à la hâte et nous nous rendîmes sur le port.

Rochefort est situé sur la rive droite de la Charente, à quinze kilomètres de l'embouchure du fleuve qui forme son port. Ce port est divisé en deux parties, le port militaire et le port marchand : le port militaire, d'une étendue de plus de deux kilomètres, où tous les navires peuvent demeurer à flot; et le port marchand, dans lequel se fait surtout un assez grand commerce de vins et d'eaux-de-vie.

La superficie totale des bassins à flot qui relient le port à la gare est de vingt mille mètres.

Le nouveau bassin a plus de six hectares. Les quais, fort beaux, sont ornés de plantations qui donnent un ombrage agréable.

La rade de Rochefort, l'une des plus belles de France, s'étend à quinze kilomètres.

Nous ne décrirons pas en détails l'arsenal de Rochefort. Nous nous contenterons de mentionner, comme nous ayant particulièrement intéressés parmi les nombreux établissements qu'il renferme :

Les chantiers de constructions, dans lesquels peuvent se faire, on en a eu la preuve, les plus grands travaux de constructions et d'armements;

Les beaux hangars destinés à abriter les navires à trois ponts;

Les cales couvertes, à toitures fixes ou mobiles, qui portent et abritent, sur leurs plans inclinés, les coques plus ou moins avancées des navires;

Les formes de radoubs;

La corderie, qui fut le premier établissement de Rochefort et est un des plus beaux de son genre; il a trois cent quatre-vingt-trois mètres de longueur, sur huit de largeur;

La fonderie, qui contient deux fourneaux à creusets et cinq à réverbères de différentes grandeurs;

Les grandes forges, où nous vîmes un marteau pilon du poids de dix-sept mille kilos;

La salle d'armes, contenant une belle collection d'armes de toute sorte;

La mâture, vaste bâtiment de plus de cinquante mètres de long et de quinze de large, à épais contreforts et larges fenêtres plein cintre;

Le magnifique établissement des subsistances;

L'atelier de sculpture, dont la façade est surmontée d'un élégant fronton; il contient un curieux musée, dans lequel on voit une collection miniature des objets d'art du matériel naval.

Enfin nous n'oublierons pas de signaler, comme ayant spécialement fixé notre attention, l'hôtel de la préfecture maritime. Cet hôtel, construit sous Louis XV, et d'après ses ordres, fut la première habitation des intendants généraux de la province. Napoléon y vint deux fois : la première, à l'apogée de sa gloire; la seconde, quand, définitivement vaincu, il allait partir pour l'exil.

L'arsenal a une annexe au nord de la ville, c'est le chantier de la vieille forme : il se compose de quelques ateliers, une poudrière, des hangars, deux cales de construction et le bassin de radoub, commencé en 1666, le plus ancien de tous ceux qui existent.

Nous rentrâmes à six heures et demie, notre journée avait été bien remplie. Le soir, nous eûmes à peine le courage de nous traîner jusqu'au jardin public, où nous restâmes seulement jusqu'à neuf heures.

A dix heures, nous dormions profondément.

CHAPITRE XIX

DE ROCHEFORT A LA TREMBLADE

Soubize. — Moëze. — Brouage. — Ce que fut Brouage. — Son histoire. — Ce qu'est aujourd'hui cette ville. — Hiers. — Marennes. — La plage. — Déjeuner aux huîtres. — L'église. — La ville. — Le port.

Le lendemain, avant six heures, le garçon d'hôtel frappait à notre porte; nous lui avions donné, la veille, l'ordre de nous réveiller, car nous voulions partir de très bonne heure. Nous nous habillâmes promptement et déjeunâmes. A six heures et demie, nous étions sur la route. Marennes était le but de notre voyage du jour, et Brouage devait en être la principale étape.

Le temps était beau, l'air presque vif, il faisait bon marcher; nous allâmes sans nous arrêter jusqu'à Soubize, village situé sur une éminence, sur la rive droite de la Charente; là nous nous reposâmes quelques instants; puis nous continuâmes notre course jusqu'à Moëze, bourg placé au milieu des marais salants. Le clocher de Moëze attira notre attention. Ce clocher, qui doit dater du XVIᵉ siècle, accuse son origine anglaise. Espérant qu'il surmontait une église curieuse à visiter, nous fîmes un détour pour l'aller voir, mais nous ne trouvâmes qu'un bâtiment presque entièrement ruiné. Les guerres de religion ont passé par là.

De Moëze, il nous restait peu de chemin à faire pour arriver à

Brouage. Bientôt nous en aperçûmes les épais remparts; un peu plus tard, nous entrions, par une porte basse et voûtée, dans l'ancienne forteresse.

Pour se rendre compte de l'impression que nous ressentîmes en pénétrant dans la vieille place de guerre de Louis XIII et de Louis XIV, il faut se rappeler ce que fut autrefois Brouage et ce qu'un jour il se crut sur le point de devenir.

Posé sur le chenal qui sépare l'île d'Oléron du continent, Brouage semblait par sa position destinée à devenir un port important. Quelques auteurs, prêtant une origine romaine aux ruines d'une vieille tour carrée, dite tour de Broue, laquelle a, sans doute, donné son nom à la ville, ont voulu voir dans Brouage le *Portus Santanum,* mais rien n'est moins prouvé que leur assertion.

Ce n'est qu'en 1559 que Jacques de Pons commença à Brouage des travaux dont on ne saurait contester l'authenticité. Sous Charles IX, après la bataille de Moncontour, Hardouin de Villiers agrandit et compléta son système de fortifications, sous le regard jaloux des Rochelois.

Mais ce fut quand Richelieu, après avoir annulé la Rochelle, voulut la remplacer par une autre grande place maritime que Brouage dut se croire un instant appelé à de hautes destinées. En effet, parmi les villes qui pouvaient aspirer à l'honneur de remplacer la grande cité vaincue, Brouage eut les préférences du premier ministre.

Des travaux y furent exécutés d'après les ordres du cardinal, des rues y furent percées qui toutes aboutissaient à une place centrale; on y éleva un hôtel pour le gouvernement; un hôpital y fut bâti, ainsi qu'un arsenal et de vastes magasins; enfin on plaça dans cette ville un siège d'amirauté et un bureau de ferme.

Mais, à la mort de Richelieu, Colbert, intendant d'Aunis, qui n'avait jamais été porté pour Brouage, abandonna les projets du cardinal, alléguant, ce qui d'ailleurs était exact, qu'un port dont l'entrée était sans cesse encombrée par les sables et d'où la mer semblait devoir un jour ou l'autre se retirer, ne remplissait, en aucune façon, les conditions indispensables à l'établissement d'un port militaire de premier ordre.

La suite a donné raison à Colbert.

La mer a, depuis longtemps, complètement abandonné Brouage; les alluvions marines et fluviales, en s'amassant autour des îles qui avoisinaient les Charentes, ont formé, à la place où l'Océan se répan-

COLBERT

dait autrefois, des plaines marécageuses et pestilentielles, dont les exhalaisons ont forcé la plupart des habitants de Brouage à abandonner la ville.

Brouage a conservé ses bastions et ses remparts de quarante pieds de haut, couronnés d'une belle verdure produite par trois ou quatre rangs d'ormes magnifiques; mais sa garnison n'est aujourd'hui que de deux cents hommes, et ces deux cents soldats forment plus du quart de la population de la ville. L'herbe pousse dans ses larges rues, tirées au cordeau, dont Richelieu donna le plan; ses maisons abandonnées tombent en ruines; il n'y a pas une boutique dans la ville, si ce n'est sur la route de Rochefort, et quelles boutiques! Les quelques habitants qui se traînent dans les rues ou dont on aperçoit aux fenêtres les tristes visages portent sur leurs traits flétris les traces de la maladie, souvent les stigmates de la mort.

« Elle vit et ne vit plus, a dit un des historiens de Brouage ; c'est un corps dont le cœur respire encore faiblement et dont le reste est mort. »

Nous n'avions pas marché dix minutes dans Brouage, que Charles me demandait :

— Que sommes-nous venus faire ici?

— Je ne sais, répondis-je ; mais puisque nous y sommes, allons voir l'église.

L'église ressemble à la ville, ses dalles humides sont verdies par la mousse, son autel paraît abandonné, pas un tableau n'orne ses murs; les tombeaux de quelques-uns des gouverneurs de Brouage y attirent seuls les regards du voyageur auquel ils parlent d'un passé qui ne reviendra pas.

Partout dans cette triste ville, dans la maison de Dieu comme ailleurs, règnent le dénûment et la misère.

Il n'y a pas de prêtre à Brouage; le curé d'Hiers y vient dire la messe deux ou trois fois par semaine. Il n'y a pas de médecin non plus, aucun n'oserait y demeurer. Les soldats de la garnison et un ou deux douaniers sont les seuls employés condamnés à habiter cette ville, encore les soldats sont-ils changés tous les quinze jours.

— Allons-nous-en, me dit Charles en sortant de l'église, je ne vivrais pas ici une journée tout entière.

Nous nous dirigeâmes vers la porte de Brouage, située à l'opposé de celle par laquelle nous étions entrés, une petite porte basse et profondément voûtée. Lorsque nous fûmes de l'autre côté de cette porte, il nous sembla que nous respirions plus à l'aise.

Après mille détours, nécessités par la topographie du terrain, continuellement coupé par les marais, nous arrivâmes à Hiers, village assez pittoresquement situé, mais fort insignifiant et qui, cependant, nous parut presque gai en quittant Brouage.

Nous ne fîmes qu'y passer, nous avions hâte d'arriver à Marennes, dont nous n'étions plus qu'à une lieue environ.

Nous suivîmes la route directe jusqu'à un certain point que nous nous étions fait indiquer, et où nous tournâmes à droite, afin d'aller, en passant, voir la plage, située à quelque distance de la ville. On nous avait dit que Marennes avait une plage et qu'on s'y baignait. La première partie de l'assertion est vraie. Marennes a une plage; mais quant à pouvoir s'y baigner, ceux qui n'ont besoin pour cela que d'un pied d'eau peuvent se contenter; pour les autres, la réponse doit être négative.

A midi, nous étions assis à table d'hôte, dans le premier hôtel de Marennes, où nous nous ouvrions l'appétit (chose d'ailleurs peu nécessaire) en avalant quelques douzaines de ces jolies petites huîtres vertes, qui ont porté loin le nom du pays où elles sont élevées.

Aussitôt après le déjeuner, nous allâmes visiter la ville; nous devions partir à trois heures par l'omnibus du chemin de fer qui correspond à la station de la Grève, afin d'aller coucher à la Tremblade.

Le seul monument à voir à Marennes est l'église; nous nous y rendîmes.

L'église de Marennes, reconstruite au xviie siècle, est remarquable par la régularité et l'élégance de ses proportions, et surtout par son beau clocher du xive siècle, haut de quatre-vingt-cinq mètres, et couronné d'une flèche à jour d'une excessive légèreté.

Presque tous les étrangers montent au clocher de Marennes; nous fîmes comme les autres. De la plate-forme placée à la base de la flèche, le coup d'œil est magnifique; il embrasse, d'un côté, la mer, l'île d'Oléron, le fort Chapus, le château, Fouras, l'île d'Enet, l'île d'Aix, le fort Bayard ; de l'autre, les marais salants et les dunes de la Tremblade, la route de Saintes, la tour de Broue et la flèche de Moëze ; si les monuments de la Rochelle étaient plus élevés qu'ils ne le sont, on les verrait parfaitement.

En revenant de l'église, nous parcourûmes une partie de la ville. Marennes est une jolie ville ; les rues y sont larges, propres et bien pavées d'une pierre blanche et douce. Les places plantées y sont bien entretenues. Le réséda, qui pousse au pied des façades de presque toutes les maisons, répand dans Marennes une odeur délicieuse.

A trois heures, nous étions de retour. Notre hôtel était situé sur le port ; nous fermâmes nos valises, et allâmes attendre sur un banc, placé près de la porte, le départ de l'omnibus.

Le port de Marennes n'est pas bien important ; cependant, il y régnait, ce jour-là, une certaine activité. On y procédait au déchargement de plusieurs navires, et il y en avait un de tout prêt à partir.

— Qu'emporte ce navire? demandai-je à un douanier, qui, debout à quelques pas de nous, regardait, lui aussi, le navire en partance.

— Des eaux-de-vie, me répondit-il.

— Il s'en fait ici un grand commerce, n'est-ce pas ?

— Des eaux-de-vie et du sel, un peu de grain, c'est à peu près tout ce dont on trafique dans ce port, qui était pourtant admirablement placé pour devenir un centre de commerce important.

— Et pourquoi, selon vous, n'a-t-il pas prospéré comme d'autres ?

— Ils disent que le pays est malsain, répondit le douanier. Est-ce une raison aujourd'hui ? ajouta-t-il en s'éloignant.

Au même moment, on vint nous avertir que l'omnibus allait passer.

Nous dînâmes à la Tremblade.

CHAPITRE XX

LA TREMBLADE

Aspect de la ville. — Le tramway de la ville à la plage. — Coup d'œil. — Les huîtrières. — Une invitation. — Traversée de la Tremblade à Oléron.

La pluie nous empêcha de sortir le soir. Il nous fallut attendre au lendemain pour faire connaissance avec la ville que mon père nous avait tout particulièrement vantée, pour y avoir passé quelques jours, lors d'un voyage qu'il fit à Bordeaux, en 1866.

Rien de charmant, en effet, comme cette petite ville propre, coquette, riante ; les plantes grimpantes, liserons, volubilis, lierre et autres, courent joyeusement le long des façades de presque toutes les maisons, et, dans les interstices des pavés, ainsi qu'au pied des murailles, fleurissent les giroflées, croissent les belles-de-jour et les belles-de-nuit.

— Quelle charmante ville ? dis-je à Charles, à peine sortis de l'hôtel.

— Quel détestable pavé ! reprit-il.

— Ah ! vraiment !

— Tu ne t'en es pas encore aperçu ?

— Je l'avoue. Je ne regarde pas à mes pieds, quand mes yeux sont charmés.

— Je sens moi les cailloux, qui me blessent au pied.

Dans le fond, Charles n'avait pas tort. Une fois mon attention attirée, je m'aperçus que les rues de la Tremblade étaient détestablement pavées d'affreux cailloux de toutes formes et de toutes dimensions. J'espère que la municipalité obviera quelque jour à cet inconvénient, si ce n'est déjà fait.

— Tiens, un break! dit Charles tout à coup.
— C'est la voiture qui fait le service des bains.
— Si nous la prenions.
— Je le veux bien.

Nous montâmes en voiture et fûmes bientôt hors la ville. Je m'aperçus, avec étonnement, que nous suivions une route macadamisée. Une route macadamisée, serpentant au milieu des marais et des dunes, et, sur cette route, un break chargé de joyeux promeneurs, jetant à chaque instant des cris de surprise et d'admiration, il n'est rien de plus pittoresque, si ce n'est peut-être l'aspect du pays que nous traversions, dont le terrain, se transformant sans cesse, nous causait de continuelles surprises. Tantôt nous passions au milieu des pins dont la saveur pénétrante se mêlait à la douce odeur de violette, répandue dans l'air par de gros tas de sel tout blanc, provenant de la récolte de l'année, ramassés sur le sol, autour des marais; tantôt nous traversions des vignobles parfaitement cultivés, dont nous admirions d'autant plus les grappes pleines de promesses, que nous étions moins habitués à voir des vignes au bord de la mer.

Nous fîmes, sans nous en apercevoir, les cinq kilomètres qui séparent la Tremblade de la plage.

Cependant il fallut descendre de voiture, nous étions arrivés.

Pendant que nos compagnons de voyage se rendaient directement à l'établissement des bains, nous nous arrêtâmes sur la plage, et restâmes en admiration devant le magnifique spectacle qui s'offrait à nos regards. A droite, le bel estuaire de la Seudre; en face, l'île d'Oléron, Saint-Trojan, la citadelle du Château, le fort et la pointe de Chapus; enfin, à gauche, les vagues du Maumusson;

qu'on voyait moutonner à l'horizon; il est difficile de rien imaginer de plus impressionnant et de plus beau.

« Vues de loin, dit Élisée Reclus, les dunes d'Oléron semblent ne former qu'une seule chaîne avec celles de la terre ferme, et, de fait, le bras de mer, qui sépare l'île du continent, n'a pas même cinq cents mètres de largeur, lors des plus basses marées; il était plus étroit au XIV° siècle, d'après la tradition, et ne pouvait, à cette époque, donner passage à aucun navire. Il s'est élargi depuis, une grande frégate s'y engagea même avec succès au commencement du siècle; mais actuellement nul équipage n'ose s'aventurer dans ce redoutable « pertuis, » dit du Maumusson ou de la « mauvaise touche. » Même par un beau temps, les embarcations ne pénètrent dans Maumusson, que poussées par une brise constante; si le vent cessait tout à coup de souffler, le navire serait infailliblement entraîné par les *couraux* sur les bancs de sable, et bientôt démoli par les vagues. Quand souffle le vent du large, on entend parfaitement, à plus de soixante kilomètres de distance, le grondement du formidable détroit. « Maumusson gronde, » disent alors les paysans.

Le Maumusson ne grondait pas ce jour-là, et pourtant nous restâmes longtemps immobiles et muets, en face du grandiose spectacle que nous avions sous les yeux.

— Si nous nous asseyions, dit enfin Charles.

Nous nous installâmes sur le sable, et regardâmes autour de nous.

Les baigneurs n'étaient pas nombreux, et, parmi eux, les enfants dominaient de beaucoup. Comme j'en faisais tout haut l'observation à Charles, un jeune homme, arrêté près de nous, me dit:

— Cela n'est pas étonnant, nous sommes à morte eau, et ce n'est que par les hautes mers que l'on peut se baigner sur cette plage; en autres temps, il faut aller à un kilomètre d'ici, pour avoir de l'eau jusqu'à la ceinture. Ce n'est vraiment pas bien tentant.

— Qu'est-ce que j'aperçois dans la mer? demandai-je tout à coup.

— Ce sont les huîtrières. Si vous restiez ici, dans deux heures vous les verriez très bien; ordinairement on ne les aperçoit qu'à mer basse.

— Dans deux heures, nous serons loin.

— Regardez au fond de la mer. Voyez-vous ces viviers séparés par des rangs de moëllons, que l'on appelle murs? Ce sont les réservoirs où l'on dépose les huîtres achetées en Angleterre, en Normandie ou ailleurs, et qui là grossissent et se développent.

— Mais les huîtres ainsi conservées doivent sentir la vase? observai-je.

— Non, car quand elles ont été quelque temps dans les huîtrières, on les transporte dans de petits réservoirs d'eau bien claire qui se trouvent dans les marais salants; elles s'y nettoient, et, de blanches, deviennent vertes. On recommence la même opération jusqu'à ce que les précieux mollusques aient acquis le volume, la délicatesse et la couleur nécessaires pour être livrées à la consommation.

Nous remerciâmes le complaisant jeune homme de ses renseignements, et reprîmes le chemin de la Tremblade.

Comme, une heure plus tard, nous nous mettions à table, nous fûmes tout étonnés de voir le même jeune homme entrer dans la salle à manger. Il nous aperçut, vint à nous comme à d'anciennes connaissances, et s'assit à une place restée vide près de moi.

Nous causâmes tout le temps du déjeuner.

— Est-ce que vous ne visiterez pas Oléron? nous demanda-t-il, vers la fin du repas.

— Nous en avions l'intention, mais nous craignons que cela ne nous retarde beaucoup, lui répondis-je.

— Ne pouvez-vous sacrifier une journée à ce petit voyage?

— Il est midi et demi, nous ne saurions revenir ce soir.

— Assurément.

— Nous devrions coucher à Saint-Pierre. Nous ne pourrions aller plus loin aujourd'hui, encore nous faudrait-il énormément marcher.

— Ce qui par trente degrés de chaleur n'est pas fort agréable, je le comprends. Mais il y a moyen de tout arranger. Mon père habite Saint-Trojan. Je ne suis ici qu'en attendant le moment de traverser pour aller rejoindre ma famille. J'ai retenu un bateau ce matin; à une heure, il sera à ma disposition. Je suis seul, et mon embarcation peut contenir cinq à six personnes. Pourquoi, Messieurs, ne passeriez-vous pas à Oléron avec moi? Je ne vous connais pas; mais il y a un instant, vous avez prononcé le nom de Jacques de Lison, fit-il, s'adressant spécialement à moi, vous l'avez appelé votre ami; l'ami de Jacques de Lison est le mien.

— Seriez-vous donc, vous-même, l'ami, le parent de ce cher Jacques.

— Je suis son ami, et, bientôt, il sera mon parent.

— Car il doit, d'ici peu, épouser votre sœur. Vous êtes M. Lorville.

— Comment le savez-vous?

— Jacques m'a souvent parlé de vous et, plus souvent encore, de Mlle Blanche, sa charmante fiancée.

— Moi aussi, Monsieur, je sais maintenant votre nom; vous vous appelez M. Maurice de Lussac.

— En effet.

Il me tendit la main.

— Soyons amis, Monsieur.

— Je le veux bien, répondis-je sans hésiter.

Charles nous regardait étonné.

— M. Dupré est mon ami, dis-je au jeune homme.

— Et le mien, s'il y consent.

— Avec plaisir.

Ils se donnèrent la main.

— Mais, dit M. Lorville, nous n'avons pas de temps à perdre. Nous partons dans une demi-heure. Allez vous préparer, Messieurs; en mon nom et au nom de ma famille, je vous offre l'hospitalité. Mon père sera heureux de mettre sa voiture à votre disposition, et moi de vous accompagner dans les promenades qu'il vous sera agréable de faire dans l'île, dont je connais les moindres recoins.

— Vous nous tentez.

— Laissez-vous faire.

— Qu'en penses-tu, Charles ?

— Je pense que Monsieur est bien aimable, et que nous aurions tort de faire des cérémonies.

— C'est entendu, dit M. Lorville, je vais boucler ma valise, allez en faire autant ; et rendez-vous ici, dans un quart d'heure, ajouta-t-il en sortant.

Nos préparatifs de départ ne furent pas longs.

Une demi-heure plus tard, assis avec notre nouvel hôte dans une gracieuse et légère embarcation, poussée par une faible brise, nous glissions doucement vers la côte d'Oléron. A l'aviron, était un vieux pêcheur qui depuis vingt ans fait, presque chaque jour, la même traversée.

— Nous n'en avons pas pour longtemps aujourd'hui, nous avait-il dit au départ.

En effet, nous atteignîmes promptement le port de Saint-Trojan.

CHAPITRE XXI

L'ILE D'OLÉRON

Arrivée à Saint-Trojan. — La famille Lorville. — La plage de Saint-Trojan. — Quelques renseignements historiques sur l'île d'Oléron. — Le château d'Oléron. — Saint-Pierre d'Oléron. — Saint-Georges. — Boyardville. — Saint-Denis. — Le phare. — Le pertuis d'Antioche. — La côte d'Antioche. — Adieux.

Saint-Trojan doit son nom à un saint évêque qui remplit les fonctions épiscopales à Saintes, de 511 à 532, et dont saint Grégoire exalta les vertus. C'est un joli bourg, agréablement situé, au pied d'une colline couverte de pins, en face du détroit de Maumusson. Sa petite plage de sable fin y attire chaque année un grand nombre de baigneurs.

— Mes parents doivent être sur la plage, nous dit M. Lorville, dès que nous eûmes mis pied à terre; si vous voulez bien, nous allons les aller trouver.

Appelant un petit garçon qui jouait sur le port,

— Pierre, dit-il, va chercher ton père, et dis-lui de porter à la maison ma valise et celles de ces messieurs.

Nous suivîmes M. Lorville. Nous avions à peine fait quelques pas, que nous aperçûmes plusieurs personnes se dirigeant de notre côté. Il les eut vite reconnues.

— Les voilà, dit-il en pressant le pas; pardon, Messieurs..

Et il se hâta tellement qu'il courait presque. Un instant après, il pressait sa mère dans ses bras; son père et sa sœur eurent ensuite leur large part de ses baisers : ils ne s'étaient pas vus depuis deux mois. Courte séparation ! penseront bien des gens qui n'ont pas été témoins, comme nous, de l'union qui règne dans la patriarcale famille Lorville, un siècle pour eux, qui ne s'étaient jamais quittés.

Nous nous tenions à l'écart, Charles et moi.

— Quels sont ces jeunes gens? dit à son fils Mme Lorville, s'apercevant enfin de notre présence.

— Monsieur, répondit-il en me désignant, est l'ami intime de Jacques.

— L'ami de Jacques de Lison?

— Oui, ma mère.

La voix de Mme Lorville était un peu tremblante en prononçant le nom du fiancé de sa fille.

Son fils comprit sa pensée.

— Ne craignez rien, ma mère, dit-il. Monsieur ne nous apporte pas de mauvaises nouvelles de notre ami.

— Bien au contraire, Madame, repris-je, car j'ai reçu, ce matin même, une lettre de Jacques; il se porte bien, et s'ennuie seulement un peu, je crois même beaucoup, à Paris.

— J'ai rencontré M. de Lussac et son ami à la Tremblade, reprit M. Lorville, nous avons fait connaissance en parlant de Jacques. Ils avaient grande envie de visiter notre île, je leur ai proposé des places sur mon bateau, et enfin, au nom de mon père et au vôtre, je me suis permis de leur offrir l'hospitalité.

— Et tu as bien fait, dirent en même temps M. et Mme Lorville.

— Vous aviez intention d'aller à la plage?

— Oui.

— Ces Messieurs ne demanderont pas mieux sans doute que de nous y accompagner.

Nous nous mîmes tous en route.

M. Lorville avait offert le bras à sa mère, sa sœur marchait de l'autre côté de lui. M. Lorville père se crut d'abord forcé de nous tenir compagnie, et il nous adressa quelques paroles de bienvenue, mais bientôt nous le vîmes se rapprocher insensiblement du groupe dont le nouvel arrivé occupait le centre pendant que nous restions discrètement en arrière.

La famille de notre ami avait tout de suite conquis toutes nos sympathies. M. et Mme Lorville semblaient aussi simples qu'aimables et distingués ; et Mlle Blanche répondait complètement au portrait que m'en avait fait mon ami Jacques, c'est dire qu'elle était ravissante.

Le trajet que nous avions à faire n'était pas bien long. Nous ne tardâmes pas à apercevoir la petite plage de Saint-Trojan, située en face du village, au pied d'un coteau couvert de pins. Au moment où nous y arrivâmes, une société nombreuse s'y trouvait réunie ; plusieurs parties de croquet étaient engagées sur le sable, laissé à découvert par la mer, très retirée ce jour-là. Ceux qui ne jouaient pas s'intéressaient, pour la plupart, au jeu ; quelques dames travaillaient, d'autres, retirées un peu à l'écart, lisaient ; les enfants construisaient de fragiles forteresses, cherchaient des coquillages, ou couraient, jambes et pieds nus, sur le sable humide ; un beau soleil éclairait ce charmant tableau, auquel servait de cadre un site délicieux.

— Autrefois, pensais-je en regardant ces baigneurs, heureux et tranquilles, sur leur petite plage si coquette et si calme, un village occupait cette place ; ici, peut-être, s'élevait sa vieille église ; village, église, tout a disparu ; la mer a tout englouti.

Et j'ajoutais en moi-même :

— Là étaient des hommes, qui, eux aussi peut-être, étaient heureux et aimaient la vie.

Alors je bénissais intérieurement ceux qui ont trouvé moyen de fixer les dunes par ces belles plantations d'arbres verts, qui ajoutent au charme du pays en même temps qu'elles le protègent et l'assainissent ; ils doivent compter au nombre des bienfaiteurs de l'humanité.

Je n'eus pas le loisir de me livrer longtemps à mes réflexions philosophiques.

— Ma sœur vous réclame pour la partie de croquet, me dit M. Georges Lorville; votre ami a bien voulu accepter un maillet, il faut absolument que vous fassiez comme lui.

— Volontiers, lui répondis-je.

— Voici votre marque.

Bientôt je fus tout au jeu. Partenaire de Mlle Blanche, je voulais tenir haut et ferme l'honneur du camp dont elle faisait partie.

Nous jouâmes jusqu'à six heures, puis nous nous rendîmes chez M. Lorville. La mère de notre nouvel ami nous conduisit aux chambres qu'elle nous destinait et où l'on avait déjà transporté nos valises.

Nous nous habillâmes. Quand nous redescendîmes, il était l'heure du dîner.

Je ne dirai rien de l'amabilité de nos hôtes, je craindrais de rester au-dessous de la vérité. Il semblait que nous étions d'anciens amis de la maison, dont la visite inattendue avait été pour tous une agréable surprise. Mlle Blanche, placée près de moi, ne semblait pas plus embarrassée de ma présence que si j'eusse été son frère ou son cousin; n'étais-je pas l'ami de Jacques? Nous parlâmes beaucoup de lui. Après une demi-heure de conversation avec sa fiancée, j'aurais répondu du bonheur futur de mon ami comme de celui qui m'attend le jour où j'épouserai ma chère Juliette.

La soirée se passa pour nous aussi agréablement que l'après-midi. Après le dîner, nous retournâmes sur la plage, où nous restâmes jusqu'à dix heures.

M. Lorville, qui tient de son père la maison qu'il habite à Saint-Trojan, et y a toujours passé une partie de l'année, nous donna toute espèce de détails sur l'île d'Oléron, qu'il nous promit, du reste, de nous faire visiter le lendemain, au moins dans ses parties les plus intéressantes.

Voici en résumé les renseignements que nous fournit ce soir-là sa conversation :

CHAPITRE XXI

L'île d'Oléron est longue de trente kilomètres, comme l'île de Ré ; mais elle est beaucoup plus grande que cette dernière, car elle a dix kilomètres de largeur au lieu de quatre. Sa population est de plus de dix-huit mille âmes.

Cette île tenait autrefois au continent, dont elle n'est séparée aujourd'hui que par le pertuis de Maumusson, passe peu profonde et large seulement de deux ou trois kilomètres.

On donne au nom d'Oléron bien des origines différentes ; les uns prétendent qu'Uliarius, que l'on prononçait Ouliarious, est une onomatopée, que c'est l'imitation du bruit des houles ou vagues de la mer ; d'autres, que le nom d'Olario, ou Olerum, fut donné à l'île à cause des herbes potagères et médicinales qui y croissaient en abondance ; enfin on a dit encore que le mot Oléron dérivait de lurons ou larrons, que le nom d'île d'Oléron signifiait île des Larrons et avait été donné à l'île parce qu'elle servait autrefois de refuge aux pirates.

A partir de 910, l'île d'Oléron appartint aux ducs de Guyenne ; elle faisait partie de la dot d'Éléonore de Guyenne, qui fit publier les *Rôles d'Oléron*, restés la base des règlements maritimes.

En 1222, Philippe-Auguste fit don de cette île au comte de la Marche, seigneur de la maison de Lusignan, à la condition qu'il la reprendrait aux Anglais.

Le traité de Brétigny la donna aux Anglais en 1360, mais elle revint à la France, et lui fut définitivement annexée en 1372.

Successivement donnée et reprise à divers seigneurs, sous Charles VI et Charles VII, elle changea souvent de maîtres.

La Réforme y pénétra en 1548.

Pendant les guerres de religion, les Rochelois, sous le commandement de d'Aubigné, s'emparèrent d'Oléron et se fortifièrent au bourg du Château, mais ils en furent chassés par les troupes royales.

Le duc de Soubise, s'en étant rendu maître en 1624, en fut également chassé par le duc de Montmorency.

L'édit de Nantes porta un coup funeste au commerce et à l'industrie de l'île d'Oléron.

L'île d'Oléron est signalée par quatre forts, dont deux se trouvent à la pointe de Boyardville, et les deux autres, l'un à la pointe de Chasseron, l'autre au canal de la Perrotine. Elle est divisée en trois communes qui se sont enrichies en peu de temps par la culture de la vigne, qui n'y gèle jamais et à laquelle un terrain sableux et facile à tasser convient parfaitement.

Comme nous rentrions, M. Lorville nous demanda à quelle heure nous désirions partir le lendemain pour visiter l'île.

— Puisque vous voulez bien nous accompagner, Monsieur, lui dis-je, c'est à nous de prendre votre heure.

— Je serai toujours prêt, je me lève à cinq heures.

— Ces Messieurs ne partiront pas si tôt, observa Mme Lorville, il faut bien que vous preniez quelque chose avant de sortir.

— Viens-tu avec nous? demanda M. Lorville à son fils.

— Ces Messieurs m'excuseront; mais puisque vous voulez bien, mon père, leur servir de guide, je tiendrai compagnie à ces dames.

— Non, Georges, reprit Mme Lorville, ces Messieurs sont tes hôtes, tu dois leur faire les honneurs de ton pays.

— Mais, ma mère, ils comprendront....

— Certainement, Madame, et nous nous ferions un vrai scrupule de vous enlever votre fils au lendemain de son retour.

— Mais, dit Mlle Blanche, j'ai une idée qui arrangerait parfaitement les choses. Si nous prenions le break, nous pourrions faire la promenade tous ensemble.

— Blanche a raison, reprit son père; et moi qui n'y avais pas pensé!... Qu'en dis-tu? ajouta-t-il, s'adressant à sa femme.

— J'adopte volontiers l'idée de Blanche.

— Alors c'est entendu, reprit Georges; Mesdames, c'est à vous maintenant de fixer l'heure du départ.

— Sept heures, est-ce assez tôt? demanda Mme Lorville.

— Trop tôt, repris-je.

CHAPITRE XXI

— Pas pour nous, au moins. N'est-ce pas, Blanche ?

— Je serai prête assurément, et de meilleure heure si l'on veut.

— Alors, dit M. Lorville, c'est entendu, à sept heures.

— A sept heures, le départ, reprit Mme Lorville ; à six heures et demie, rendez-vous dans la salle à manger pour prendre ensemble une tasse de chocolat.... Je vais donner mes ordres à François pour qu'il ne nous fasse pas attendre. Adieu, Messieurs.

Nous souhaitâmes le bonsoir à nos hôtes, et remontâmes dans nos chambres.

Le lendemain, à sept heures, nous roulions en break dans la direction du Château d'Oléron.

Il ne nous fallut pas une heure pour nous y rendre.

M. Lorville, ayant fait arrêter la voiture devant le château,

— Il faut, d'abord, que nous visitions la vieille citadelle, nous dit-il, car elle est fort curieuse.

— Mais cela intéressera peu ces dames, objecta Charles.

— Vous vous trompez, Monsieur, reprit Mlle Blanche. Pour moi, j'aime énormément ces antiques constructions; j'ai souvent prié mon père de m'amener ici pour me faire voir cette citadelle.

— C'est vrai ; mais il était si facile de te satisfaire, que je l'ai toujours négligé.

M. Lorville alla trouver le capitaine, qui lui octroya, de la façon la plus aimable, la permission nécessaire pour pénétrer dans le château.

La citadelle d'Oléron, qui date de 1630, est très vaste et fort belle ; elle serait encore en état de soutenir un siège, au besoin. Du haut de ses remparts, très élevés, dont le pied est baigné par la mer, nous jouîmes d'un splendide panorama : l'embouchure de la Charente, le fort d'Enet, l'île d'Aix et le fort Bayard, forment un carré noir au-dessus de l'eau.

La citadelle d'Oléron sert aujourd'hui de prison militaire.

La ville du Château, dont nous fîmes le tour en descendant de la citadelle, est une assez jolie ville, entourée de murs, dont les rues sont généralement droites, larges et bien pavées; ses remparts, terminés en 1595, sont plantés de beaux ormes. Elle est place de guerre et l'un des chefs-lieux de canton de l'île. Son petit port fait quelque commerce.

— Ce commerce, nous dit M. Lorville, consiste surtout dans l'exportation des produits de l'île: sel, vins et légumes.

Quand nous eûmes achevé de visiter la ville, il était dix heures et demie; nous nous hâtâmes de remonter en voiture, afin de ne pas arriver trop tard à Saint-Pierre, où nous devions déjeuner.

Du Château à Saint-Pierre, il y a douze kilomètres à peu près. Il était midi quand nous y arrivâmes. Avant de faire toute autre chose, nous commençâmes par satisfaire la faim féroce que nous avaient donnée, à tous, l'air du matin, la promenade au Château et le mouvement de la voiture.

Aussitôt après le déjeuner, nous allâmes voir la ville.

Saint-Pierre d'Oléron, chef-lieu de canton de près de cinq mille habitants, possède une église rebâtie en 1623. De la tour de cette église, on découvre toute l'île. M. Lorville nous y fit monter, et nous n'eûmes pas à le regretter. Mais ce que nous vîmes de plus curieux à Saint-Pierre, c'est un petit monument du XIIe siècle, qui, placé au milieu du cimetière, y sert de croix principale. Ce petit monument, qui a environ vingt mètres d'élévation et deux de diamètre, et dont la base est une sorte de colonne hexagone, de douze à quinze mètres de haut, est surmonté d'une lanterne à jour, au-dessus de laquelle s'élève une flèche pyramidale d'une incroyable légèreté, terminée par une croix. On désigne souvent ce monument sous le nom de lanterne des morts. Il a servi d'autel, d'observatoire et d'amers; il n'a aujourd'hui que ce dernier usage. On reconnaît facilement à sa construction son origine anglaise. On le fait remonter au règne d'Éléonore ou à celui de son fils Richard.

Saint-Pierre possède aussi deux dolmens assez curieux: l'un dit la Galoche de Gargantua, haut de un mètre cinquante; et l'autre, à peu près semblable, la Cuiller de Gargantua. Malheureusement, nous commencions à être blasés sur les dolmens.

Une heure nous suffit pour voir Saint-Pierre.

De Saint-Pierre, nous remontâmes la route que nous avions suivie jusque-là, et qui traverse l'île presque entière, jusqu'au village de Saint-Georges, où nous ne descendîmes pas de voiture, n'ayant rien de particulier à y voir; puis nous quittâmes la route, et nous dirigeâmes vers Boyardville, petit port de la même commune, d'où partent les bateaux à vapeur qui font le service entre la Rochelle et l'île d'Oléron. De là nous remontâmes jusqu'à Saint-Denis, ville située au nord de l'île, où nous visitâmes une vieille église qui, concédée, en 1040, à l'abbaye de Vendôme, et, en 1047, à celle de Notre-Dame, fut réédifiée par Aliénor XII et a été souvent restaurée. Cette vieille église, crénelée et entourée de fossés, comme une forteresse, est assez curieuse.

De l'église de Saint-Denis, M. Lorville nous conduisit au phare, élevé, en 1834, à l'extrémité nord de l'île, et destiné à signaler aux navires en mer le rocher d'Antioche et ceux de la côte Sauvage d'Oléron.

Ce feu fixe de premier ordre, d'une portée de dix-huit milles, a été construit sur l'emplacement de l'ancienne tour de Chasseron, dernier vestige d'un château fortifié qui, sans doute, au moyen âge, protégeait l'île et autour duquel s'élevait, probablement, une ville dont il ne reste aucun vestige.

Nous étions arrivés à la pointe extrême de l'île. Un détroit, large seulement de douze kilomètres, le pertuis d'Antioche, nous séparait de l'île de Ré, dont nous distinguions la côte Sauvage, hérissée de rochers; de tout autre côté, nos regards n'apercevaient que l'immense Océan. Et nous étions seuls sur ce point écarté de l'île, seuls pour jouir des magnificences de la nature.

— Que c'est beau! dit Mlle Blanche.

— Oui, répéta M. Lorville, c'est beau; mais, aujourd'hui, la mer est calme. Si vous vous trouviez ici un jour où le vent souffle de l'ouest, si vous entendiez les roulements sourds et sinistres que produit dans cette passe la rencontre des courants du pertuis d'Antioche et de ceux du Maumusson, vous seriez effrayés.

— Ce doit être magnifique, dis-je.

— C'est terrible.

— Mais alors la côte ouest de votre île est dangereuse, elle aussi ?

— Assurément ; elle aussi porte et mérite le nom de côte Sauvage.

Il était déjà tard. Mme Lorville nous ayant fait remarquer que nous n'avions plus que le temps de rentrer avant la nuit, nous nous arrachâmes, non sans regret, à un spectacle dont nous eussions voulu jouir longtemps et, remontant en voiture, nous reprîmes le chemin de Saint-Trojan. Cette fois, nous ne nous arrêtâmes qu'une fois, à Saint-Pierre, pour faire reposer les chevaux et leur donner à manger. Nous en profitâmes pour prendre un bouillon, car nous ne pensions pas rentrer avant huit heures. La précaution n'était pas inutile, et, malgré cela, nous fîmes tous honneur à l'excellent dîner que Mme Lorville avait eu soin de commander pour notre retour.

Nous nous séparâmes de bonne heure, Mme Lorville était un peu fatiguée. Mais, avant de quitter le salon, nous remerciâmes nos aimables hôtes de la bonne journée qu'ils nous avaient fait passer.

— Nous sommes enchantés, Messieurs, d'avoir pu vous être agréables, nous répondit Mme Lorville.

— C'est être trop aimable, Madame, pour d'indiscrets étrangers, repris-je.

— Étranger ! vous, Monsieur ! l'ami de M. de Lison !

— Jacques seul nous manquait aujourd'hui, dis-je, en me tournant vers Mlle Blanche.

Elle était tout près de moi :

— Une autre aussi, me dit-elle presque bas.

Je compris que Jacques n'avait pas mieux gardé mon secret que le sien.

Nous nous levâmes de bonne heure le lendemain. Nous étions con-

CHAPITRE XXI

venus de ne quitter Saint-Trojan qu'après le déjeuner ; il eût été d'ailleurs difficile de partir beaucoup plus tôt, vu l'heure de la marée.

J'étais à peine en bas de mon lit, que j'entendis frapper à ma porte. C'était M. Georges Lorville.

— Vous êtes levé, dit-il en entrant ; votre ami aussi, sans doute ? c'est bien ; voulez-vous venir vous promener avec moi ?

— Volontiers. Où comptez-vous nous conduire ?

— Je veux vous faire faire une promenade d'artiste.

— Puis-je savoir où ?

— Sur la côte Sauvage.

— Vous prévenez mon désir.

— Habillez-vous et partons. Avertissez M. Duval, car je suppose qu'il voudra venir avec nous.

— Certainement.

— Eh bien, à tout à l'heure.

J'allai trouver Charles. Il était encore au lit. Cependant, une demi-heure plus tard, nous avions rejoint Georges Lorville.

Il nous fit prendre une tasse de café avec lui, et nous partîmes.

Nous fîmes un long chemin au milieu des dunes, de hautes dunes dénudées sur lesquelles le sable volait à nous aveugler.

Cette plage, qui se recouvre à marée haute, à marée basse présente l'immensité du désert.

M. de Wallein a parfaitement retracé le spectacle qui s'offrit alors à nos regards.

« Resserrée entre la côte de la Tremblade et l'île d'Oléron, agitée sans cesse par des courants en sens contraire, la mer bouillonne, s'élève en vagues écumeuses, creuse les sables qu'elle bouleverse et mêle avec ses eaux. Partout ailleurs, elle est excessivement calme. Le terrible Maumusson gronde à quelque distance. C'est l'Océan à la crinière hérissée, selon l'expression de lord Byron. On ne voit partout que la mer et le sable, pas une habitation, pas un être, pas un brin d'herbe. »

Surpris, impressionné, je restai quelque temps sans pouvoir articuler une parole. Je n'aurais su dire ce qui se passait en moi. Devant ce spectacle grandiose et sinistre, quel sentiment me dominait? L'admiration ou l'épouvante? je ne sais.

— Cela vaut la course, n'est-ce pas? me dit Georges Lorville.

— Je vous remercie de nous avoir ménagé cette promenade.

— Je savais vous faire plaisir. Mais, maintenant, je crois que nous ferons bien de rentrer, mes parents vous attendent pour déjeuner.

— Alors hâtons-nous.

Nous regagnâmes la maison.

Après le déjeuner, nos aimables hôtes nous reconduisirent jusqu'au port, où nous attendait le bateau qu'eux-mêmes s'étaient chargés de nous faire retenir. Là, seulement, nous leur dîmes adieu. Ce ne fut pas, je l'avoue, sans un serrement de cœur, que je pris si tôt congé de cette excellente famille que, deux jours avant, nous ne connaissions pas et qui nous avait si cordialement accueillis.

— J'espère, dit M. Lorville à Charles, que nous aurons quelque jour occasion de nous rencontrer. Quant à vous, M. de Lussac, si je ne vous revoyais pas avant, je vous donne rendez-vous au mariage de votre ami.

— Je compte bien, reprit Mme Lorville, que Monsieur n'attendra pas si longtemps pour nous faire à Paris sa visite de digestion. Jacques de Lison lui donnera notre adresse.

— Je la lui porterai, dit son fils.

— C'est cela. Je profiterai, Madame, de l'autorisation que vous voulez bien me donner.

— Embarquez, Messieurs, cria le marin qui devait nous conduire et commençait à trouver que nous le faisions bien attendre; embarquez, je vous prie.

Nous saluâmes de nouveau M. Lorville et les dames, serrâmes fortement la main que Georges nous tendait et sautâmes dans la barque. Un instant après, nous quittions le port. Une demi-heure plus tard, nous abordions au Chapus.

CHAPITRE XXI

Le Chapus est un petit hameau situé sur une pointe qui s'avance un peu en mer. Quelques maisons, le port, une jetée, voilà le Chapus. Très près du hameau est le fort du même nom, vrai joujou qui ne résisterait pas dix minutes à l'ennemi. Là nous prîmes des billets pour Royan ; mais nous dûmes attendre longtemps à Saujon, où nous dînâmes. Nous n'arrivâmes à destination qu'à près de neuf heures.

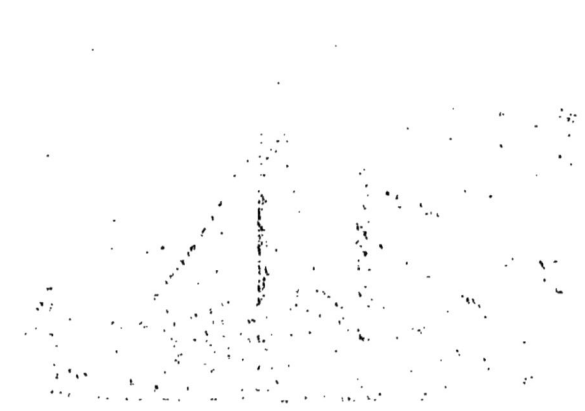

CHAPITRE XXII

ROYAN

Histoire de Royan. — Les conches de Royan. — Le port. — Une rencontre. — Ce qu'était autrefois Royan. — La plage de Royan. — Climat de Royan. — Saint-Palais-sur-Mer. — Puyravault. — Terre-Nègre. — La grande côte. — L'épave. — Les dunes d'Arvert.

Royan avait si peu d'importance, il y a moins d'un siècle, qu'il doit être considéré comme une ville neuve. Il est cependant d'antique origine.

Les Romains avaient, à l'embouchure de la Gironde, à la place même où est aujourd'hui Royan, un port nommé *Novicurum* ou *Royanum*.

Il est question de Royan, qui portait alors le nom de Ruant, dans Grégoire de Tours, à propos des dissentiments qui s'élevèrent au ve siècle entre les Visigoths ariens, maîtres de la Saintonge et de l'Angoumois, et les catholiques.

Au moyen âge, la seigneurie de Royan appartenait à la maison de La Trémouille; au xie siècle, il devint marquisat. Royan était alors le port le plus considérable de la côte d'Arvert après Brouage.

Royan ne joua qu'un rôle insignifiant pendant les guerres de religion qui désolèrent le xvie siècle.

Mais, assiégé par Louis XIV en 1622, Royan ne se rendit qu'après une semaine de siège et obtint du roi des conditions assez douces. Bientôt cependant, emportés par le fanatisme religieux, les Royannais chassèrent la garnison catholique que leur avait laissée le roi. Louis XIII, alors, leur envoya d'Épernon qui, après les avoir soumis, fit passer au fil de l'épée tous les bourgeois détenteurs d'armes, puis rasa la forteresse et les fortifications, fit combler les fossés de la ville et répandit une telle terreur parmi les habitants que beaucoup l'abandonnèrent.

Royan était alors, pour le roi comme pour ses ennemis, un point dont la position était fort importante, car il reliait Bordeaux, Bergerac, le Béarn et le Médoc à la principale place forte du protestantisme, la Rochelle.

Pendant le XVIIIe siècle et le commencement du XIXe, Royan rentra dans une complète obscurité. Quoique la Révolution l'eût élevé au rang de chef-lieu de canton et y eût fait construire un fort, Royan n'était qu'une petite ville ignorée, perdue dans les sables de l'Océan, quand un beau jour on s'aperçut que ses plages étaient admirables et que son climat, d'une extrême douceur, convenait parfaitement aux constitutions délicates; on y créa un petit établissement de bains de mer, il réussit. L'heure de la prospérité avait sonné pour Royan. Bientôt le village devint ville. Aujourd'hui Royan est une station balnéaire de premier ordre, où les étrangers affluent, plus nombreux chaque année.

Nous étions arrivés à Royan pour nous coucher. Le lendemain matin, quand je me réveillai, la pluie battait les carreaux de ma fenêtre, je trouvai inutile de me lever par un pareil temps; je me rendormis, et si bien, que Charles fut forcé de me réveiller, une demi-heure avant le déjeuner.

Pendant que je me livrais aux douceurs du sommeil, le temps s'était bien modifié; la pluie avait cessé de tomber, le soleil brillait; sur le sable de la plage, sec maintenant, se promenaient de nombreux baigneurs; il y avait beaucoup de monde aussi sur le boulevard, sous nos fenêtres.

Aussitôt le déjeuner, nous sortîmes; nous avions hâte de visiter cette petite ville de Royan, si favorisée par la mode depuis quelques années, et de vérifier, par nous-mêmes, si cette plage tant vantée méritait la vogue dont elle jouit.

Royan est situé à l'entrée de la Gironde, sur l'Océan qui, en cet endroit, forme une vaste baie, dans laquelle l'eau du fleuve se mêle à celle de la mer; elle s'élève en amphithéâtre sur la rive droite du fleuve, moitié sur une rive escarpée, moitié sur la plage.

Aujourd'hui, Royan est même principalement sur la plage, ou, pour employer l'expression du pays, sur la conche, il faut même dire sur les conches, car les plages de Royan sont au nombre de cinq : la conche de Royan, la conche de Faucillon, la conche du Chay, la petite conche du Grand Robinson et la conche de Pontaillac.

La conche de Royan, celle qui s'étend devant la ville, à l'exposition du levant, est une vaste plage en forme de croissant ; elle est bordée par de nombreux chalets, des rochers et une forêt de pins. Un beau boulevard, planté d'arbres, s'étend entre la conche de Royan et celle de Faucillon; de ce boulevard, formant terrasse, tout en se promenant à l'ombre des ormes, on jouit d'un coup d'œil magnifique et reposant, celui de l'Océan dont les flots, par un temps calme, viennent mourir sur le sable doucement et sans bruit. Sur ce boulevard sont de grands hôtels et de nombreuses et belles maisons, en grande partie habitées par des étrangers.

Plusieurs rues ont été percées à Royan depuis que la mode a pris cette petite ville sous sa protection.

Du côté de Rochefort, une route carrossable conduit du port à la ville haute ; nous la suivîmes et, par une pente douce et commode, arrivâmes dans le Haut-Royan.

Le Haut-Royan se compose d'une partie ancienne et d'un nouveau quartier, fort beau, d'où l'on a une vue admirable. Ce quartier se serait beaucoup étendu, si le fort n'eût arrêté les constructions.

Le fort de Royan, qui, depuis 1815, était complètement abandonné, a été réparé depuis peu, et un donjon a été construit pour y loger la garnison. Ce fort, en grande partie casematé, est chargé de surveiller l'entrée de la Gironde.

— C'est dommage que Royan n'ait pu s'étendre de ce côté, dis-je à Charles en lui versant un verre de bière ; car, succombant sous le poids d'une chaleur vraiment torride, nous nous étions arrêtés pour nous rafraîchir dans un café voisin du fort.

— Oui, me répondit-il ; mais, non loin d'ici, je crois, est la plage de Pontaillac, la plus belle plage de Royan.

— Je le crois.

Je demandai à un garçon :

— Sommes-nous bien loin de Pontaillac ?

— Oh! non, Monsieur ; à un kilomètre à peine.

Ce garçon, sans doute, avait entendu notre conversation, car il ajouta :

— Les propriétaires qui n'ont pu acheter de terrain sur la plage ou dans le nouveau quartier du Haut-Royan se sont rejetés sur Pontaillac.

— Vous pensez ?

— Certainement, Monsieur. Un spéculateur a acheté les dunes, il y a bâti une maison ; la position a plu au public ; il a vendu ses terrains, et de nombreux chalets se sont élevés sur la plage, aujourd'hui la plus recherchée de Royan.

— Allons donc voir la plage de Pontaillac, dis-je en me levant.

— Allons.

La plage de Pontaillac, sur laquelle nous arrivâmes bientôt, diffère complètement de celle de Royan. Ici ce n'est plus la mer mêlée aux eaux de la Gironde qui vient mourir à vos pieds, c'est l'Océan dont la lame, poussée du large, se brise avec fracas sur la dune.

La conche de Pontaillac est la plus mouvementée des plages de Royan, c'est aussi une des plus suivies et des plus animées ; les cabines y sont nombreuses. C'est dans l'avenue qui conduit de Royan à Pontaillac que se trouve le Casino, bel édifice de style Renaissance et établissement fort suivi, nous parut-il, car ses jardins étaient remplis de monde.

La grande conche de Pontaillac mériterait certainement d'être préférée à celle de Royan, si elle n'avait un grand inconvénient :

ÉGLISE DE ROYAN

les arbres, tordus par le vent et dévorés du soleil, y sont maigres et rabougris ; c'est dire qu'on y cherche vainement un sérieux abri contre la poussière et le soleil. Malgré cela, les baigneurs vont à

Pontaillac; quelques-uns, parce que la mer y est belle et la côte pittoresque; la plupart, simplement parce que les autres y vont, parce qu'ils savent y trouver du monde et des plaisirs.

Les constructions de Pontaillac, comme celles de Royan, se seraient plus étendues, si, à Pontaillac comme à Royan, l'élan n'eût été arrêté par l'État. Le génie ensemença la dune. On renonça à bâtir de ce côté. Quelques personnes allèrent construire, à quelques kilomètres plus loin, à Saint-Georges-de-Didonne.

Aujourd'hui, cependant, on est en train de bâtir un nouveau quartier dans les bois situés en face de la conche de Pontaillac.

Nous ne continuâmes pas notre promenade au delà de Pontaillac, et nous nous contentâmes, pour ce jour-là, de revenir à Royan, en passant par le grand Robinson, petite plage pittoresque, bordée d'un bois de chênes verts; la conche du Chay, très grande mais moins mouvementée que celle de Pontaillac, et enfin celle de Faucillon, à peu près semblable à celle de Royan, séparée de celle du Chay par le fort, et qui s'étend entre le fort et le port.

Le port de Royan est peu important; il a si peu de profondeur qu'à mer basse tous les bateaux y sont à sec; il possède pourtant de petits bateaux pêcheurs, presque tous destinés à la pêche de la sardine, branche de commerce très importante pour Royan, qui a donné son nom à ceux de ces petits poissons qui se pêchent dans tous les environs de Bordeaux, et aussi un assez grand nombre de barques montées par des pilotes côtiers qui se chargent de guider les navires étrangers dans les passes, parfois difficiles, de la Gironde.

Au moment où nous le vîmes, en revenant de Pontaillac, la plupart de ces barques étaient dans le port; le bateau à vapeur de Bordeaux chauffait sa machine; le petit port, bien garni, ne manquait pas d'animation.

Quand nous arrivâmes devant la porte de l'hôtel, nous nous aperçûmes qu'il n'était que cinq heures; nous allâmes nous asseoir sur la plage. Nous y étions à peine installés, qu'un vieux Monsieur, qui se promenait en nombreuse société, jeta une exclamation, et, se séparant du groupe dont il faisait partie, vint à moi, la main tendue.

— Maurice de Lussac !
— Monsieur Deville !
— Toi ici ! nouvellement, sans doute ?
— De ce matin.
— C'est cela. Et pour longtemps ?
— Deux ou trois jours, peut-être.
— Mais comment ne m'as-tu pas averti de ton arrivée ? Comment n'es-tu pas descendu chez moi ? Il en est encore temps ; où demeures-tu ?
— A l'*Hôtel Richelieu*.
— Va régler ton compte et viens avec nous ; ce soir, j'enverrai mon domestique chercher tes bagages.

M. Deville était un vieil ami de ma famille. Il m'avait vu naître et m'avait toujours regardé comme son fils, tant qu'il avait habité Orléans, où il résidait comme fonctionnaire ; mais depuis cinq ou six ans, ayant pris sa retraite, il était retourné à Bordeaux, sa ville natale. Je savais que, propriétaire d'une maison à Royan, il y passait une partie de la belle saison, mais j'ignorais s'il s'y trouvait alors, et pensais m'en informer le lendemain.

— Je suis avec mon ami, dis-je à M. Deville.
— Monsieur ? fit-il, apercevant Charles.
— Monsieur Charles Dupré. Nous voyageons ensemble depuis le commencement des vacances. Nous venons de Saint-Nazaire, en visitant les côtes, et ne comptons nous arrêter qu'à Biarritz. Vous comprendrez, Monsieur, que je ne puisse profiter de l'hospitalité que vous m'offrez d'une si aimable façon.
— Et pourquoi ?
— Puis-je abandonner mon compagnon de voyage ?
— Crois-tu donc qu'il me soit difficile de vous loger tous deux ? Allez régler avec votre hôte ; on mettra deux couverts de plus au

lieu d'un; quant aux bagages, il n'en coûtera pas davantage pour apporter ceux de ton ami avec les tiens.

Charles, on le sait, n'est pas cérémonieux, mais il regardait M. Deville et semblait ébahi. Celui-ci s'en aperçut :

— Pardonnez-moi, Monsieur, lui dit-il, si mon invitation n'a pas été faite dans les règles; mais je pense que vous ne vous en formaliserez pas. Vous êtes l'ami de Maurice, c'est assez pour que je vous traite en vieille connaissance. Ainsi donc, c'est entendu; pendant que vous allez prévenir à l'hôtel que vous ne rentrerez pas, je vais, moi, avertir ma femme qu'elle fasse mettre vos couverts, et je reviens vous attendre ici.

— Il faut faire comme vous le voulez, Monsieur. Je regrette l'embarras que nous allons donner à Mme Deville.

— Ma femme vous en voudrait autant que moi de ne pas accepter.

— Alors, au revoir.

Nous allâmes régler notre compte et donnâmes ordre de remettre nos valises au domestique qui les viendrait chercher, puis nous rejoignîmes M. Deville.

Un quart d'heure après, il nous introduisait dans sa maison, située à l'extrémité de la plage, du côté de la route de Rochefort, et là nous fûmes reçus de la façon la plus cordiale par Mme Deville, une bonne et excellente femme pour laquelle j'ai toujours eu beaucoup d'affection.

Le dîner, tout intime, fut charmant, pour moi du moins, car il ne fut question, tout le temps du repas, que des différents membres de ma famille. Le mariage de ma sœur Hélène défraya longtemps la conversation; il me fallut faire le portrait physique et moral de mon beau-frère. Puis vint le tour de ma chère nièce. Était-elle jolie? à qui ressemblait-elle? Toutes ces questions, loin de me fatiguer, me faisaient plaisir; j'étais heureux d'y répondre, de m'entretenir, avec de véritables amis, de ceux que j'aime et dont, au milieu des plaisirs du voyage, je regrettais souvent l'absence. J'aurais voulu pouvoir aussi leur parler d'une personne qu'ils ne connaissent pas, mais qu'ils aimeront certainement, si jamais j'ai le bonheur de les leur présenter.

Le repas se prolongea fort tard. En sortant de table, nous vîmes le ciel chargé de nuages menaçants, un orage semblait imminent.

— Descendons-nous sur la plage? demanda M. Deville.

— Je crois, dit sa femme, qu'il serait plus prudent de rester ici. De la terrasse, nous verrons la mer et le mouvement de la plage, et ne risquerons pas d'être surpris par l'orage. Qu'en pensez-vous, Messieurs?

— Nous sommes absolument de votre avis, Madame. N'est-ce pas, Charles?

— Assurément.

Nous nous installâmes sur la terrasse, et recommençâmes à causer.

— Il y a longtemps que vous connaissez Royan? demandai-je à M. Deville.

— Aussi longtemps que je me connais moi-même.

— Alors vous l'avez vu tout autre qu'il n'est aujourd'hui.

— Tout autre, en effet. Lorsque j'étais enfant, je passais ici toutes les vacances. Royan alors était un pauvre petit port de mer ignoré. La Révolution, qui en avait fait un chef-lieu de canton, y avait trouvé une population honnête et résignée, mais pauvre et arriérée. Sur le haut de la falaise, il y avait bien quelques maisons, dont les terrasses, ombragées par des treilles vermeilles, ou des berceaux d'odorant jasmin, faisaient très bon effet, et qui étaient très agréables à habiter; mais la partie du pays bâtie sur la Coubre n'avait pour alignement que l'alignement du flot. Les rues n'étaient ni pavées ni entretenues. Les maisons ne se composaient généralement que d'une seule pièce, servant à la fois de cellier, de cuisine, de salle à manger et de chambre à coucher; aux fenêtres, des carrés de canevas remplaçaient les vitres. Mon grand-père m'a plusieurs fois raconté qu'avant la Révolution, le maire siégeait dans sa cuisine. Quant à l'église, les calvinistes l'avaient détruite; on allait le dimanche aux offices à Saint-Pierre.

» Mais les bains de mer devinrent à la mode. Royan était dans les meilleures conditions pour convenir à un établissement balnéaire. Je lisais ce matin un livre fort intéressant, que je vous prêterai si vous le désirez; il est intitulé : *La Naissance d'une ville*.

Tout en parlant, M. Deville prit sur une table le livre en question. Voici le tableau que l'auteur fait de Royan avant sa transformation, il est plein de vérité :

M. Deville ouvrit le livre à un endroit marqué et lut :

« Royan avait plusieurs conches creusées par la lame, qui étaient aussi des salles de bain exposées au midi; la grève, unie comme l'ambre et inclinée en pente douce, absorbait les rayons du soleil. La marée roulait ensuite lentement sur le sable chauffé, et offrait, à la belle saison, une eau toujours agréable aux baigneurs. »

— Mais, dis-je, Royan était désigné d'avance à l'attention des amateurs de bains de mer.

— Oui, n'est-ce pas? mais Royan, songez-y, occupait un rocher perdu auquel ne conduisait aucune route, on n'y pouvait atteindre en voiture. Il n'avait de communication avec le reste du monde que par la Gironde et Bordeaux. « Quelques chasseurs, nous apprend Eugène Pelletan, y venaient parfois dans les chaleurs, ils prenaient un bain, chassaient la caille et repartaient; ils avaient découvert Royan, et racontaient, au retour, qu'ils avaient trouvé là d'excellentes gens et mangé de meilleures crevettes.

» Ils commencèrent à Bordeaux la réputation de Royan, que quelques familles vinrent visiter par la Gironde. Un Anglais, venu ainsi de Bordeaux à Royan avec sa femme pour y passer quelques jours, s'y installa tout à fait. La réputation de Royan s'accrut. Enfin un service de bateaux à vapeur s'organisa entre Bordeaux et Royan, les promeneurs s'y rendirent plus nombreux. Un capitaine royannais fit bâtir douze baraques. Royan avait son établissement de bains. On construisit de nouvelles maisons, on exhaussa les anciennes, et on les rendit un peu plus confortables. Le pays s'embellit peu à peu; enfin une route fut faite et une diligence alla de

CHAPITRE XXII

Bordeaux à Royan. Depuis ce temps la petite ville a toujours prospéré, en peu de temps elle est devenue ce que vous la voyez aujourd'hui, une des stations balnéaires les plus fréquentées.

Il était onze heures passées, et M. Deville causait toujours.

— Ces Messieurs doivent avoir besoin de se reposer, lui dit sa femme.

— C'est vrai. Que comptez-vous faire demain? nous demanda-t-il.

— Nous avions pensé aller à Terre-Nègre.

— Voulez-vous que je vous y conduise?

— Nous n'aurions pas osé vous le proposer.

— A quelle heure comptez-vous partir? demanda Mme Deville.

— Fais-nous déjeuner de bonne heure, lui dit son mari; nous pouvons faire cette promenade entre les deux repas.

— Nous déjeunerons à dix heures.

Le lendemain, nous passâmes la plus grande partie de la matinée sur la plage.

— Je veux profiter de vous ce matin, puisque vous m'abandonnerez toute la journée, nous avait dit Mme Deville.

Elle avait pris son ouvrage, et nous étions allés nous asseoir tous en face du bain.

Il y avait beaucoup de monde sur la plage, mais peu de baigneurs; ce qui ne m'étonna pas, vu que le bain était rempli de vase et de boue.

— Est-ce que la plage est toujours ainsi? demandai-je à M. Deville.

— Oui, c'est pourquoi beaucoup de personnes, habitant Royan, vont se baigner à Pontaillac.

— C'est peu commode.

M. Deville nous montra ce matin-là, sur la plage de Royan, plusieurs personnages politiques et beaucoup de notabilités littéraires et artistiques.

— On ne s'ennuie jamais ici, nous dit-il; on y voit passer tant de monde, c'est une véritable lanterne magique.

— Vous restez longtemps à Royan?

— Toute la belle saison.

— Mais le pays n'est guère fréquenté que deux mois de l'année.

— Tu te trompes. La douceur du climat permet aux baigneurs de venir s'établir ici beaucoup plus tôt que dans les stations balnéaires de Bretagne ou de Normandie.

— Royan est, en effet, situé plus au midi; mais la différence de température est-elle bien grande?

— Elle est très marquée. Elle ne tient pas seulement à la latitude, mais aussi au peu d'élévation des collines et surtout à l'imperméabilité des roches qui forment en partie le sol de notre département, et le rendent moins froid et moins humide que ceux où dominent les rochers granitiques. Royan appartient au climat Girondin.

A dix heures, exactement, nous rentrâmes déjeuner; à onze heures, nous nous mettions en route pour Terre-Nègre.

Nous suivîmes la côte jusqu'à Pontaillac, laissâmes à gauche un phare, de construction hardie, nommé phare de Malant, traversâmes Vaux-sur-Mer, petit village où nous vîmes une église très ancienne, remontant, je pense, au xi° siècle. Nous passâmes devant Saint-Palais-sur-Mer, autre village dont l'église romane sert d'amers aux navigateurs, et arrivâmes à Puyravault, hameau à gauche duquel se trouve la conche immense de Terre-Nègre. Cette conche, d'un aspect sauvage et tout particulier, est vraiment admirable; elle forme un vaste hémicycle de sable encadré par des falaises en étages, couronnées de bois.

Au delà de Puyravault, on arrive à Terre-Nègre.

Terre-Nègre est un tout petit hameau où il y avait autrefois un fort et une caserne. Il y reste une tour avec un feu fixe, de quatorze milles de portée. En face de ce feu, à cinq cent cinquante mètres seulement, est un second feu, le feu rouge de la falaise, dont la portée est de dix milles.

C'est au pied du hameau de Terre-Nègre que commence la grande côte.

CHAPITRE XXII

Rien de plus imposant que cette côte déserte et silencieuse. La promenade que je raconte ici m'a laissé un souvenir ineffaçable.

Nous étions seuls sur le chemin; à notre gauche, l'Océan roulait avec fureur ses flots blancs d'écume; à notre droite, une longue cordillière de dunes formait une ligne à perte de vue, où ne s'apercevait aucune habitation, où rien n'annonçait la présence de l'homme si ce n'est une tour, un sémaphore, celui de Bonasse, et un phare que M. Deville nous dit être le phare de la Coubre, un des feux qui indiquent l'embouchure de la Gironde, et aussi de temps en temps, au milieu de ces dunes, un poste de douane ou une baraque destinée à servir de refuge aux naufragés.

Nous marchions depuis quelques instants sur cette côte déserte, quand tout à coup nous aperçûmes, au bord de la mer, un homme.

— C'est un douanier en reconnaissance, dit M. Deville.

Obscure victime du devoir! pensai-je, quelle vie est la sienne!

Je le suivais des yeux, je le vis s'arrêter et regarder quelque chose.

M. Deville prit sa lorgnette et la dirigea vers le point où le douanier s'était arrêté.

— Une épave! dit-il, je m'en doutais; la mer en apporte si souvent sur cette côte.

Une épave! triste mot! triste chose! Une épave, c'est souvent pour la pauvre veuve la certitude d'un malheur dont elle voulait encore douter, pour la mère désolée tout ce que lui rend le jaloux Océan du dernier fils qu'il lui a ravi.

A qui appartenait l'épave que trouva ce jour-là le douanier? D'où venait-elle? Il regarda et ne se baissa pas. L'épave sans doute était vieille et informe; un flot l'avait apportée, un autre l'emporterait, le lendemain peut-être. Triste destinée des choses, image de la destinée humaine.

— Vous avez maintenant une idée de la grande côte, nous dit M. Deville; il est temps que nous regagnions Royan, si nous ne voulons pas faire attendre ma femme.

Nous retournâmes sur nos pas.

— Cette côte est bien dangereuse, n'est-ce pas? demandai-je à M. Deville.

— De toutes les côtes de France, me répondit-il, c'est la plus redoutée des marins; quand, au moment du flot, un navire est surpris, dans la passe, par le calme, il peut se regarder comme perdu.

— Si nous avions eu plus de temps, ajouta un instant après M. Deville, je vous aurais conduits jusqu'à la barre à l'Anglais. C'est un des endroits de la côte où la mer bat le rivage avec le plus de violence, mais elle n'est pas bien méchante aujourd'hui.

— C'est sans doute à la barre aux Anglais, dis-je à M. Deville, que se termine ce que vous appelez la grande côte?

— Non, elle se continue jusqu'à la pointe de la Coubre, et rejoint les dunes d'Arvert.

— J'ai vu, dans les livres, que ces dunes d'Arvert avaient aussi causé bien des sinistres.

— Elles ont enseveli plus d'un village, et leurs progrès étaient autrefois si rapides, qu'on avait coutume de dire : « Les montagnes marchent en Arvert. »

— Les plantations de pins qui les ont arrêtées et fixées ne sont pas bien anciennes?

— Elles datent de la fin du siècle dernier.

Nous rentrâmes à Royan un peu avant le dîner.

Nous passâmes la soirée sur la plage; le temps, cette fois, était beau et les promeneurs nombreux. Mais sur cette plage bruyante, couverte d'élégants et gais baigneurs, de joyeux enfants, je pensais à la côte désolée que nous parcourions quelques heures auparavant et qu'une si petite distance séparait de Royan; je songeais au douanier solitaire, à l'épave abandonnée; j'étais triste.

— Ne seriez-vous pas disposés à aller visiter demain la tour de Cordouan? nous demanda M. Deville en rentrant. La mer sera basse de bonne heure; le bateau doit partir à sept heures; à midi, nous serions de retour. Cela vous convient-il?

CHAPITRE XXII

— Certainement, répondit Charles.

— D'autant mieux, ajoutai-je, que nous avons toujours eu le désir de faire cette promenade, et qu'il ne nous reste pour cela que la journée de demain.

— Comment cela?

— Nous pensons quitter Royan après demain matin.

— Déjà?

— Nous ne saurions rester plus longtemps; le temps nous presse, les vacances ne sont pas éternelles.

— Ce n'est pas votre dernier mot. Nous reparlerons de cela; mais pour demain matin, c'est arrangé, n'est-ce pas?

— Certainement.

CHAPITRE XXIII

ENVIRONS DE ROYAN

Le phare de Cordouan. — Le maigre et la lombine. — Saint-Georges-de-Didonne. — Suzac. — Meschers. — Une baleine à Meschers. — Les trous de Meschers. — Talmont et son église. — Départ de Royan. — Une lettre.

Le lendemain, nous fûmes, on le pense, exacts au rendez-vous. La traversée de Royan au rocher de Cordouan n'est que de douze kilomètres; elle se fit promptement et très agréablement, car la mer était bonne et le temps superbe.

En moins d'une heure, nous arrivâmes au pied de la tour.

Le phare de Cordouan est situé sur un rocher calcaire, entre les deux passes de l'estuaire de la Gironde. Ce rocher, aujourd'hui sous-marin, était, au xve siècle, une île habitée par des pêcheurs, qui, le soir, allumaient des feux pour avertir les navires des dangers qu'ils couraient en cet endroit. Un phare avait pourtant été élevé en ce lieu, d'après certains historiens, sous Louis le Débonnaire; selon d'autres, en 1370, par le prince de Galles; il fut réédifié par Louis de Foix, de 1584 à 1610. Œuvre architecturale tout à fait remarquable, il passa longtemps pour une des merveilles du monde.

Assise solidement sur un soubassement circulaire de trente pieds de haut, en maçonnerie pleine, avec deux guérites en saillie, la tour de Louis de Foix se composait de trois étages entourés chacun d'une galerie. Chaque étage appartenait à un ordre d'architecture différent; le premier était d'ordre toscan, le second d'ordre dorique, et le troisième d'ordre corinthien. Un dôme de pierre, orné de clochetons et surmonté d'une lanterne, couronnait l'édifice. Au commencement de ce siècle, on abattit les deux derniers étages, et l'on exhaussa la tour jusqu'à la hauteur de soixante-cinq mètres.

L'édifice actuel se compose d'un soubassement massif, terminé par une plate-forme, autour de laquelle sont les logements des gardiens et les bâtiments de service, puis de la tour proprement dite. Nous visitâmes, avec beaucoup d'intérêt, au premier étage, l'appartement dit appartement du roi, et surtout, au second, la chapelle de Notre-Dame de Cordouan. La voûte de cette chapelle, ornée de jolies sculptures, est en forme de coupole. Au-dessus de la porte, nous remarquâmes le buste de Louis de Foix. Autrefois, un moine récollet disait tous les jours la messe dans cette chapelle.

Pour arriver au sommet de la tour, nous dûmes monter trois cent vingt-six marches.

— Jusqu'à la fin du XVIIIe siècle, nous dit M. Deville, le phare de Cordouan consistait simplement en un réverbère peint à l'intérieur avec du blanc de céruse, ce qui donnait un éclat fort médiocre; mon père l'a connu dans ces conditions. Mais, peu après les modifications apportées à la tour, au commencement de l'empire, on substitua à ce système primitif le système Fresnel que vous avez certainement eu occasion d'admirer déjà.

— Oui, nous nous le sommes fait expliquer en détails au Havre.

Dès que nous fûmes redescendus et réunis au bas de la tour,

— Il est temps que vous partiez, nous dit le gardien qui nous avait servi de guide; nous avons mis, je crois, quelques minutes de plus qu'à l'ordinaire à visiter la tour. La mer va bientôt monter; si vous vous mettiez en retard, vous seriez forcés de rester ici jusqu'au soir.

— Ainsi, pendant la plus grande partie du jour, vous n'avez

PHARE DE CORDOUAN

aucune communication avec la terre? Combien êtes-vous de gardiens?

— Quatre.

— Et vous restez toujours ici?

— Nous avons, à tour de rôle, un congé de trois mois.

— Celui qui part doit être bien heureux?

— Oui, Monsieur. Je suis rentré d'hier.

Nous partîmes. Tout près du phare, nous rencontrâmes un bateau pêcheur.

— La pêche a-t-elle été bonne? demanda notre capitaine.

— Nous rapportons un maigre et une lombine, répondit le pêcheur.

— Qu'est-ce qu'un maigre? fit Charles.

— Un maigre, lui dit M. Deville, est un bar perfectionné que l'on pêche assez souvent dans ces parages.

— Comment perfectionné?

— Les Bénédictins de Vaux, les premiers pisciculteurs connus, sont arrivés à rendre si délicate la chair de ce poisson, que Bernard Palissy l'appelait le meilleur de l'Océan.

— Et la lombine, demandai-je à mon tour, est-ce un poisson particulier au pays?

— La lombine est un petit maigre.

A midi, nous étions de retour à Royan.

Pendant le dîner, nous nous demandâmes ce que nous ferions de notre après-midi.

— Si nous avions une voiture, dit M. Deville à sa femme, nous pourrions conduire ces Messieurs à Talmont. Qu'en penses-tu?

— Envoie François savoir s'il y en aurait une de libre.

— Tu viendrais avec nous?

— Certainement. Et pour ne pas vous faire attendre, dans le cas où la réponse serait favorable, je vais monter m'habiller, aussitôt que je vous aurai servi le café.

A une heure et demie, Mme Deville était prête, et la voiture devant la porte. Nous partîmes aussitôt. Nous allâmes directement jusqu'à Saint-Georges-de-Didonne.

Saint-Georges-de-Didonne, situé à quatre kilomètres de Royan, est un des plus charmants villages que je connaisse. Ce petit coin de terre éclectique n'appartient ni au nord, ni au midi; chacun peut y retrouver quelque chose du pays natal. La côte de La Vallière, près de laquelle nous descendîmes de voiture, battue par la lame, trouée, fouillée en tous sens, nous rappela de suite les côtes bretonnes; les prairies grasses et touffues que nous aperçûmes sur la lisière des marais de Chanaumoine, nous firent aussitôt penser aux beaux pâturages normands, tandis que, de l'autre côté de la plage, à la pointe de Suzac, nous devions bientôt, à l'ombre des chênes-lièges, nous croire transportés sur les rivages méridionaux. « La dune seule appartient en propre à Saint-Georges. Interposée, comme transition et comme opposition, entre la terre et la mer, elle donne une flore à part dans l'histoire de la botanique. » Plantée d'ajoncs et de pins maritimes et tapissée d'œillets gaulois, on y trouve l'arthémise marine et l'immortelle odorante, qui, nous a-t-on dit, répand au mois de juillet son odeur d'encens à un quart de lieue de distance dans la campagne. Tout est réuni dans ce délicieux coin de terre pour parler aux yeux et plaire à l'imagination; tout y est charme et poésie. « Le ciel y semble plus clair, plus transparent qu'ailleurs, » a dit un peintre de talent. De charmants chalets s'élèvent sur la plage. Plusieurs, paraît-il, sont habités toute l'année.

Après nous être promenés quelque temps sur la dune de Saint-Georges, sans remonter en voiture, nous allâmes jusqu'au promontoire de Suzac.

On a découvert sur le rocher de Suzac des fragments de constructions, indiquant qu'il y eut là jadis une station romaine. Un petit fort a été bâti sur l'emplacement de l'ancien fort romain. Ce rocher est recouvert d'une forêt de chênes-lièges; au milieu de cette forêt, sur la pointe de la colline, s'élève un phare. De la pointe de Suzac, on a une vue magnifique sur la Gironde.

De Suzac à Meschers, nous rencontrâmes une série de conches

plus jolies les unes que les autres; une des plus charmantes, parmi ces conches poétiques, est celle à laquelle on a donné le nom de plage des Dames.

Enfin, nous arrivâmes à Meschers, village situé au pied d'une colline, sur la rive occidentale d'un canal d'écoulement, drainant de vastes marais; c'est ce canal qui forme le port de Meschers, port

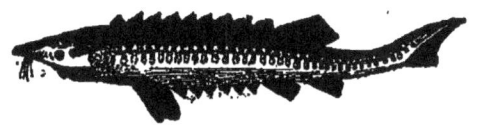

ESTURGEON

naturellement toujours vaseux, qui reçoit bien quelques rares navires de cabotage, mais est presqu'exclusivement port de pêche.

La population de Meschers est une population de pêcheurs.

— Ce qu'on pêche principalement ici, nous dit M. Deville, c'est l'esturgeon.

— Le *créa*, reprit sa femme.

ESPADON

— Oui, c'est le nom qu'on lui donne dans le pays. Mais les habitants de Meschers se vantent d'avoir fait un jour une bien autre prise. Ils prétendent avoir pêché une baleine. C'était pendant la Restauration. Elle fuyait, dit-on, devant un espadon qui la suivait depuis les pôles; elle vint échouer ici à mer basse. Comme vous le pensez bien, elle emplissait le port. On fit dessus un feu roulant sans arriver à la tuer; elle fouettait la vase de sa queue et lançait par son évent un jet d'eau boueuse. Enfin on dut la tirer à bout portant. Un pilote harponna l'espadon. L'épée dentelée, dont il s'était servi, fut suspendue à la porte du commissaire de la marine. Elle y resta longtemps.

— Mais, dit Mme Deville à son mari, ne veux-tu pas montrer à ces Messieurs les trous de Meschers ?

— Qu'est-ce que cela? demandai-je.

— Vous allez voir.

Nous étions alors à quelques centaines de mètres au sud du village. M. Deville, nous ayant fait descendre de voiture, nous conduisit en face d'un rocher perpendiculaire à la Gironde, dont l'élévation peut être de douze à treize mètres environ.

— Regardez, nous dit-il.

Sur la façade de ce rocher, nous aperçûmes une rangée de trous, creusés de main d'homme et placés à la suite les uns des autres, comme les compartiments d'un pigeonnier. Une rampe très étroite, taillée dans le roc, relie les ouvertures et permet d'aller d'un trou à l'autre.

— Au XVIIIe siècle, et même au commencement du XIXe, nous dit M. Deville, une partie de la population de Meschers habitait ces cavernes. Une botte de paille servait de lit aux malheureux, dont la vie entière s'écoulait dans ces tristes réduits; deux pierres étaient leur unique foyer. Quant à leur nourriture, aussi simple que leur installation, elle consistait en bouillie de maïs. Le fenouil marin croissait seul sur leur rocher. Les plants de tamaris que vous y voyez aujourd'hui, n'y sont pas depuis longtemps.

— Les habitants de Meschers commencent à se civiliser?

— Oui, mais bien lentement; ils sont si pauvres.

— Quel est leur gagne-pain?

— La pêche de la crevette est leur principale ressource.... Mais nous n'avons plus rien à voir ici; remontons en voiture et allons à Talmont. Il y a là une chapelle que je veux vous montrer.

A peine avions-nous quitté Meschers, que nous arrivâmes près d'un étang, qu'il nous fallut traverser sur une digue avant d'arriver à Talmont.

Talmont occupe le faîte d'un rocher qui domine la Gironde, qu'il commande ainsi lui-même; c'est pourquoi ce village fut, au moyen âge, un point stratégique important.

L'église, que M. Deville nous avait promis de nous montrer, bâtie sur la pointe extrême d'une falaise, est un véritable bijou d'architecture romane.

— Malheureusement, nous dit-il, cette jolie église est destinée à disparaître bientôt. La falaise, minée sans cesse par la mer, doit infailliblement l'entraîner un jour ou l'autre dans sa chute.

— C'est à déplorer, en effet; car cette petite église est très curieuse. Voulez-vous me donner cinq minutes pour la dessiner?

— Oui, mais faites vite, car il commence à être tard, et nous n'aurons bientôt plus que le temps de rentrer pour dîner.

Il ne me fallut pas longtemps pour prendre une petite esquisse de l'église de Talmont. Quand j'eus fini, nous descendîmes la falaise au pied de laquelle nous attendait notre voiture.

A sept heures, nous rentrions, enchantés de la magnifique promenade que nous avions faite.

Le lendemain matin à neuf heures, nous prenions congé de M. et de Mme Deville devant l'embarcadère des bateaux à vapeur de Bordeaux. Nous nous embarquions pour la pointe de Grave. Nos aimables hôtes avaient beaucoup insisté pour nous décider à rester encore quelques jours avec eux, mais nous avions bien des pays à visiter de Royan à Biarritz, but extrême de notre voyage. Or, Charles devait rentrer chez lui un peu plus tôt que d'habitude, on en sait la raison, et cela m'arrangeait maintenant fort bien, car j'avais trouvé le matin même, poste restante, à mon adresse, quand j'étais allé prendre mon courrier, une lettre dont je veux faire part au lecteur.

Cette lettre, datée de Dunkerque, était de ma sœur Hélène. En voici le contenu :

« Mon cher Maurice,

» Il y aura demain huit jours que nous sommes ici, mais dans ces huit jours j'aurai beaucoup fait, c'est que je me suis dévouée tout entière à ma tâche; je n'avais pas de mérite, je travaillais pour toi. Et puis Juliette m'a aidée; elle sait si bien se faire aimer, que je suis parfois tentée d'en être jalouse. Notre père ne jure plus que par elle. Il faut que je te rapporte la conversation que j'ai eue hier avec lui.

» Il me la vantait comme la meilleure femme de ménage qu'il ait jamais connue.

» — Si vous trouvez Juliette si parfaite, lui dis-je, pourquoi alors ne voulez-vous pas que Maurice l'épouse?

» — Je ne demande pas mieux.

» — Ah! vraiment.

» — Entendons-nous, je suis tout disposé à faire ce mariage, mais... pas maintenant.

» — Quand donc?

» — Dans un an ou deux, quand ton frère sera un homme raisonnable et posé.

» — Maurice est très raisonnable, mon père, et ne le serait-il pas, il le deviendrait au contact de Juliette.

» — Mais sa position n'est pas faite?

» — Elle est en bien bonne voie, vous l'avouiez encore hier.

» — C'est égal, je ne suis pas d'avis qu'il se mette encore en ménage. Ta mère pense comme moi.

» — Ma mère céderait facilement, si on l'en priait bien.

» — Ton oncle et ta tante, eux aussi, le trouvent trop jeune et trop peu avancé dans sa carrière.

» — Les succès de Maurice, au dernier salon, ont modifié leurs idées à ce sujet; ils sont sûrs maintenant qu'il arrivera, et je crois savoir que cela leur suffit.

CHAPITRE XXIII

» — Alors, selon toi, moi seul m'oppose sérieusement à un mariage que vous désirez tous.

» — Oui, mon père.

» — Quel âge a donc Juliette?

» — Vingt-deux ans.

» — Maurice en a vingt-cinq, il a bien le temps.

» — Mais elle?

» — A vingt-deux ans, une femme est encore bien jeune.

» — Je ne les ai pas encore, et suis mère de famille.

» — Cela ne signifie rien.

» — Juliette est plus raisonnable que moi.

» — Ah! cela, je ne dis pas, Juliette est charmante.

» — Faites-en donc tout de suite votre fille.

» — J'y réfléchirai, fit-il en souriant.

» Voilà où en sont les choses, cher Maurice.

» En tout cas, ton oncle et sa famille vont partir en même temps que nous pour Paris, afin d'assister au mariage de Louise Blémont. Ils seront de retour ici vers le 20 septembre; je serais d'avis que tu avançasses de quelques jours ton arrivée à Paris. Peut-être notre père consentirait-il à aller encore passer une huitaine à Dunkerque avec toi, avant la rentrée des tribunaux.

» Adieu, mon cher Maurice, amuse-toi bien, et compte sur l'avenir.

» Toute à toi,

» HÉLÈNE. »

CHAPITRE XXIV

DE ROYAN A BORDEAUX

La pointe de Grave. — Soulac. — Notre-Dame de la Fin des Terres. — Le Talais. — Saint-Vivien. — Montalivet. — De Montalivet à Lesparre et de Lesparre à Bordeaux.

En une demi-heure, nous eûmes traversé la Gironde, et nous nous trouvâmes à la pointe de Grave. La pointe de Grave, limite extrême du département de la Gironde, à l'est, porte un fort et un phare dont le feu a quatorze milles de portée. Un autre feu fixe vert, scintillant, de sept milles de portée, est établi très près du feu de Grave, au sud-est des dunes de Saint-Nicolas. Ces deux feux servent à signaler l'embouchure de la Gironde.

Nous ne prîmes pas le temps de visiter les magnifiques bâtiments élevés, à la pointe de Grave, par les Pêcheries de l'Ouest. Les travaux, exécutés en cet endroit pour défendre la côte contre l'irruption de l'Océan, attirèrent toute notre attention.

« La pointe de Grave, dit M. Élisée Reclus, à l'embouchure de la Gironde, est l'un des endroits qui peuvent le mieux être cités en exemple de la violence de la mer. On sait exactement de combien se sont déplacés les rivages depuis l'année 1818. A cette époque, la pointe de Grave s'avançait dans le golfe de Cordouan, à sept cent vingt mètres au nord-ouest de sa position actuelle. De 1818 à 1830, elle recula de cent quatre-vingts mètres, ou de quinze mètres par an. De 1830 à 1842, elle perdit annuellement près de trente mètres. De 1842 à 1846, lorsque les ingénieurs avaient enfin engagé la lutte contre la mer, les flots, dans leur marche envahissante, avancèrent de cent quatre-vingt-dix mètres, c'est-à-dire de près de quarante-huit mètres dans une seule année. Maintenant on jette la sonde à plus de dix mètres de profondeur, où naguère la plage développait ses contours. Toutes les constructions, élevées à l'extrémité de la pointe, ont dû être successivement démolies et réédifiées dans l'intérieur de la presqu'île. L'ancien fort, qui défendait l'entrée de la Gironde, a été renversé par les vagues, et l'on aperçoit encore, aux plus basses mers des équinoxes, des canons gisant sur le sable. En 1846, la largeur du détroit qui sépare Cordouan de la péninsule du Bas-Médoc, s'était exactement accrue d'un dixième dans l'espace de vingt-huit années. »

Cependant l'homme essaya de lutter contre la mer, et il semble avoir réussi. Nous lisons encore dans M. Élisée Reclus : « Sur la partie du rivage maritime qui s'étend à deux kilomètres au sud du cap, quatorze épis, semblables à ceux de l'anse des Huttes, s'avancent dans la mer. A la pointe même, l'épi est remplacé par une jetée de cent vingt mètres de long, composée de blocs artificiels et naturels, qu'on a précipités dans les flots du haut des wagons de transport. L'extrémité sous-marine se continue au loin, sous les eaux, par les enlacements de rochers, que des chaloupes viennent déposer quand la mer est favorable. Telle est cependant la violence des lames, que ces rochers, pesant en moyenne deux tonnes, sont très souvent déplacés par la rencontre du jusant et du flot de marée, et sont entraînés en dérive par la direction du large…. Irritée de l'obstacle infranchissable que lui oppose le puissant brise-lames de la pointe, la mer s'est acharnée sur la langue de sable qui s'étend en arrière de la jetée. Prenant le rivage à revers, les vagues ont agrandi sans relâche la petite anse du fort, tournée du côté du fleuve; et de 1844 à 1854, lorsque déjà la plage maritime était à peu près fixée, celle qui fait face à la Gironde recula de plus de cinq cents mètres, c'est-à-dire de cinquante mètres par an; il fallait donc à tout prix fermer le passage à la mer, en construisant à l'anse du fort un brise-lames semblable à celui qu'on avait déjà construit à l'anse des Huttes. C'est là ce qu'on a fait depuis, et ce qui permet enfin de faire succéder la période de simple surveillance à la période de lutte qui avait duré déjà vingt années entre l'homme et l'Océan. Les travaux, heureusement complétés, donnent enfin un démenti à la

POINTE DE GRAVE

superstition générale, qui attribuait aux flots une force irrésistible. »

De la pointe de Grave, nous nous dirigeâmes, par un chemin charmant, à travers de délicieux bois de pins, vers Soulac-les-Bains. Nous y arrivâmes pour déjeuner à onze heures et demie.

Soulac est aujourd'hui un joli bourg, composé en grande partie de villas et de chalets, comme toutes les stations balnéaires fréquentées; mais, à la place du Soulac actuel, il y eut autrefois une ville de ce nom, une ville importante, dont le port était très fréquenté; les rois et les capitaines anglais, qui se rendaient de Portsmouth à Bordeaux, abordaient à Soulac. Cette ville a été engloutie sous les dunes; il n'en reste rien aujourd'hui, si ce n'est sa vieille basilique, que la dune, en continuant de marcher vers l'est, a laissé reparaître, et qu'on a pu heureusement dégager, il y a quelques années, des sables sous lesquels elle était ensevelie.

Aussitôt sortis de table, nous nous rendîmes à l'église du vieux Soulac, église appelée, sans doute à cause de sa position à l'extrémité de la presqu'île du Médoc, Notre-Dame de la Fin des Terres. Cette église, qui a été parfaitement restaurée, est fort belle. Son style général est le roman du XIIe siècle. Nous y remarquâmes des chapiteaux sculptés de cette époque, parfaitement conservés. L'abside ogivale est du XIVe siècle, et la porte principale du XVe. Le clocher est utilisé comme balise pour la navigation.

En sortant de l'église, comme nous n'avions plus rien à faire à Soulac, nous allâmes reprendre nos valises, et nous nous dirigeâmes, en suivant autant que possible le littoral, vers la petite plage de Montalivet.

Le premier village que nous rencontrâmes est le Talais, où nous vîmes un tumulus, ayant la forme d'une demi-lune, qu'on appelle la Cartène.

La route que nous suivîmes ensuite jusqu'à Saint-Vivien, est bordée de tous côtés par les marais salants. Les dunes, couronnées par la forêt du Flamand, s'élèvent sur la droite; on aperçoit de loin Grayan et le hameau de l'Hôpital. Le paysage ne manque pas de caractère.

Nous marchions depuis une heure environ, quand nous arrivâmes à Saint-Vivien. Nous nous y arrêtâmes pour visiter l'église. Cette église romane, qui, paraît-il, fut autrefois fortifiée, offre de curieux détails dans le sanctuaire et dans l'abside; la nef est, au moins en partie, du XIVe siècle. Les dunes que nous rencontrâmes de Saint-Vivien à Vensac recouvrent, nous a-t-on dit, trois villages engloutis. Enfin, nous traversâmes une plaine très basse, coupée de canaux, et nous arrivâmes à Montalivet. Il était cinq heures.

CHAPITRE XXIV

Montalivet est une station de bains de mer fort peu curieuse. Nous y cherchions un établissement quelconque, où nous pussions nous rafraîchir et nous informer de l'heure à laquelle nous pourrions partir pour la gare de Queyrac, quand nous vîmes passer la voiture qui fait le service de cette station; nous l'arrêtâmes, le cocher avait

ÉGLISE DE SOULAC

encore deux places. A six heures et demie, nous étions à Queyrac, et à sept heures, à Lesparre.

Nous nous hâtâmes d'aller dîner dans l'hôtel le plus voisin de la gare. Nous avions appris en route qu'en repartant par le train de neuf heures, nous pourrions encore arriver à Bordeaux avant minuit, ce qui nous arrangeait parfaitement.

CHAPITRE XXV

BORDEAUX

Notions historiques.

Il est à peu près avéré que Bordeaux existait bien avant César et la domination romaine. Certains auteurs prétendent que ses premiers habitants étaient d'origine ibérienne. D'autres nous apprennent que, quand les Bituriges, peuple issu d'Espagne, arrivèrent au bord de la Garonne, ils y trouvèrent quelques cabanes aux murs de chaume ou d'argile, dont les roseaux couvraient le toit conique, et où l'on accédait par une large et haute ouverture, servant à la fois de porte et de fenêtre : tels furent, selon eux, les commencements de Bordeaux.

Les Bituriges s'établirent entre un fort nommé le Bouscal et de vastes marais désignés sous le nom de Paludes.

La position du bourg, au pied duquel la Garonne formait un vaste demi-cercle, se prêtait merveilleusement à l'établissement d'un port de commerce.

Les Phéniciens, explorateurs infatigables des côtes, nouèrent les premiers des relations avec le bourg naissant, qu'ils nommèrent Burgdikal, la ville du Port.

« La résine recueillie au pied des sapins des Landes, la poudre dorée que les Ligors ramassaient sur le bord du fleuve, les lames de fer des Pétrocores, le froment des Nitiobriges, le lin et les poteries des Cadurkes, furent sans doute les premiers objets du commerce de Bordeaux (1). »

Après les Phéniciens, les Grecs de Marseille trafiquèrent avec les Bituriges, dont le commerce s'étendit alors aux comptoirs d'Italie et de Sicile, aux îles espagnoles et aux ports de l'Angleterre.

Au moment où César pénétra dans les Gaules, les habitants de Burgdikal formaient, parmi les Bituriges, une peuplade assez importante, que l'on désignait par le surnom de Vivisci. On prétend que César, ayant échoué une première fois contre Burgdikal, chargea Crassus de faire le siège de cette ville, qui était, paraît-il, entourée de bonnes murailles.

Ce qu'il y a de certain, c'est qu'en 260, les Romains rebâtirent Bordeaux, et en firent la capitale de la seconde Aquitaine. Burgdikal devint une brillante cité, sous le nom de *Burdigala*.

Nous lisons dans M. Élisée Reclus :

« L'antique *Burdigala*, fondée, nous dit Strabon, par des Celtes Bituriges, mais peuplée en grande partie de descendants des Ibères, à en juger au moins par les caractères physiques et moraux de ses habitants, était déjà une ville commerçante lors de la domination romaine. Elle était un centre de commerce, un siège d'académie, un rendez-vous d'amateurs et d'artistes, parmi lesquels on doit citer Ausone, qui nous a fourni tant de renseignements utiles sur la Gaule du IVe siècle. »

Ce n'est qu'au IIIe siècle que commence vraiment l'histoire de Bordeaux. En 267, Tétricus, proconsul romain, s'y fit proclamer fondateur de l'empire des Gaules. A la même époque, le christianisme fut pour la première fois prêché à Bordeaux par saint Martial; ses prédications n'y furent pas d'abord très bien accueillies, mais elles eurent un grand succès dans les campagnes environnantes. Bientôt la touchante éloquence de saint Front acheva l'œuvre commencée par

(1) Malte-Brun.

saint Martial. L'Église de Bordeaux fut fondée; son premier évêque fut élu par les fidèles, clercs et laïques; il se nommait Orientalis.

Mais vinrent les invasions barbares qui, après avoir fait trembler le monde, devaient en renouveler la face. Les Hébrides, les Saxons, les Sicambres, les Suèves, les Sarmates, les Gépides, après avoir, comme un torrent dévastateur, traversé l'Europe, fondirent sur l'Aquitaine et y répandirent pendant deux ans la terreur et la désolation; ils furent enfin refoulés vers l'Espagne. Les Vandales leur succédèrent et furent également repoussés. Puis vinrent les Visigoths. Pour épargner l'Italie, Honorius abandonna l'Aquitaine à Ataulphe, beau-frère d'Alaric (418).

La domination des Visigoths en Aquitaine dura tout un siècle. Pendant ce temps, quoique Toulouse fût la capitale du nouvel empire d'Occident, la cour des Visigoths siégea souvent à Bordeaux. Les barbares anéantirent le commerce de cette ville et ne furent pas sans exercer une funeste influence sur les lettres et les arts.

Cependant les Visigoths ariens persécutaient les catholiques. Les évêques d'Aquitaine, dont l'influence avait beaucoup grandi depuis quelque temps, excités par saint Cyrille, évêque de Bordeaux, appelèrent Clovis, roi des Francs, à la conquête de leur province.

Clovis battit Alaric à Vouillé, s'empara de Bordeaux et en fit la capitale du royaume d'Aquitaine, qui se trouva ainsi réuni à la monarchie franque.

Dans le partage qui suivit la mort de Clovis, l'Aquitaine échut à Childebert; dans celui qui eut lieu entre les fils de Clotaire, elle révint à Chilpéric.

Pendant les longues guerres allumées par la rivalité de Frédégonde et de Brunehaut, les seigneurs d'Aquitaine suscitèrent un prétendu fils de Clotaire, nommé Gondovald. Bordeaux appela le prétendant dans ses murs. Il y exerça quelque temps la royauté; mais, Gontran et Childebert II s'étant alliés contre lui, Gondovald, abandonné par ses partisans, fut mis à mort par ceux-là mêmes qui l'avaient fait roi.

Après la mort de Charibert, frère de Dagobert, l'Aquitaine devint duché et le resta jusqu'en 768.

Cependant, Eudes, duc d'Aquitaine, tenait cour à Bordeaux et cherchait à s'y rendre indépendant, quand, en 731, les Sarrasins envahirent la province et s'emparèrent de la ville de Bordeaux, qui fut presque entièrement détruite. Eudes appela alors à son secours Charles Martel. Charles et Eudes, réunis, vainquirent l'armée d'Abdérame, général en chef de l'armée sarrasine, dans les plaines de Poitiers.

Mais entre les Aquitains et les Francs il y avait antipathie de race. Une guerre éclata entre Waïfer, petit-fils d'Eudes, et Pépin, fils de Charles Martel, devenu roi des Francs. Elle continua avec acharnement pendant tout le règne de Pépin et ne se termina que sous Charlemagne, par l'assassinat de Waïfer. Pendant tout le temps que dura cette guerre, Bordeaux resta fidèle à l'héritier de ses ducs. Charlemagne, vainqueur, rétablit le trône d'Aquitaine en faveur de son fils Louis. Devenu empereur, celui-ci laissa le royaume d'Aquitaine à son deuxième fils Pépin. Le successeur de ce prince, Pépin II, fut déshérité par son oncle, Charles le Chauve. Louis le Bègue fut le dernier roi d'Aquitaine; à son avènement au trône de France, l'Aquitaine redevint simple duché.

L'Aquitaine eut beaucoup à souffrir de la guerre que se firent les successeurs de Charlemagne.

En 844, les Normands attaquèrent Bordeaux. Charles le Chauve et Pépin d'Aquitaine, un instant réunis par le danger commun, parvinrent à les repousser; mais en 848, on les vit reparaître sur les bords de la Gironde, et cette fois, ils entrèrent dans Bordeaux, qu'ils livrèrent au pillage et à l'incendie. Une troisième invasion normande eut lieu à Bordeaux en 880.

Pendant le siècle suivant, Bordeaux, à la faveur de la paix, se releva de ses ruines. Le développement de la puissance féodale fut on ne peut plus favorable aux ducs d'Aquitaine. Eudes, fils d'un duc de Guyenne, réunit, en 1039, le duché de Guyenne à celui de Gascogne, et Bordeaux devint la capitale d'une grande principauté. Cent ans après, Guillaume X d'Aquitaine mariait sa fille et unique héritière au fils du roi de France, Louis VI. Cette alliance devait être fatale à la France. Quinze ans plus tard, le divorce de Louis VII et d'Éléonore était prononcé, et, peu après, cette princesse, épousant Henri Plantagenet, héritier présomptif de la couronne d'Angleterre, lui apportait en dot les belles provinces qui lui appartenaient du chef de son père et qui s'étendaient de Nantes aux Pyrénées. La Guyenne et la Gascogne passaient ainsi sous la domination anglaise.

En 1177, les seigneurs aquitains se liguèrent pour secouer le joug étranger; mais Richard Cœur de Lion sut les forcer à reconnaître l'autorité de son père. Édouard fit de Bordeaux la capitale de ses possessions françaises.

En 1179, les Vascons des Pyrénées vinrent menacer Bordeaux, et brûlèrent même ses faubourgs.

Sous le règne de Richard, des brigands Brabançons, Cottereaux, etc., infestèrent le pays.

Puis vint la lutte de Philippe-Auguste et de Jean sans Terre. Le premier, vainqueur de Jean, lui reprit toutes ses possessions françaises à l'exception de la Guyenne.

Louis VIII essaya sans succès de reprendre Bordeaux aux Anglais.

Henri III d'Angleterre posa à Bordeaux les premières bases d'administration municipale, puis il investit son frère Richard du duché d'Aquitaine; mais celui-ci ayant paru disposé à se former un parti dans cette province, il la lui retira pour la donner à son fils Édouard, et, pour vaincre la répugnance que montraient les Bordelais, partisans de Richard, à obéir à leur nouveau duc, il leur accorda de nouveaux privilèges.

Édouard fit à Bordeaux des embellissements considérables, et, devenu roi d'Angleterre, continua de favoriser cette ville, dont le commerce avec Londres s'accrut considérablement sous son règne.

La guerre ayant éclaté de nouveau entre la France et l'Angleterre,

Édouard envoya ses troupes reprendre les principales places de la Guyenne, Blaye, La Réole, Bourg, Riom et quelques autres dont Philippe le Bel s'était emparé. Mais l'intervention du pape Boniface VIII amena les deux princes à signer une paix que devait cimenter un double mariage. Édouard épousa Marguerite, sœur de Philippe le Bel; et le jeune fils du roi d'Angleterre, Isabelle de France.

Après la bataille de Crécy, Édouard III ayant érigé la Guyenne en principauté en faveur du prince Noir, celui-ci tint une cour brillante à Bordeaux. Mais un impôt qu'il établit ayant mécontenté les seigneurs aquitains, ils s'adressèrent au roi de France. Celui-ci ne demandant pas mieux que d'invalider le traité de Brétigny, la guerre recommença. Du Guesclin reprit, au nom de Charles V, les provinces cédées à l'Angleterre par ce traité.

A la mort d'Édouard, que son fils avait précédé dans la tombe, il ne restait, en France, aux Anglais que Bordeaux et une partie de la Guyenne.

Sous Richard, successeur d'Édouard III, la Guyenne prospéra sous le gouvernement de Lancastre.

Mais la fortune, qui nous avait été si longtemps contraire, commençait à tourner. Pendant que Charles VII remportait de miraculeux succès, l'Angleterre était livrée aux discordes civiles. Bordeaux était la seule ville de France qui restât aux Anglais. En vain, menacée par les capitaines de Charles VII, alors à ses portes, implora-t-elle des secours; les rivalités des Glocester, des Suffolk et des Warwick, ne leur permirent pas d'en recevoir. Elle dut se rendre, malgré son antipathie pour la domination française. La capitulation fut passée entre Dunois et les bourgeois de Bordeaux. On laissait à Bordeaux ses privilèges.

Mais, l'année suivante, une conspiration livrait Bordeaux à Talbot. Heureusement, celui-ci mourut sur ces entrefaites; Bordeaux, bloqué, se rendit à discrétion après sept semaines de résistance. La ville devint définitivement française; mais, cette fois, elle perdit ses privilèges et fut lourdement imposée; de plus, Charles VII, pour tenir Bordeaux en échec, fit bâtir, aux deux extrémités de la ville, deux citadelles, le château Trompette et le fort du Hâ.

Cependant les dures conditions imposées à Bordeaux ruinèrent son commerce. Quand Louis XI y vint, en 1461, pour assister au mariage de sa sœur et de Gaston de Foix, il fut effrayé de l'état dans lequel il trouva la ville; les rues étaient désertes, les maisons pour la plupart vides; il rendit aux Bordelais une partie de leurs privilèges. Il fit don des maisons et des hôtels abandonnés à qui voudrait les habiter.

De ce moment, la population s'accrut considérablement, et le commerce bordelais prit un nouvel essor.

Louis XI, après avoir ainsi relevé Bordeaux, donna la Guyenne en apanage à son frère, Charles de Berri; mais elle revint à la couronne après la mort mystérieuse de ce prince.

Ce fut Louis XI qui institua le Parlement de Bordeaux.

La fin du xvie siècle fut marquée, dans l'histoire de Bordeaux, par la part que prit cette ville à la révolte de la Guyenne contre l'impôt de la gabelle, révolte qui lui coûta la perte de ses privilèges, et aussi par les guerres religieuses, qui nulle part ne furent plus acharnées qu'en Guyenne.

Les protestants y étaient nombreux. Cependant Bordeaux resta toujours fidèle à la religion catholique et au roi; catholiques et protestants s'y firent une guerre qui ne cessa que lors de l'édit de Pacification, en 1576.

La guerre religieuse apaisée, d'autres malheurs éprouvèrent Bordeaux : deux ou trois apparitions de la peste, l'insurrection des Croquants, enfin la Ligue.

Après l'édit de Nantes et pendant tout le règne de Henri IV, Bordeaux jouit d'une grande prospérité. Sous Louis XIII et Louis XIV, plusieurs révoltes y éclatèrent, qui furent réprimées avec une excessive rigueur.

Après la révocation de l'édit de Nantes, plusieurs familles quittèrent Bordeaux.

De nouveaux troubles eurent lieu à Bordeaux, sous Louis XV.

Sous Louis XVI, le parlement de Bordeaux, ayant résisté au ministère à l'occasion des Édits bursaux, fut exilé quatre mois à Libourne.

Pendant la Révolution, Bordeaux, après avoir adopté avec enthousiasme les idées nouvelles, entra, après la chute des Girondins, dans la fédération formée par le département contre la Convention. La Terreur le lui fit expier chèrement.

Sous le Consulat, Bordeaux devint le centre d'une vaste conspiration monarchique.

Cependant Napoléon, devenu empereur, visita Bordeaux et y fut bien reçu ; mais le blocus continental et les guerres ruineuses de l'empire rendirent bientôt son gouvernement impopulaire dans cette ville essentiellement commerçante.

En 1814, les Bordelais furent les premiers à applaudir à un changement de gouvernement qui leur promettait la paix et la tranquillité indispensables à la prospérité de leur commerce.

Bordeaux accueillit également bien la Restauration et le gouvernement de Louis-Philippe.

C'est à Bordeaux que Napoléon III prononça la fameuse phrase, trop vite oubliée : L'Empire, c'est la paix.

C'est à Bordeaux, enfin, qu'à la fin de la guerre franco-allemande, se transporta le gouvernement de la Défense nationale, que M. Thiers fut nommé président de la République et que furent votés les préliminaires de paix.

CHAPITRE XXVI

BORDEAUX (Suite).

Place des Quinconces. — Port. — Douane. — Bourse. — Porte du Palais. — Grand pont. — Porte de Bourgogne. — Églises Saint-Michel et Sainte-Croix. — Jardin public. — Quais des Chartrons et de Bacalan. — Bassin à flot. — Commerce. — Cathédrale. — Saint-Seurin. — Crypte de Saint-Fort. — Palais Gallien. — Porte de l'hôtel de ville. — Musée. — Palais de justice. — Hôpital Saint-André. — Grand théâtre.

Arrivés à Bordeaux à onze heures du soir, nous étions descendus dans un hôtel situé place de la Comédie, et n'avions pu faire autre chose que de nous coucher.

Le lendemain, aussitôt levés, nous sortîmes; à peine dehors, nous nous trouvâmes sur la place des Quinconces. Cette place, la plus grande de Bordeaux, occupe l'emplacement de l'ancien château Trompette, elle est plantée de deux quinconces de deux cent quatre-vingts mètres de longueur sur quatre-vingts de largeur; sa terrasse domine le quai Louis XVIII d'un mètre cinquante centimètres, elle lui est reliée par trois escaliers. Deux colonnes rostrales, hautes de vingt mètres, s'élèvent au milieu de la terrasse; chacune d'elles est surmontée d'une statue et d'un fanal. Les statues représentent le Commerce et la Navigation. Des deux côtés de la terrasse sont deux autres statues, celles de Montaigne et de Montesquieu. De magnifiques constructions entourent la place des Quinconces.

C'est près de cette place, à l'angle des quais de la Bourse et Louis XVIII, que nous apparut pour la première fois le port de Bordeaux. Ce port, qui décrit un bel hémicycle de six kilomètres de développement et peut contenir mille à douze cents navires, offre un aspect grandiose et saisissant. Nous tournâmes à droite, et, suivant le quai, nous arrivâmes bientôt à la place de la Bourse, sur laquelle se trouvent les bâtiments de la douane et le palais de la Bourse, deux monuments construits au siècle dernier sur les plans du même architecte, Jacques Gabriel. Au milieu de cette place est une jolie fontaine en bronze, dite des Trois-Grâces. De la place de la Bourse, dont l'emplacement formait la limite de la ville féodale, part une belle voie qui traverse Bordeaux dans toute sa longueur et sépare l'ancienne ville de la nouvelle.

Nous suivîmes le quai de la Douane, et nous arrêtâmes longtemps devant la belle porte du Palais. Cette porte, haute de trente-quatre mètres, est connue aussi sous les noms de porte Royale et de porte Caihau; ce dernier nom, nous a-t-on dit, lui vient des cailloux de rivière qui pavaient jadis le quai où elle se trouve. Elle fut construite, en 1495, en mémoire de la bataille de Fornoue; c'est pourquoi on voyait autrefois, en haut de cette porte, une belle statue de Charles VIII, qui fut détruite en 1793. Elle servait d'entrée au palais de l'Ombrière, palais où résidèrent les ducs d'Aquitaine, les commandants français, les sénéchaux anglais, et dans lequel fut établi le Parlement. Ce palais fut démoli en 1800. La porte seule est restée; elle se compose de deux tours rondes, accolées, entre lesquelles s'ouvre une porte en ogive, surmontée d'une niche et de deux croisées.

Continuant ensuite notre chemin, nous arrivâmes bientôt au pont de Bordeaux, en face duquel s'ouvre une autre porte, plus belle encore que la porte du Palais, la porte de Bourgogne.

Le grand pont de Bordeaux est une des principales curiosités de la ville; il se compose de dix-sept arches en maçonnerie de pierres de taille et de briques. Les sept arches du milieu, d'égale dimension,

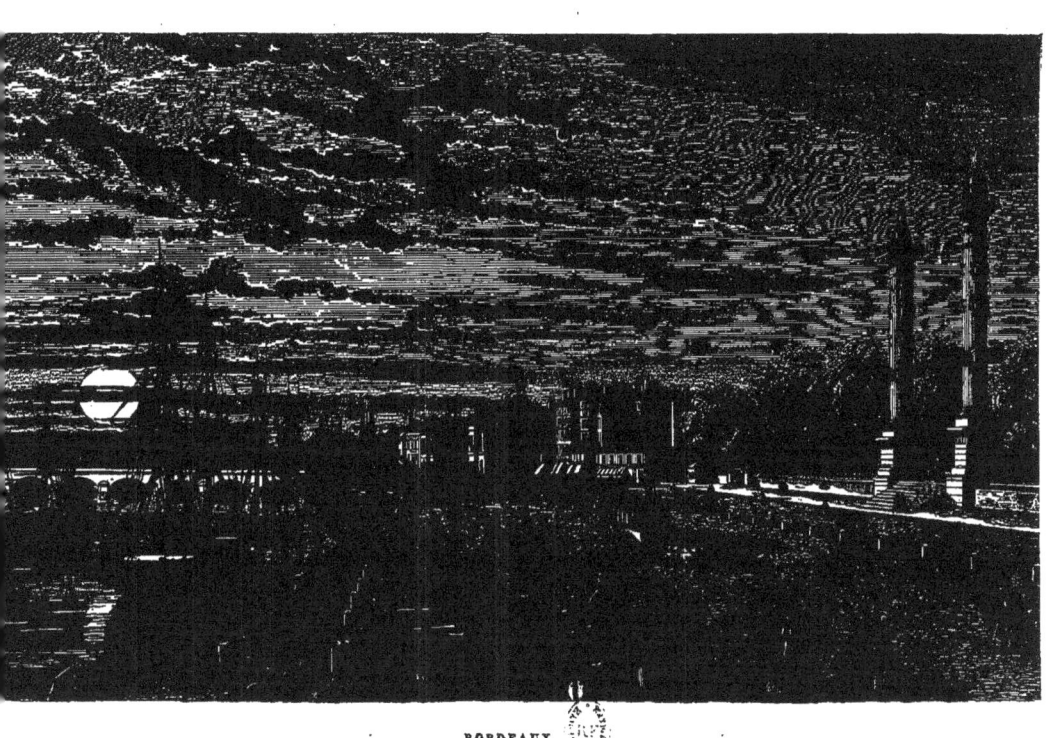

BORDEAUX

ont vingt-six mètres quarante-neuf centimètres de diamètre ; l'ouverture des deux arches extrêmes est de vingt mètres quatre-vingt-quatre centimètres. Au-dessus des arches est une corniche à modillons, d'un style sévère. A chaque extrémité du pont, dont la longueur est de quatre cent quatre-vingt-six mètres soixante-huit centimètres et la largeur de quatorze mètres quatre-vingt-six centimètres, s'élève un pavillon, avec colonnes d'ordre dorique.

GRAND PONT DE BORDEAUX

A l'intérieur, des galeries communiquent de l'une à l'autre des voûtes.

Ce pont, commencé en 1810, et achevé seulement en 1821, met en communication directe les quartiers centraux de Bordeaux et la Bastille, son quartier de la rive droite.

C'est sur le grand pont de Bordeaux qu'il faut se placer pour jouir du magnifique coup d'œil de la grande ville maritime et du beau fleuve qui est sa gloire et sa richesse : des bâtiments de toute espèce et de toute grandeur sillonnant en tous sens la Garonne, les mâts pressés des navires rangés dans le port, dessinant sur le ciel leurs ombres gigantesques; sur les deux rives du fleuve, des palais, des maisons magnifiques, et aussi des magasins immenses et de superbes chantiers de construction; la belle cité girondine se développant, en forme d'immense croissant, sur les bords de son fleuve aimé, tout est d'un merveilleux effet. En contemplant ce splendide tableau, je compris l'enthousiasme du Bordelais pour sa ville natale.

Nous n'allâmes que jusqu'à la moitié du pont. Après avoir admiré quelque temps le beau spectacle décrit plus haut, nous retournâmes sur nos pas.

La porte de Bourgogne, qui, nous l'avons dit, se trouve en face du pont, fut commencée en 1751 et achevée en 1755. En 1807, elle fut transformée en arc de triomphe pour le passage des troupes qui se rendaient en Espagne. Elle a été complètement restaurée en 1866.

La porte de Bourgogne conduit au cours des Fossés. Nous passâmes devant, et continuâmes la ligne des quais jusqu'à l'extrémité du quai des Salinières; là nous prîmes une rue qui nous conduisit à l'église Saint-Michel, dont nous avions aperçu le clocher de la place de Bourgogne.

L'extérieur de cette église est fort beau, ses trois portails sont admirablement sculptés. Fondée en 1160, l'église Saint-Michel fut reconstruite et décorée aux XVe et XVIe siècles. Sa tour, séparée du reste de l'édifice, servait autrefois de beffroi. Construite de 1472 à 1492, elle avait plus de cent mètres d'élévation et était surmontée d'une flèche. Cette flèche, détruite par un ouragan en 1768, fut rétablie après la restauration complète de la tour, qui aujourd'hui n'atteint, tout compris, qu'à une hauteur de cent mètres.

La consolidation de la tour exigea la construction des six contreforts qui servent de bases aux statues colossales de saint Paulin et de saint Delphin, des papes Clément V et Paul II, des cardinaux de Canteloup et Pey-Berland.

CHAPITRE XXVI

A l'intérieur, l'église Saint-Michel est remarquable par une disposition toute particulière : la grande nef, de même largeur que les collatérales, se termine carrément au-dessus de l'autel, et s'abaisse au niveau des bas-côtés pour s'amortir en abside, après s'être pro-

ÉGLISE SAINT-MICHEL

longée d'une travée. Nous y admirâmes quelques détails : une jolie *Descente de croix* sculptée du XVIe siècle ; les statues Renaissance, qui ornent la chapelle Saint-Joseph ; de beaux vitraux anciens, etc.

Comme nous examinions encore une fois, en sortant de l'église, le beau clocher de Saint-Michel, un gardien nous demanda si nous ne désirions pas visiter le caveau. A tout hasard, nous répondîmes oui. Aussitôt il nous fit descendre dans un souterrain, autour duquel sont rangés debout les cadavres retirés d'un cimetière voisin, dont le terrain, nous dit-il, avait la propriété de conserver les corps. Ces corps desséchés sont en effet en si parfait état, qu'on en peut facilement reconnaître le sexe et l'âge; entourés d'une espèce de linceul, éclairés par la lumière vacillante et blafarde de la lampe que porte le gardien, ils sont horribles à voir. J'avoue que nous ne restâmes pas longtemps dans le fameux caveau, et regrettâmes un peu les deux francs que nous dûmes, en remontant, donner à notre conducteur.

De Saint-Michel, nous nous rendîmes directement, par la rue Sainte-Croix, à l'église du même nom.

L'église Sainte-Croix est très ancienne; son origine remonte, dit-on, au VIIe siècle; elle fut détruite par les Sarrasins en 729, restaurée par Charlemagne en 778, détruite de nouveau par les Normands en 828, et enfin reconstruite au XIe siècle. Depuis ce temps, elle a nécessairement subi des modifications, puisque le style ogival règne dans plusieurs de ses parties.

Ce qu'il y a surtout de remarquable dans cette église, c'est sa façade, le plus beau spécimen de l'époque romane que possède Bordeaux. Cette façade a été restaurée et complétée par un second clocher, malheureusement trop sobre d'ornements par rapport à l'ancien.

Certains détails du portail de Sainte-Croix ont excité la curiosité et exercé les recherches des archéologues, entre autres un cavalier, sculpté dans une des grandes arcades, dont on ne connaît pas l'origine.

L'intérieur de l'église Sainte-Croix offre moins d'intérêt que son extérieur. Les remaniements qu'on y a faits du XIIIe au XVe siècle lui ont enlevé toute régularité. Il se compose d'une nef avec bas-côtés, d'un petit transept et de trois absides. Les voûtes de la grande nef sont ogivales. Durant la visite que nous fîmes dans cette église, notre attention fut attirée surtout par les fonts baptismaux; leurs panneaux sont décorés de bas-reliefs dont les sujets sont tirés de l'histoire de la Vierge et des saints de l'Ancien Testament, et la cuve, de sculptures représentant la Cène.

En sortant de Sainte-Croix, je regardai ma montre, elle marquait dix heures. Nous reprîmes les quais et les suivîmes jusqu'au pont de fer qui relie les deux lignes de chemin de fer d'Orléans et du Midi. Ce pont viaduc, entièrement à jour, est composé de sept travées, dont les piles sont formées de deux énormes cylindres en fonte, dans lesquels on a coulé du béton. Ce pont est dans son genre un chef-d'œuvre.

— Je crois, dis-je à Charles, que nous n'avons plus rien de curieux à voir de ce côté. Il doit y avoir à la gare un tramway qui pourrait nous reconduire au centre de la ville, allons le prendre; si nous passons devant quelque monument intéressant, nous descendrons.

— Allons, répondit Charles.

Nous nous rendîmes à la gare.

Le tramway dans lequel nous montâmes suivit le cours Saint-Jean, traversa la place d'Aquitaine et passa devant la porte du même nom, porte de 1755, qui nous rappela beaucoup la porte de Bourgogne; suivit le cours d'Aquitaine et le cours d'Albret; gagna, par la rue Dauphine et la place Gambetta, le cours de Tourny et arriva devant le jardin public. Durant ce long trajet, nous avions aperçu un grand nombre de monuments, mais aucun qui méritât d'arrêter des voyageurs pressés par le temps.

Nous descendîmes devant la grille du jardin public, où nous entrâmes quelques instants. Ce jardin, créé, au siècle dernier, par M. de Tourny, fut agrandi en 1858 et dessiné en jardin anglais, avec lac et cascades; ses serres ont plus de quatre-vingt-dix mètres de long, derrière les serres est le jardin botanique.

Mais il était tard, et la faim nous pressait. Nous rentrâmes.

Aussitôt après le déjeuner, nous nous remîmes en route; nous avions fait demander une voiture, car nous voulions visiter Bordeaux dans la journée. Nous nous fîmes conduire au bassin à flot, par les quais des Chartrons et de Bacalan; nous pûmes donc apercevoir, en passant, les beaux chantiers de construction de Bacalan et la plupart des établissements qui concourent à l'armement des navires. Nous avions parcouru, dans toute leur longueur, les magnifiques quais de Bordeaux, quand nous arrivâmes au bassin à flot. Ce bassin est superbe, quoiqu'il soit insuffisant pour les besoins actuels du commerce de Bordeaux.

Le port de Bordeaux exporte chaque année plus d'un million d'hectolitres et cent mille bouteilles de vin de la Gironde. Et le vin n'est pas la seule branche importante du commerce maritime de Bordeaux. Son port exporte, en outre, des tissus de cuir ouvré, des sucres, des papiers, des cristaux, des verreries, des porcelaines, des meubles et des légumes secs. Quant aux objets et matières d'importation, ils consistent principalement, pour Bordeaux, en produits coloniaux, fer, étain, cuivre, plomb, viande et poisson salé et surtout en houilles anglaises.

Du bassin à flot nous nous fîmes conduire directement à la cathédrale.

La cathédrale de Bordeaux, dédiée à saint André, est un des plus beaux monuments religieux du Midi. On lui prête une très ancienne origine. Fondée, suivant certains auteurs, au IVe siècle, elle aurait été ruinée par les barbares, restaurée par Charlemagne, dévastée par les Normands, puis rétablie au XIe siècle et consacrée, en 1096, par le pape Urbain II, regardé par d'autres comme son premier fondateur. Elle a été ensuite modifiée et restaurée à diverses époques. La plus grande partie de l'édifice actuel date du milieu de la période de la domination anglaise. On attribue à Henri II d'Angleterre l'ancienne porte Royale de la façade nord. Saint-André n'a pas de porte principale, on y entre par deux portes latérales, dont la seule remarquable est celle du nord. Nous admirâmes beaucoup ses belles sculptures et sa magnifique rosace; deux jolies flèches dentelées la surmontent. La

CHAPITRE XXVI

statue de Bertrand de Goth, archevêque de Bordeaux, qui, devenu pape sous le nom de Clément V, contribua aux frais de cette partie de son ancienne cathédrale, décore le trumeau de cette porte.

Le clocher de Saint-André est, comme celui de Saint-Michel, séparé de l'église. Placé à trente mètres environ du chevet de la cathédrale, il est entouré d'un square. Ce clocher, ordinairement nommé tour de Pey-Berland, du nom de son fondateur, fut construit

CATHÉDRALE

en 1440. En 1617, sa flèche, qui avait quatorze mètres de haut, fut renversée par la foudre. Sa nouvelle flèche tronquée supporte une immense statue de la Vierge en métal doré. Cette tour contient le gros bourdon de Saint-André, lequel pèse onze mille kilos.

En entrant dans la cathédrale de Bordeaux, nous fûmes frappés de la hardiesse de la nef, haute de vingt-cinq mètres. Deux étages de fenêtres, de style ogival normand, éclairent cette belle nef du

XIIIe siècle; ses arcades du rez-de-chaussée appartiennent au style roman. Cette nef, sans bas-côtés, est longue de sept travées; elle a un défaut, c'est que ses piliers ne sont pas tous semblables. L'église Saint-André a cent vingt-neuf mètres de longueur. Le chœur, bâti de 1260 à 1310, haut de trente-trois mètres sous voûte, est entouré d'un double bas-côté et de cinq chapelles rayonnantes.

Le transept est orné de deux beaux vitraux du XVe siècle. Ses fenêtres sont excessivement remarquables par la finesse et la variété de leurs réseaux. Notre attention fut attirée par de jolies sculptures et un charmant reliquaire du XVIe siècle, ainsi que par une statue de sainte Anne, le tout dans la chapelle du Sacré-Cœur. Nous remarquâmes également, sous la tribune de l'orgue, deux beaux bas-reliefs Renaissance, représentant la résurrection et la descente de Notre-Seigneur aux limbes; ce sont, paraît-il, les restes d'un ancien jubé. Je n'oublierai pas non plus de citer quatre belles toiles de maîtres que j'eus le bonheur d'admirer dans cette église : un *Christ portant sa croix*, attribué à Carrache; une *Résurrection*, d'Alexandre Véronèse; un *Crucifiement*, par Jordaens, et un tableau d'Annibal Carrache.

Nous fûmes longtemps à visiter la belle église de Saint-André; je m'y serais, pour mon compte, encore oublié, si Charles ne m'eût arraché à mes contemplations artistiques.

De la cathédrale, nous nous fîmes conduire à une autre église, celle de Saint-Seurin.

Cette église, qui, dans ses parties les plus anciennes, ne remonte pas au delà du XIe siècle, fut construite au-dessus d'une crypte qui, elle, date des premiers temps du christianisme. Elle appartient un peu à toutes les époques. Le porche occidental, malheureusement mutilé, l'abside principale et les clochers sont du XIe siècle; les bas-côtés et les voûtes, du XIIe; le portail ouest, qui, par ses curieuses sculptures, est la partie la plus intéressante du monument, du XIIIe siècle, et la sacristie, du XVe; enfin la façade ouest est moderne.

Une chose qui m'étonna beaucoup fut de voir, dans le chœur de

TOUR DE PEY-BERLAND

l'église de Saint-Seurin, une chaire pontificale; j'ai su depuis que Saint-Seurin avait été la première cathédrale de Bordeaux.

Mais ce qu'il y a de plus curieux à visiter à Saint-Seurin, c'est la crypte de Saint-Fort; pour y descendre nous dûmes nous adresser à un gardien.

Cette crypte se compose d'une nef voûtée, à plein cintre, et de deux bas-côtés. Elle est séparée en deux parties. Celle du fond renferme plusieurs tombeaux, entre autres celui de saint Fort; la seconde est réservée aux fidèles.

BORDEAUX. — RUINES DU PALAIS GALLIEN

Le cénotaphe de saint Fort, dont les sculptures sont d'une délicatesse et d'un goût exquis, est la principale curiosité que renferme cette crypte; il est placé sur une caisse de pierre brute, qu'on dit avoir été le sépulcre primitif du saint. Il paraît que, le 16 mai, jour de la fête de saint Fort, les mères et les nourrices apportent leurs enfants sur le tombeau du saint, dans l'espoir de leur assurer ainsi la force physique et la santé.

La crypte de Saint-Fort possédait autrefois le tombeau du célèbre paladin Roland.

Nous avions vu les principales églises de Bordeaux; il nous en restait encore d'autres à visiter qui nous eussent certainement intéressés à différents points de vue, mais il eût fallu pour cela rester plusieurs jours à Bordeaux, et nous en partions le lendemain.

Bordeaux est une ville magnifique, mais moins par ses édifices publics que par la largeur de ses voies, la beauté de ses maisons et de ses hôtels particuliers et la merveilleuse situation de son port. Les monuments anciens sont peu nombreux à Bordeaux, les débris d'un amphithéâtre y représentent l'antiquité. Ses principales églises et ses vieilles portes y rappellent seules le moyen âge; les plus anciens de ses édifices civils sont du siècle dernier.

En parlant des débris d'un amphithéâtre, j'ai désigné les ruines du palais Gallien, le plus ancien des monuments de Bordeaux, puisque l'empereur auquel on en attribue la fondation et dont il porte le nom vivait au IIIe siècle. Bâti en pierres carrées, entrecoupées de longues briques épaisses, ce monument, d'après les calculs qui ont été faits, pouvait contenir vingt-cinq mille personnes; l'arène, de forme elliptique, avait une étendue de soixante-dix-sept mètres de long sur cinquante-cinq de large.

De cet immense monument, il ne reste aujourd'hui que quelques arcades et quelques fragments d'enceinte.

Nous visitâmes les ruines du palais Gallien en sortant de Saint-Seurin. De là, nous nous fîmes conduire à l'ancienne porte de l'hôtel de ville où nous renvoyâmes notre voiture.

Cette porte, la plus ancienne de Bordeaux, est une des quatre tours placées aux angles de l'ancien hôtel de ville. Sa base seule remonte au XIIe siècle. Elle est coiffée de trois tourelles, en forme de pyramides, dont l'une, celle du milieu, a pour ornement une lanterne que surmonte un léopard. Cette tour, découronnée et en partie détruite par le connétable de Montmorency, a été reconstruite en 1555. La cloche du beffroi, fondue en 1775, est principalement destinée à donner l'alarme en cas d'incendie; des fils électriques la mettent instantanément en rapport avec tous les postes de pompiers.

L'hôtel de ville, construit au siècle dernier, d'abord archevêché, puis palais de justice, hôtel de préfecture et château royal, n'est pas d'un caractère architectural bien remarquable. Deux ailes lui ont été ajoutées en 1878; elles renferment la bibliothèque, le musée et l'école des beaux-arts.

Nous passâmes environ deux heures au musée de peinture. Je me serais volontiers oublié devant des tableaux signés le Corrège, Paul

BORDEAUX. — GRAND THÉATRE

Véronèse, Carrache, Murillo, le Guide, le Tintoret, Andrea del Sarto, le Pérugin, le Titien, Rembrandt, Rubens, Ruysdael, Corot, d'Aubigny, Delacroix, etc.; mais, l'heure de la fermeture du musée ayant sonné, il fallut partir. Il n'était que cinq heures.

Nous jetâmes un coup d'œil sur le palais de justice, monument lourd et sans intérêt, situé tout près de l'hôtel de ville, ainsi que sur la façade monumentale du bel hôpital Saint-André, qui, fondé en 1390 par un chanoine de Saint-André, Vital Carles, puis enrichi des dons du duc de Richelieu, fut rebâti de 1825 à 1829; après quoi nous nous acheminâmes vers la place de la Comédie.

Nous n'avions que le temps de visiter, avant de rentrer, le célèbre grand théâtre de Bordeaux, dont nous avions déjà admiré de nos fenêtres la belle façade.

Cette façade est formée de douze colonnes corinthiennes, et la balustrade qui en couronne la frise est ornée de douze statues colossales. De larges galeries couvertes s'étendent sur les côtés.

A l'intérieur, la salle est superbe.

C'est dans la salle du grand théâtre de Bordeaux que siégea l'Assemblée nationale de 1871.

Il était six heures et demie quand nous rentrâmes à l'hôtel. Nous avions achevé de visiter Bordeaux.

CHAPITRE XXVII

DE BORDEAUX A ARCACHON

Départ de Bordeaux. — Le Bec d'Ambez. — Les châteaux Palmer, d'Issan, de Rouzan. — Château-Margaux. — Blaye. — Le château de Beychevelle. — Saint-Julien, Léoville, Longueville, château Lagrange. — Château-Latour. — L'île de Patiras. — Château-Lafitte. — Lesparre. — Les étangs d'Hourtin et de Lucanau. — Arrivée à Arcachon.

Nous avions, on s'en souvient peut-être, abandonné les côtes de l'Océan à Montalivet, pour aller rejoindre à Lesparre le chemin de fer du Médoc.

Au lieu de faire, de Bordeaux, une promenade sur la Gironde, suivant notre premier projet, nous nous étions, on l'a vu, arrangés pour visiter cette ville en une seule journée, de sorte que quand, le lendemain, nous nous embarquâmes sur le bateau à vapeur de Royan, nous quittions définitivement le chef-lieu de la Gironde. Remonter le fleuve jusqu'à Pauillac, aller de Pauillac à Hourtin, et, de là, descendre sur Arcachon, à pied ou en chemin de fer, tel était notre nouvel itinéraire.

Nous partîmes à huit heures du matin par un beau temps.

— Nous n'aurons pas d'orage aujourd'hui, dis-je au capitaine.

— Non, me répondit-il. Mais nous pourrions bien être gênés par le mascaret.

— J'ai beaucoup entendu parler du mascaret; n'est-ce pas un phénomène analogue à celui qui se produit à l'embouchure de la Seine et qu'on appelle la barre?

— Justement. Vers la fin d'août ou le commencement de septembre, ordinairement par un temps calme, une vague, mesurant de un à deux mètres, quelquefois trois, formée dans les basses eaux du Bec d'Ambez, remonte la Gironde avec un bruit formidable, faisant chavirer sur son passage les petits bateaux qui, pour leur malheur, ont eu la hardiesse de s'aventurer sur le fleuve, c'est le mascaret.

Tout en causant, nous avions dépassé le quai des Chartrons et les usines et chantiers de Bacalan et aussi le château du Diable, maison de campagne inachevée et de construction toute particulière, sur laquelle courent de terribles légendes, quand, nous montrant un château situé sur la rive droite de la Gironde,

— Voyez, nous dit un de nos compagnons de voyage, un Bordelais, qui, depuis notre départ, cherchait une occasion d'engager la conversation, ce château est celui du Pian; il commence la série des domaines qui fournissent nos meilleurs crus du Médoc.

Nous passâmes entre l'île de Cazau et le Bec d'Ambez, langue de terre verdoyante placée entre la Dordogne et la Garonne, près de l'endroit où elles vont se réunir pour former la Gironde.

Les îles qui se succèdent au nord du Bec d'Ambez continuent la ligne de démarcation entre les deux fleuves jusqu'à la hauteur de Pauillac, et empêchent de juger de la largeur de la Gironde. Tout près du confluent de la Garonne et de la Dordogne est un rocher appelé le Pain-de-Sucre, qui autrefois servait de défense à Bourg et auquel atterrit le bateau.

Les deux îles de Cazau et du Nord bornaient notre vue à gauche; pourtant, dans l'intervalle qui les sépare, le Bordelais ne manqua pas de nous faire remarquer les châteaux Palmer et d'Issan, de Rouzan et Margaux, et nous pûmes saluer de loin des vignobles si justement renommés.

Enfin, après avoir touché à plusieurs villages, nous arrivâmes à

Blaye, vieille ville dans laquelle nous nous fussions volontiers arrêtés. Station militaire sous les Romains, qui la désignaient sous le nom de *Blavia Militaris,* au moyen âge, Blaye possédait une forteresse, défendue, d'un côté, par la Gironde et garantie des autres côtés par une enceinte crénelée se rattachant au château, bâti près du fleuve sur un roc escarpé, et flanqué d'énormes tours. Vauban, par ordre de Louis XIV, entoura ce château de ses fortifications actuelles, en 1683.

BLAYE

La citadelle de Blaye, sur la rive droite; le fort de Médoc, sur la rive gauche; et le fort Palé, sur un îlot, au milieu de la Gironde, défendent le passage du fleuve.

Le port de Blaye est indiqué par un petit fanal, haut de cinq mètres et de huit kilomètres de portée; on y complète souvent le chargement des navires venant de Bordeaux.

Après Blaye, le bateau, laissant sur la droite l'ancien et le nouveau château de Lagrange, se rapprocha de la rive gauche de la Gironde, et, sur une terrasse placée en avant du village qui porte son nom, nous apparut le château de Beychevelle. Sur l'emplacement de ce château était autrefois, nous dit-on, un vieux manoir féodal dont le seigneur avait une singulière exigence, c'était que toute embarcation qui passait sur la Gironde le saluât en abaissant ses voiles; de là vient le nom de Beychevelle, qui signifie *baisse voile*.

Nous pûmes, nous, saluer en passant le clocher de Saint-Julien, et le Bordelais eut encore le plaisir de désigner à notre attention quelques-uns des principaux vignobles du Médoc : Léoville, Longueville, Château-Latour, Château-Lagrange, etc.

Enfin nous arrivâmes devant Pauillac.

La Gironde, partagée en deux bras par l'île de Patiras, est, en cet endroit, large de cinq kilomètres; elle forme devant Pauillac une belle rade éclairée par trois feux : deux à Pauillac, l'un d'une portée de six milles; l'autre, un petit feu fixe vert, d'une portée de trois milles seulement; et le troisième, à la pointe nord de l'île de Patiras, un phare à feu fixe et scintillant de seize milles de portée.

Pauillac possède un beau bassin pour les bateaux-pilotes. Sa rade sert d'avant-port à Bordeaux; les navires y attendent le vent ou y complètent leur cargaison. Son port est l'entrepôt des vins du Médoc.

L'île de Patiras fut autrefois dévastée par le redoutable pirate Monstri. C'est à Patiras que se retirèrent, en 1320, les lépreux, alors nombreux dans le Bordelais; ils y furent d'abord nourris par quelques personnes charitables; mais bientôt, l'horreur qu'ils inspiraient l'emportant sur la pitié, on les abandonna; la famine et la misère dévorèrent les malheureux. Les Juifs, bannis sous l'inculpation d'avoir, ainsi que les lépreux, empoisonné les fontaines, avaient suivi ceux-ci dans leur retraite.

C'est à Patiras que, jusqu'en 1822, époque de la fondation du lazaret de Trompeloup, étaient mis en quarantaine les navires suspects d'avoir à leur bord des hommes atteints de maladies contagieuses.

Le lazaret de Trompeloup est situé à trois kilomètres, à droite, de Pauillac.

CHAPITRE XXVII

Pauillac est une ville très ancienne, mais sans histoire. Son port était, pendant le moyen âge, ouvert à tout vaisseau qui en demandait l'entrée. Au xivᵉ siècle, Pauillac dépendait des seigneurs de Lafitte dont le nom a passé à la postérité, à la faveur de la réputation des vignobles qui se trouvaient sur leurs terres. Nous n'avions rien à voir à Pauillac, nous ne nous y arrêtâmes pas.

Ayant réfléchi à la distance qui sépare Pauillac d'Hourtin et au peu d'intérêt du chemin que nous aurions à faire pour aller de l'une à l'autre de ces villes, nous avions décidé de rejoindre le chemin de fer du Médoc à la station de Vertheuil en passant par Château-Lafitte.

Aussitôt débarqués, nous nous mîmes en route. Le chemin que nous devions parcourir n'est pas très fréquenté; les coteaux du Médoc sont peu élevés et le pays manque peut-être de pittoresque, mais on a plaisir à se promener au milieu de ces vignobles célèbres dans le monde entier, dont les remarquables produits sont une des richesses commerciales de la France.

La propriété de Château-Lafitte appartient aujourd'hui à M. de Rothschild, qui l'acquit, en 1868, pour la somme énorme de 4,140,000 francs. C'est un petit castel à pignon flanqué d'une tourelle à aiguille pointue, avec deux autres petites tourelles sur le derrière, et posé sur une terrasse élevée, au pied de laquelle s'étendent des jardins et des prairies.

Il était midi quand nous arrivâmes à Vertheuil, très fatigués et mourant de faim. Nous avions fait plus de deux lieues en plein soleil, par une chaleur tropicale, et n'avions rien pris depuis sept heures du matin. Aussi notre premier soin fut-il de chercher une auberge et de déjeuner sans nous inquiéter même de l'heure à laquelle passait le train de Verdon. Quand, notre appétit assouvi, nous songeâmes à nous en informer,

— Le train! nous dit notre hôtesse, mais il n'y en a plus maintenant avant quatre heures.

— Quatre heures! Quand donc est passé le dernier?

— Mais tout à l'heure; il doit encore être en gare.

Je regardai Charles, il se mit à rire :

— Il faut attendre ou aller à pied jusqu'à Lesparre, dit-il.

— Il fait bien chaud. Mais que faire ici ?

— Nous reposer.

C'est ce que nous fîmes.

Vers trois heures, nous sortîmes pour aller voir l'église de Vertheuil, qui est assez curieuse. C'est une église romane, à trois nefs, sans transept. Les voûtes de la grande nef ont été refaites au XIV° siècle, mais celles du bas-côté sont de l'époque primitive. Le clocher, très élégant, s'élève sur le bas-côté de droite entre la nef et le chœur.

Nous prîmes le chemin de fer à quatre heures; à cinq heures, nous étions à Lesparre.

En attendant le dîner, nous allâmes voir une tour carrée du XIV° siècle, seul vestige de l'ancien château, appelé autrefois l'honneur de Lesparre.

Nous quittâmes Lesparre le lendemain par le premier train. A huit heures, nous descendions à la station d'Hourtin. Nous nous dirigeâmes aussitôt vers l'étang du même nom. Cet étang a été formé, comme tous ceux du littoral girondin et landais, par l'obstacle opposé au libre écoulement des eaux par la chaîne de dunes, haute en cet endroit de soixante à soixante-dix mètres. Situé à quatre kilomètres de l'Océan, sa longueur est de quinze kilomètres, sa largeur de trois ou quatre, et sa plus grande profondeur de quatorze mètres. Il est guéable jusqu'à une grande distance de la rive orientale, au lieu dit : *Pey d'au Camin*. La partie guéable est coupée transversalement par une fosse formant chenal, profonde de quinze mètres. On croit qu'autrefois le chenal se prolongeait jusqu'à la mer. L'ancien port d'Hourtin, appelé port d'Anchise, était à trois kilomètres sud du port actuel, au débouché de la rivière de ce nom.

Sur les dunes qui dominent l'étang se dressent deux phares de premier ordre, d'une portée de vingt milles. Ces deux feux, avec ceux de Cordouan et du cap Ferret, complètent l'éclairage maritime de la

Gironde. Sur ces dunes, autrefois mobiles, ont été plantés des arbres de diverses essences.

De l'étang d'Hourtin, suivant à peu près la ligne du chemin de fer, nous arrivâmes, en un peu plus d'une heure, à celui de Lucanau. Cet étang ressemble beaucoup à celui d'Hourtin, mais il n'a que huit kilomètres de longueur et de deux à quatre kilomètres de largeur. Les dunes qui le séparent de l'Océan, moins hautes que celles qui bornent l'étang d'Hourtin, sont toutes bouleversées. Guéable jusqu'à la moitié de sa largeur, l'étang de Lucanau est assez profond dans le voisinage des dunes; il communiquait autrefois directement avec la mer, un canal artificiel le relie aujourd'hui à celui d'Hourtin.

Tout près de l'étang de Lucanau est le village du même nom, station du chemin de fer de Lesparre. Nous avions marché plus de quatre heures et fait six lieues depuis Hourtin, quand nous y arrivâmes; nous eûmes beaucoup de peine à y trouver une mauvaise auberge où déjeuner en attendant le passage du train.

Nous partîmes de Lucanau à une heure et demie.

La ligne du chemin de fer suit parallèlement la chaîne des étangs; nous passâmes devant le Porge et Lège, deux villages qui autrefois, bien plus près de l'Océan, ont dû fuir devant les dunes mouvantes qui menaçaient de les ensevelir, et devant Arès, bourg qui fut considérable, mais qui a disparu en partie sous les dunes. A partir d'Arès, la ligne longe le bassin d'Arcachon jusqu'à Facture, où elle rejoint le train de Bordeaux.

Arrivés à cette station, nous changeâmes de voiture; une demi-heure plus tard, nous étions à Arcachon. Nous nous fîmes conduire dans un hôtel situé sur le boulevard de la Plage, qu'un de nos amis nous avait recommandé et où nous nous installâmes aussitôt dans les chambres qu'on put nous donner, car il n'y avait pas à choisir, vu l'affluence des voyageurs; puis nous redescendîmes avec l'intention d'aller sans plus tarder faire connaissance avec la ville. Mais nous étions à peine dehors, qu'un orage, qui se préparait depuis plusieurs heures, éclata et nous força de rentrer. La pluie dura toute la soirée.

CHAPITRE XXVIII

ARCACHON

Position d'Arcachon. — La plage. — Le Casino. — Le bassin d'Arcachon. — Le musée-aquarium. — Le Truc du Pey-Mahon. — La forêt. — Les dunes. — La Teste. — L'étang de Cazau. — Les dunes de Lescours. — La forêt de la Teste. — La pointe du Sud. — Le mont Pilat. — La dune de la Grave. — Le Moullo. — Notre-Dame d'Arcachon. — L'île des Oiseaux. — Le cap Ferret.

La petite ville d'Arcachon est située sur la rive sud de la mer intérieure appelée bassin d'Arcachon, entre la pointe de l'Aiguillon, à l'entrée du chenal de la Teste, et la pointe occidentale d'où s'aperçoit la grande mer.

Quand nous nous réveillâmes le lendemain, la pluie tombait toujours. Nous ne sortîmes qu'après le déjeuner. Nous nous rendîmes aussitôt sur la plage.

La plage d'Arcachon est commode et sûre, mais moins belle que je ne l'aurais supposé. Le sable y est fin et uni ; mais quand nous la vîmes pour la première fois, elle était couverte de varech en décomposition, ce qui lui donnait un aspect peu agréable, et l'on nous assura que c'était son état habituel.

Après être restés quelque temps sur la plage, nous entrâmes dans la ville.

La grande rue d'Arcachon est longue de plus de six kilomètres, presque toutes les maisons sont entourées de galeries extérieures et ont des jardins parfaitement dessinés et fort bien entretenus. Les plus belles sont placées aux abords de la gare. Dans les bois de pins qui couronnent la dune se cachent de coquettes villas, des maisons de plaisance de tous les styles, chalets russes, manoirs gothiques, pavillons mauresques et chinois, etc.

« La ville grandissant, dit M. Élisée Reclus, transforme graduellement la forêt en un parc de plaisance, au moyen des allées sinueuses qu'elle projette au loin dans toutes les directions. »

Au sommet de la dune est le Casino. Ce Casino, construit dans le genre mauresque, couronné de deux coupoles et flanqué de quatre minarets, est entouré de magnifiques jardins. Une belle rampe nous y conduisit. Nous le trouvâmes fort bien aménagé.

A côté du Casino est un observatoire, l'observatoire Sainte-Cécile, d'où l'on découvre une vue admirable sur tout le bassin d'Arcachon et les dunes voisines.

Le bassin d'Arcachon est une grande baie d'environ quatre-vingts à quatre-vingt-cinq kilomètres de tour et de quinze mille cinq cents hectares de superficie, alimentée par le canal de la Lège, déversoir de l'étang de Canau. Ce bassin a la forme d'un triangle dont l'entrée forme le sommet et dont la base s'étend d'Arès à l'embouchure de la Leyre. Il communique avec l'Océan par un chenal ouvert entre le cap Ferret et la pointe d'Arcachon, lequel se subdivise en un grand nombre de chenaux, qui se réunissent, en se rapprochant de la mer, en deux fosses principales, séparées par l'île des Oiseaux. Les rades d'Arcachon et du cap Ferret offrent un abri parfaitement sûr aux navires qui ont eu la chance de franchir la barre changeante et dangereuse qui rend souvent impraticable l'entrée du bassin.

Trois îles émergent du bassin d'Arcachon. La plus grande est l'île des Oiseaux. Plusieurs villes et villages bordent ses rives : La Teste, Gujan, le Teich, Biganos, Audenge, Lanton, Andernos, Arès.

Les rives du bassin d'Arcachon, fort belles du côté des dunes, entre Arès et le cap Ferret, sont plates et monotones dans la partie orientale.

ARCACHON

CHAPITRE XXVIII

Arcachon est une ville charmante, mais où il n'y a pas de monuments à visiter. On nous avait beaucoup parlé de l'aquarium; nous nous y rendîmes. Il est fort riche en cyprins, anémones de mer, hippocampes, physalies, astéries, etc. Son musée contient une belle collection de coquillages et de poissons; on y voit aussi des filets et autres instruments de pêche et des modèles de navires. On peut y passer une heure agréablement.

CASINO D'ARCACHON

Étant sortis du musée-aquarium, nous nous promenions un peu au hasard, quand nous aperçûmes un jalon peint en rouge indiquant aux promeneurs le Truc du Pey-Mahon. Un monsieur, un baigneur, je crois, passait en ce moment :

— Pouvez-vous nous dire, Monsieur, lui demandai-je, ce que c'est que le Truc du Pey-Mahon?

— Certainement, Monsieur, me répondit-il; c'est une des plus hautes dunes de la forêt d'Arcachon.

— Merci, Monsieur.... Ne serais-tu pas d'avis, Charles, de monter au Truc du Pey-Mahon?

— Oui, certainement, me répondit mon ami.

Nous suivîmes la route indiquée et n'eûmes qu'à nous en applaudir, d'abord parce qu'au Pey-Mahon la vue est fort belle, ensuite parce que cela nous fournit l'occasion de faire, dès notre arrivée, une magnifique promenade dans la célèbre forêt d'Arcachon.

Sillonnée de charmants sentiers et traversée par des routes superbes, cette forêt, qui se compose, en outre des pins qui en sont la principale essence, de chênes, de houx, d'arbousiers et d'aubépines, est pour les étrangers un des principaux attraits du séjour d'Arcachon. Nous y errâmes à l'aventure pendant plusieurs heures, découvrant à chaque instant des coins de bois plus charmants les uns que les autres et respirant avec ivresse la pénétrante et fortifiante odeur des pins. La faim seule, en nous avertissant que l'heure du dîner approchait, nous décida à regagner la ville.

Nous passâmes la soirée dans les jardins du Casino, où un brillant concert réunit, ce soir-là, toute la colonie étrangère d'Arcachon.

Le lendemain matin, l'état de la marée ne nous permettant pas d'aller soit au cap Ferret, soit à l'île des Oiseaux, comme nous l'avions projeté d'abord, nous commençâmes nos excursions autour d'Arcachon par une promenade à la Teste et à l'étang de Cazau.

Nous suivîmes les dunes.

Les dunes de la Gironde et des Landes sont des monticules quartzeux d'une grande ténuité, que l'Océan rejette incessamment sur les bords du golfe de Gascogne. Les monticules isolés que l'on rencontre parfois sont formés par les masses considérables de sable que le vent furieux emporte souvent, aux jours de tempête, du sommet des dunes. De l'embouchure de la Gironde à celle de l'Adour, ces dunes s'avancèrent au siècle dernier de vingt mètres par an; ainsi furent engloutis Soulac, Sainte-Hélène et plusieurs autres villes et bourgades. Un

VUE DANS LA FORÊT D'ARCACHON

sort semblable menaçait la Teste dans un avenir prochain, quand Brémontier, reprenant un projet déjà formé, puis abandonné, résolut de fixer ces dunes en les couvrant de forêts de pins. Pour obtenir la permission de faire les essais nécessaires, il lui fallut beaucoup de

VILLA BRÉMONTIER DANS LA FORÊT D'ARCACHON

temps et de démarches ; mais sa persévérance triompha de toutes les difficultés, et une réussite complète fut la récompense de ses travaux et de ses peines.

Nous vîmes, sur la dune la plus voisine de la ville, du côté de l'ouest, le cippe de marbre érigé, en 1818, en l'honneur du savant ingénieur; il est haut de deux mètres cinquante centimètres et porte une inscription sur laquelle sont unis à son nom ceux de Louis XVI et de Louis XVIII.

La Teste est un grand village situé au pied des dunes, sur la rive méridionale du bassin d'Arcachon. Depuis sa fondation, la Teste a changé plusieurs fois de place, par suite de l'envahissement des sables. Les maisons, construites en pierre, y sont généralement d'une propreté remarquable; des jardins, des prés et des vignes les séparent les unes des autres. L'exportation des huîtres, des poissons et des bois occupe presque exclusivement la commune de la Teste.

La Teste fut autrefois la résidence des célèbres captaux de Buch. En 1543, Frédéric de Foix, captal de Buch, partagea entre tous ses vassaux la belle forêt, aujourd'hui bordée, à l'ouest, par les semis de l'État; au sud, par l'étang de Cazau, et à l'est, par la lande.

Voulant nous avancer, nous prîmes le chemin de fer de la Teste à Cazau, village situé à l'extrémité nord du lac ou étang du même nom. Nous nous rendîmes ensuite, à pied, par les bords du lac, à l'ancien port de Maubrucq, placé à cinq kilomètres au sud-ouest de Cazau, d'où nous pûmes embrasser toute l'étendue de ce beau lac, appelé aussi étang de Sanguinet.

Il est de forme triangulaire et d'une étendue de sept mille hectares environ, dont la moitié appartient au département de la Gironde, l'autre au département des Landes. Ses eaux, se partageant entre ces deux départements, d'un côté se déversent dans le bassin d'Arcachon, de l'autre s'écoulent dans l'étang de Biscarosse qui communique avec la mer par les étangs de Parentis et d'Aureilhan.

L'étang de Cazau communiquait autrefois directement avec l'Océan, toutes les traditions locales l'affirment; mais ses eaux sont aujourd'hui à vingt-cinq mètres au-dessus du niveau de la mer; il faut donc que, depuis l'oblitération du canal de communication, l'envahissement graduel des dunes ait produit cet exhaussement.

C'est à Cazau que commence cette suite d'étangs parallèles au rivage qui s'étendent au pied des dunes sur presque toute la longueur du département des Landes. Les dunes formant sur cette côte un obstacle à l'écoulement des eaux venant de l'intérieur, ces eaux se sont accumulées et ont formé les étangs, dont des canaux étroits et peu profonds, auxquels on donne le nom de courants, permettent aux

CIPPE DE BRÉMONTIER PRÈS DE LA TESTE

eaux de se déverser dans la mer. Ces étangs, très poissonneux, sont généralement marécageux sur les bords. Les terrains humides plantés de vergnes, situés auprès des étangs, se nomment barthes; ils sont fréquentés par un grand nombre d'oiseaux aquatiques.

Désirant nous rendre de Maubruoq à la pointe du Sud par la forêt de la Teste, nous nous informâmes, auprès d'un paysan, du chemin que nous devions suivre :

— Vous comptez aller d'ici à la pointe sans guide? nous dit le brave homme étonné; mais vous vous perdrez, mes bons Messieurs.

— Cette promenade me tente pourtant beaucoup, dis-je en me tournant, désappointé, vers Charles.

— Prenez quelqu'un pour vous conduire, reprit le paysan.

— Un guide ! est-ce que vous pourriez nous en indiquer un ?

— Mon fils connaît parfaitement la forêt.

— Il voudrait bien venir avec nous ?

— Dame, oui.

— Où est-il, votre fils ?

— Chez nous, là, tout près.

Nous suivîmes le paysan. Mais, avant d'arriver chez lui, nous rencontrâmes son fils, un fort gaillard de quinze à seize ans. Quand son père lui eut appris ce que nous voulions de lui,

— Partons, dit-il.

Nous nous mîmes en route.

— Sommes-nous bien loin des monts Lescours? demandai-je à l'enfant.

— Très près, répondit-il. Est-ce que ces Messieurs auraient envie d'y aller?

— Oui.

Guidés par l'enfant, nous arrivâmes bientôt sur le sommet des célèbres dunes de Lescours. Ces dunes, les plus élevées d'Europe, ont quatre-vingt-neuf mètres de haut; les pins y étant moins touffus que dans les bas-fonds de la forêt, on y jouit d'une vue très étendue.

Redescendus des hauteurs de Lescours, nous nous dirigeâmes, à travers la forêt, vers la pointe du Sud. Dans les parties basses, la végétation est tellement vigoureuse que les arbres qui croissent dans l'intervalle des pins, mêlés aux épais branchages de houx, de bruyères et de genets d'une dimension peu commune, forment, sous le grand bois, des fourrés impénétrables, dans lesquels nous nous serions certaine-

NOTRE-DAME D'ARCACHON.

ment égarés sans la parfaite connaissance que notre jeune guide avait de la forêt; tandis que, sur les hauteurs, les pins, disposés en quinconces réguliers, laissent entrevoir la campagne et la mer. Cette forêt de la Teste est vraiment admirable.

Il était encore de bonne heure quand nous arrivâmes à la pointe du Sud, promontoire qui s'avance dans le golfe de Gascogne à l'entrée du bassin d'Arcachon. C'est là que devait nous quitter notre guide. Après son départ, nous doublâmes le cap; de l'autre côté du promontoire, la vue, magnifique, s'étend au loin sur l'Océan et embrasse l'ensemble des dunes jusqu'au grand Boucau.

Les dunes de la Gascogne et des Landes, séparées les unes des autres par des vallons, connus dans le pays sous le nom de *lettes*, et coupées par de nombreux étangs, ont un aspect fort curieux; mais il serait difficile de reconnaître, dans ces collines arrondies, couvertes de verdure, entre lesquelles s'ouvrent des vallées d'herbes fines, où paissent de gras troupeaux, ces dunes dangereuses, cet effrayant désert dont chacun a lu dans les récits, datant seulement du commencement du siècle, la sombre description.

De la pointe du Sud, nous nous dirigeâmes, en suivant la côte, vers le Moullo. En passant, nous aperçûmes le banc de Matoc, dernier vestige d'une île qui se trouvait autrefois à l'entrée du bassin, l'île de la Mate. Bientôt la grande dune de Pilat se dressa devant nous, puis celle de la Grave, le point culminant des dunes de Gascogne.

Enfin nous arrivâmes au Moullo.

Le Moullo est un faubourg d'Arcachon où se forme en ce moment un village.

Nous déjeunâmes au Moullo, et nous restâmes longtemps à table, car nous avions besoin, non seulement de manger, mais de nous reposer, puis nous regagnâmes tranquillement Arcachon après avoir visité l'église dont les Dominicains ont doté le Moullo, Notre-Dame-des-Passes. Cette église est sans intérêt. Je n'en dirai pas autant de la chapelle de Notre-Dame d'Arcachon devant laquelle nous passâmes avant de rentrer à l'hôtel. Cette église fut construite au

XVIIIe siècle à côté d'une autre chapelle, bâtie au XVIe siècle par le moine Thomas Illyricus. La flèche gothique de Notre-Dame d'Arcachon a soixante-six mètres de haut; elle est fort belle.

Vers trois heures, nous rentrions à l'hôtel. Nous y restâmes une heure ou deux, puis allâmes passer sur la plage le reste de l'après-midi. Le soir, nous étions tellement fatigués que nous nous couchâmes aussitôt le dîner.

Nous nous réveillâmes plus tard que d'habitude le lendemain matin. Aussitôt descendus de nos chambres, nous prîmes à la hâte une tasse de café, puis nous informâmes d'un bateau à louer à la journée. Un garçon d'hôtel nous en procura un fort joli, dont le propriétaire, honnête pêcheur, ne demanda pas mieux que de nous conduire.

Nous nous dirigeâmes vers l'île des Oiseaux.

Cette île, d'une contenance de deux cent vingt-cinq hectares, est complètement aride, et on pourrait dire déserte; on n'y voit pas la moindre apparence de végétation, on n'y rencontre d'autres abris que la cabane du garde et les huttes des pêcheurs qui, en automne et en hiver, viennent en grand nombre y chasser le canard sauvage. Par les nuits froides et sombres, ils fichent, de loin en loin, dans les bas-fonds, appelés *crassats*, des perches hautes de trois à quatre mètres, auxquelles sont attachés des filets disposés en zigzag. Les canards se rassemblent par légions pour aller chercher leur nourriture dans la partie du bassin laissée à découvert par la mer; en se rapprochant du sol, ils s'embarrassent dans les filets, et y restent pris.

— Cette chasse est-elle lucrative? demanda Charles au pêcheur qui nous donnait ces renseignements, le patron de notre bateau.

— Certainement, Monsieur, lui répondit cet homme, en une nuit, le chasseur de canards est souvent indemnisé de tous ses frais de campagne.

— Cette chasse doit être bien amusante, reprit Charles avec un soupir; que ne sommes-nous au mois d'octobre!

C'est près de l'île des Oiseaux que se trouve la ferme-école pour l'élevage des huîtres. Les parcs de cet établissement, au nombre de

PARC AUX HUÎTRES A ARCACHON

quatre mille trois cents, occupent une superficie de dix mille hectares.

De l'île des Oiseaux, nous fîmes voile vers le cap Ferret, situé à l'extrémité des dunes qui bornent, à l'ouest, le bassin d'Arcachon. Le cap est dominé par une tour, haute de cinquante et un mètres, supportant un phare à feu fixe de premier ordre, au pied duquel, dans une petite anse s'ouvrant sur l'Océan, sont quelques cabanes de pêcheurs. Près du phare se voient un poste de douaniers et une maison de garde où nous déjeunâmes, et voilà tout.

Le feu fixe du phare est visible à quarante kilomètres en mer; mais il se trouve maintenant à deux cent soixante-seize mètres au nord de l'entrée du bassin.

Le cap Ferret s'est modifié à différentes reprises; depuis 1768, sa pointe s'est déplacée de plusieurs kilomètres, tantôt vers le sud, tantôt vers le nord. Depuis quelques années, les passes se sont reportées plus loin que jamais vers le sud, et Arcachon était fort menacé par les courants de jusant, quand furent entrepris les travaux de défense dont l'État et la ville partagèrent les frais. Nous fîmes une belle promenade autour du cap avant de nous rembarquer. La côte est généralement nue et monotone, excepté au nord du phare et des dunes de la Roquette, où se trouve une jolie habitation entourée d'une forêt de pins, le chalet de la Gnagnolle. A quatre heures, nous étions de retour à Arcachon.

Une pluie torrentielle, qui commença de tomber presque aussitôt, nous caserna dans nos chambres le reste de la journée à notre grand désespoir, car nous quittions Arcachon le lendemain matin, et nous eussions voulu profiter de la dernière soirée que nous avions à y passer.

CHAPITRE XXIX

D'ARCACHON A BAYONNE

Parentis-en-Born. — Biscarosse. — Étang de Biscarosse. — Mimizan. — Mézos. — Un berger landais. — Saint-Julien-en-Born. — Étangs de Saint-Julien et de Lit. — Costumes et types landais. — L'embouchure de l'Adour et ses déplacements. — De Lesbennes à Capbreton. — Capbreton. — Soustons. — Le Vieux-Boucau.

Partis d'Arcachon, le lendemain matin, par le chemin de fer de Bordeaux, nous rejoignîmes à Facture celui de Bayonne. Nous ne voulions pas nous rendre directement dans cette dernière ville, mais nous comptions nous arrêter de temps en temps sur le chemin pour faire des excursions dans les landes et visiter les côtes de l'Océan.

Nous descendîmes à la station d'Ichoux et nous dirigeâmes aussitôt vers Parentis-en-Born, où nous déjeunâmes avant de continuer vers Biscarosse.

Il n'y a rien à voir à Parentis, si ce n'est, dans l'église, un Christ en bois sculpté absolument admirable.

En une heure nous nous rendîmes de Parentis à Biscarosse, ville située sur le bord du canal qui fait communiquer l'étang du même nom avec celui de Cazau. Biscarosse est une ville de pêcheurs et de chasseurs. En automne, ses habitants se livrent avec ardeur à la chasse de la bécasse, gibier très abondant dans cette contrée.

Nous étant arrêtés quelques instants dans une auberge pour nous y rafraîchir, le maître de l'établissement nous donna ces renseignements :

— Si ces Messieurs sont chasseurs, nous dit-il en finissant, c'est dans un mois qu'ils devraient venir ici, ils y auraient du plaisir.

— Dans un mois, nous serons loin, dit Charles en soupirant.

— C'est dommage! fit l'aubergiste.

Nous nous levâmes et nous dirigeâmes vers l'étang.

L'étang de Biscarosse est de forme triangulaire, chacun de ses côtés a environ huit kilomètres de longueur, sa superficie est de trois mille six cents hectares. Son rivage ouest est à quatre kilomètres de l'Océan, dont les dunes le séparent; il communique au nord avec l'étang de Cazau; au sud, il s'écoule dans celui d'Aureilhan par le canal de Sainte-Eulalie.

De Biscarosse, nous redescendîmes à Parentis et de là nous dirigeâmes vers le pittoresque village de Mimizan, en passant par Sainte-Eulalie-en-Born. Nous y arrivâmes, exténués de fatigue, à sept heures du soir. Nous dînâmes et nous couchâmes.

Quand je me réveillai le lendemain matin, ma montre marquait dix heures; Charles dormait encore, j'eus beaucoup de peine à le faire lever.

Aussitôt prêts, nous nous fîmes servir à déjeuner, puis nous sortîmes.

Mimizan, situé près de l'étang d'Aureilhan, au fond d'une crique formée par de hautes dunes boisées, fut, jadis, une des cités les plus importantes de la Gascogne. Son port, où se faisait un très grand commerce, a été comblé par les sables et est maintenant recouvert par la haute dune d'Udos. Au pied de cette dune est l'église de Mimizan, une vieille église ogivale des XIIe et XIVe siècles, que nous trouvâmes fort curieuse. Les sculptures en relief de la porte principale, très bizarres, sont bien conservées. Cette église, qui faisait autrefois partie d'une abbaye de Bénédictins, a été en partie recouverte par les sables et eût été entièrement engloutie, si l'on n'eût, en 1770, fixé la dune au moyen de clayonnages et de plantations de pins.

CHAPITRE XXIX

Non loin de l'église de Mimizan se trouvent les restes de la voie romaine de Teste à Bayonne, que le peuple appelle encore *Camin Roumiou* et *Camin Harriaou*.

Comme nous nous rendions à l'établissement des bains de mer de Mimizan, nous aperçûmes, à quelque distance du bourg, un obélisque. Nous nous demandions quelles en pouvaient être l'origine et la destination, quand nous fûmes salués par un vieux monsieur qui avait dîné, la veille, à table d'hôte avec nous et avec lequel nous avions échangé quelques paroles, assez pour apprendre qu'il était Landais et professeur au collège de Mont-de-Marsan. S'approchant de nous :

— Vous voyez cet obélisque, nous dit-il, il y en a trois comme cela aux environs de Mimizan.

— Dans quel but ont-ils été construits? lui demandai-je.

— Ils marquaient, au moyen âge, la limite de la sauveté ou de l'asile inviolable offert aux criminels et aux persécutés.

Nous remerciâmes le professeur de son renseignement et continuâmes notre chemin.

L'établissement des bains de mer de Mimizan est situé à l'embouchure de la rivière du même nom, rivière très rapide qui porte à la mer les eaux des étangs de Cazau, de Biscarosse et d'Aureilhan et que l'on appelle courant de Mimizan. Cet établissement est bien posé, mais de peu d'importance, comme on le pense bien.

A quatre heures, nous étions de retour à Mimizan. Désirant ne pas perdre de temps, nous demandâmes au propriétaire de l'auberge où nous avions couché s'il ne pourrait pas nous procurer une voiture pour nous conduire à Mézos.

— Vous avez de la chance, nous répondit cet homme, mon fils se prépare justement à aller ce soir chez sa belle-mère qui habite Mézos; il est, je crois, en train d'atteler; il ne demandera pas mieux que de vous donner deux places dans sa voiture. Si vous voulez lui parler, je vais l'appeler.

Le fils de l'hôte fut enchanté de l'occasion que nous lui offrions d'utiliser son voyage en gagnant, sans peine, une somme relativement considérable. Un quart d'heure plus tard, installés tant bien que mal dans sa modeste carriole, nous prenions le chemin de Mézos.

Nous étions en plein Marensin, dans une des parties des Landes qui ont le plus conservé leur caractère primitif. Nous n'avions encore rencontré personne sur la route, quand nous aperçûmes, à quelque distance, dans la plaine, un troupeau et, près du troupeau, un berger monté sur des échasses.

— Que fait donc cet homme? demandai-je à notre conducteur.

— Il tricote des chaussons avec la laine qu'il a filée cet hiver; me répondit-il; le berger landais, dès qu'il est arrêté, travaille, il tricote même parfois en marchant.

Le cheval du brave Landais était vieux, et son maître, craignant sans doute de le fatiguer, ne le pressait pas; il était plus de huit heures quand nous arrivâmes à Mézos. Il nous fallut absolument accepter l'hospitalité de la belle-mère de notre conducteur. Nous serions bien mieux chez elle qu'à l'auberge, nous assurait celui-ci; c'était peut-être vrai; car, en somme, la chambre où nous couchâmes était propre et les lits suffisamment bons. Il ne faut pas être trop difficile en voyage, surtout dans certains pays.

Le lendemain, aussitôt levés, nous déjeunâmes modestement d'un morceau de pain trempé dans du lait; puis, après avoir réglé notre dépense à la parfaite satisfaction de notre hôtesse, nous la quittâmes, et, reprenant notre bâton de voyage, nous nous dirigeâmes vers Saint-Julien-en-Born, village situé sur les bords de l'étang du même nom.

Les étangs de Saint-Julien et de Lit, qui, réunis par le courant Mort, n'en forment pour ainsi dire qu'un seul, ne datent que de la fin du XVIIe siècle, époque à laquelle les dunes refoulèrent dans l'intérieur les eaux qui auparavant s'écoulaient dans l'Océan. L'étang de Saint-Julien reçoit le ruisseau de Mézos et se déverse dans l'Océan par le ruisseau de Contis, dont le lit a été canalisé. Sur les dunes qui dominent l'embouchure de cette rivière est un petit établissement de bains et un phare de premier ordre, à éclipse de trente en trente secondes, placé à distance à peu près égale de l'entrée du bassin d'Ar-

BERGERS LANDAIS

cachon et de l'embouchure de l'Adour, et qui porte à vingt-quatre milles en mer.

Les étangs de Saint-Julien et de Lit sont en voie de dessèchement; celui de Lit est même en grande partie desséché.

Nous nous étions renseignés auprès du brave homme qui nous avait conduits la veille de Mimizan à Mézos, du chemin que nous aurions à prendre pour gagner, à pied, la station de chemin de fer la plus proche, Morcenx. Nous repassâmes par Saint-Julien et par Mézos, et nous dirigeâmes vers Onesse où nous avions décidé de passer la nuit. Nous y arrivâmes pour dîner.

Après une mauvaise nuit, passée dans des lits détestables, nous en partîmes le lendemain de grand matin. Nous avions encore seize à dix-sept kilomètres à parcourir pour nous rendre à Morcenx. Heureusement le temps était beau, et nous fûmes distraits, durant cette longue course, plus que nous l'espérions. C'était marché à Onesse, ce jour-là, et nous rencontrâmes sur la route nombre de paysans et de paysannes des Landes, allant y vendre leurs denrées ou bien y faire quelques achats.

Le costume du paysan landais, fait d'une sorte de droguet, grosse étoffe de laine fabriquée dans le pays, ordinairement de couleur bleue ou brune, se compose d'un pantalon, d'un gilet droit et d'une veste semblable à celle des Basques; pour coiffure il porte le béret béarnais. Nous rencontrâmes cependant quelques vieillards en culottes courtes, à l'ancienne mode. Les vêtements des femmes sont de toile ou de droguet; leur coiffure est très variée. Parmi celles que nous vîmes ce jour-là, le plus grand nombre avaient sur la tête soit un petit bonnet blanc, recouvert d'un mouchoir bleu, soit la capulette, coiffure bien plus gracieuse et coquette; quant aux élégantes, elles abritaient leur visage sous des feutres noirs, à la catalane, ornés presque tous d'un bouquet d'immortelles rouges; rien de plus seyant que ce chapeau.

Parmi ces femmes, nous en remarquâmes quelques-unes qui ne manquaient ni de charme ni de fraîcheur, quoique les Landaises, généralement petites, maigres et de complexion délicate, n'aient aucune réputation de beauté.

Le type landais n'est pas plus remarquable chez les hommes que chez les femmes; eux aussi, de petite taille, semblent au premier abord chétifs et souffreteux, et pourtant il leur faut une santé robuste pour affronter les intempéries du climat et les rudes fatigues auxquelles ils sont exposés.

Nous arrivâmes à Morcenx au moment où le train allait passer.

Quelques minutes plus tard, la vapeur nous emportait vers Lesbennes.

A mesure que nous descendions vers le sud, l'aspect du pays changeait; quand nous eûmes dépassé Dax, il se transforma. C'étaient bien encore les pignadas et les landes, mais aussi des champs cultivés, des vignobles, des coteaux riants, de fertiles vallées; nous étions dans la Chalosse.

Nous descendîmes à la station de Lesbennes; nous voulions y passer la nuit, et faire le lendemain une excursion à Capbreton et au petit Boucau, mais il n'était que quatre heures, et nous n'avions absolument rien à faire à Lesbennes; nous nous décidâmes à aller dîner et coucher à Capbreton.

L'embouchure de l'Adour, qui a plusieurs fois changé de place, était au xiii° siècle à Capbreton, au hameau de la Pointe. Plus tard le fleuve se précipita vers le nord, et, en 1367, la même tempête qui, sur la côte de Normandie, détruisit la flotte d'Édouard III, combla le lit de ce fleuve, et inonda Bayonne et ses campagnes. Les eaux enfin trouvèrent une issue, et l'Adour, s'étant creusé un nouveau lit, alla se jeter dans la mer, à dix-huit kilomètres de Capbreton, au Vieux-Boucau.

Cependant les longs détours que suivait l'Adour de Bayonne à la mer en rendaient la navigation si difficile que les bâtiments de vingt-cinq à trente tonneaux pouvaient seuls arriver dans un port qui, auparavant, recevait des navires de quatre cents à cinq cents tonneaux. De grands travaux, destinés à obvier à cet état de choses, avaient été

CHAPITRE XXIX

entrepris sous Henri III, ils n'avaient pas eu de résultats. En 1578, l'architecte-ingénieur Louis de Foix fut chargé de corriger le cours de l'Adour ; il voulait lui créer un lit à travers l'isthme de sable qui le séparait de la mer, quand un violent orage lui vint en aide.

« Il tomba tout d'un coup des Pyrénées, qui sont dans le voisi-

FACTEUR DANS LES LANDES

nage, une si affreuse quantité d'eau, dit de Thou, que la ville pensa être submergée ; et cette eau, en s'écoulant vers la mer avec beaucoup de violence, jeta les sables à droite et à gauche, ouvrit le port, et boucha le canal sur la droite, qui depuis ce temps-là s'est rempli de sable. Cette chute d'eau arriva le 28 octobre 1579. »

Depuis ce temps l'Adour alla se jeter dans l'Océan à six kilomètres en aval de Bayonne, à deux kilomètres du point où il tournait autrefois brusquement pour aller trouver le Vieux-Boucau. Des digues furent construites pour empêcher le fleuve de reprendre son ancien cours.

Le chemin que nous suivîmes de Lesbennes à Capbreton se dirige vers le nord, au milieu de dunes boisées de pins; laissant à gauche l'étang de la Pointe, il pénètre ensuite dans la vallée du Boudigan.

Le Boudigan, ruisseau qui coule dans l'ancien lit de l'Adour, est alimenté par les eaux des étangs.

Le village de Capbreton est situé sur la rive droite du Boudigan; la marée refoule ce ruisseau à une hauteur suffisante pour permettre aux petites embarcations de le remonter à plus d'un kilomètre de son embouchure.

Nous étions arrivés à Capbreton à six heures et demie, nous ne pûmes donc rien voir du pays avant le lendemain matin.

Nous quittâmes de très bonne heure l'hôtel où nous avions passé la nuit. Nous traversâmes le Boudigan. Un chemin sinueux, tracé entre des dunes plantées de vignes, nous conduisit au bord de la mer, au lieu dit le havre de Capbreton; là se trouve une longue estacade destinée à protéger la crique contre la vague. Le fond de la mer serait, paraît-il, en cet endroit très favorable à la fondation d'un port vivement réclamé.

Le sol du plateau sous-marin, qui continue le plateau des Landes, dans le golfe de Gascogne, s'abaissant brusquement en face du havre de Capbreton, forme une sorte de vallée perpendiculaire à la côte que l'on appelle gouf ou fosse de Capbreton, laquelle, longue d'environ dix kilomètres, forme, vers la haute mer, un immense entonnoir, large de quatre kilomètres, qui se rétrécit graduellement vers la côte jusqu'à n'avoir plus que quatre cents mètres de largeur. Les côtés nord et sud sont fermés par des rochers sous-marins. La profondeur du gouf, qui, près de la terre, n'est que de trente-trois mètres et de trente-cinq à quarante en face de l'embouchure de l'Adour, est de trois cent quatre-vingt-trois mètres à quelques centaines de mètres plus loin.

Au-dessus de ce gouf, l'eau est beaucoup plus tranquille que dans toute autre partie du golfe de Gascogne, et, par les gros temps, les navires trouvent dans ce mouillage une accalmie relative.

« Lorsque la bouche de l'Adour s'ouvrait à Capbreton, dit M. Élisée Reclus, elle avait son prolongement naturel en mer par la grande rade du gouf, tandis que, de nos jours, elle donne sur une des régions les plus dangereuses de l'Océan cantabre. Il serait à désirer non que l'on ramenât le fleuve dans son ancien lit, mais que l'on établît un **port** de refuge à l'extrémité orientale du gouf qui commence à quatre cents mètres seulement de la laisse des basses mers. Le havre jadis célèbre, qui pouvait armer jusqu'à cent vaisseaux et d'où appareillèrent les marins qui découvrirent l'île canadienne de Capbreton, reprendrait graduellement une certaine importance. »

De Capbreton, remontant vers le nord, parallèlement à la côte, nous longeâmes le rivage oriental de l'étang de Hossegros, d'où un chemin direct nous conduisit à Soustons, non loin de l'étang du même nom.

La commune de Soustons est une des communes du département que la vente et l'ensemencement des Landes ont particulièrement enrichies, et nous y admirâmes des propriétés magnifiques, ce qui ne nous était pas arrivé depuis longtemps. Les vignes de Soustons produisent des vins rouges estimés et je puis dire estimables, si j'en juge par celui que nous servit l'aubergiste chez lequel nous déjeunâmes.

Quand, vers une heure, un peu reposés de notre course du matin, nous nous remîmes en route, nous suivîmes le bord de l'étang de Soustons et ne tardâmes pas à arriver au Vieux-Boucau.

Le Vieux-Boucau est situé à l'embouchure d'un ruisseau marécageux, sur le bord d'un estuaire que les basses mers laissent à sec.

Autrefois le Vieux-Boucau n'était qu'un pauvre hameau servant de refuge aux pêcheurs de Soustons, que l'on appelait *pleeh* (plage), ou simplement *boucau* (bouche). Quand l'Adour abandonna Capbreton, le Vieux-Boucau devint port, sa population augmenta, des maisons s'y élevèrent, des navires y furent construits. La pêche ne suffisant plus à faire vivre ses habitants, on ensemença la lande, et on planta dans le sable de la vigne dont on obtint des produits excellents.

Dans les beaux jours du Vieux-Boucau, on y fit des levées de deux cents matelots pour la marine royale.

Mais l'Adour, en abandonnant le Vieux-Boucau, emporta la fortune du pays qui, pendant deux siècles, lui avait dû sa prospérité.

Du Vieux-Boucau nous revînmes à Soustons, où nous eûmes la chance de pouvoir nous procurer une voiture pour Lesbennes. Là nous prîmes le chemin de fer.

Une heure plus tard, nous étions à Bayonne.

BARQUES DE PÊCHE

CHAPITRE XXX

BAYONNE

Notions historiques. — Situation et ensemble de la ville.

La ville de Bayonne portait, sous les Romains, le nom de *Lapurdum*. On a fait remonter son origine à Crassus. Elle aurait été bâtie soixante ans avant Notre-Seigneur Jésus-Christ. On sait qu'au IVe siècle des voies romaines menaient de Bordeaux à Dax, mais on n'a pu trouver trace de la voie secondaire qui devait, pense-t-on, relier Lapurdum à Dax, ni de celle qui, selon certains historiens, existait entre Bordeaux et Bayonne.

En 416, Lapurdum fut pillée et détruite par les Alains; en 419, Honorius la céda aux Visigoths.

Elle passa au pouvoir de Childebert, fils de Clovis, roi des Francs, en 587, par stipulation du traité d'Andelot.

En 588, les Basques ou Vascons, venus d'Espagne, envahirent Lapurdum et formèrent des établissements dans la basse Navarre et les pays environnants; ils reconnurent la suzeraineté des Francs et formèrent le duché de Vassonie, dont Lapurdum devint la capitale.

En 726, les Sarrasins ayant envahi la Gascogne, certains auteurs affirment qu'ils prirent Lapurdum et chassèrent une partie de ses habitants. Cette ville devint un de leurs principaux boulevards.

Mais, après la victoire remportée sur eux, à Poitiers, par Charles Martel, Torcin, neveu de Charlemagne et premier comte de Toulouse, assiégea Lapurdum, en chassa les Maures et y releva les autels du vrai Dieu.

Cependant, en 814, une flotte normande, jetée dans l'Adour par la tempête, s'empara de Lapurdum, la livra aux flammes, et y rétablit l'idolâtrie. Une partie de ses habitants s'enfuirent dans les montagnes et dans les Marches d'Espagne.

Vers 900, saint Léon, étant venu prêcher le christianisme à Lapurdum, y opéra un grand nombre de conversions, mais il paya du martyre son zèle apostolique.

La domination des Normands dans cette ville dura jusqu'en 980.

Lapurdum resta sous le gouvernement direct de ses vicomtes et des ducs de Gascogne jusqu'au XIII° siècle.

Au XII° siècle, l'importance maritime et commerciale de cette ville s'était considérablement accrue par la pêche de la baleine et le commerce de vins qu'elle faisait avec l'Angleterre. Guillaume X agrandit Lapurdum, il y ajouta un quartier, gagné sur les marais de la rive gauche de la Nive; il y jeta aussi les fondements d'une nouvelle enceinte. C'est à cette époque que le nom de Bayonne, *Boïna ona* (bonne baie), fut substitué à celui de Lapurdum.

Par suite des mariages successifs d'Éléonore de Guyenne, fille de Guillaume X, Bayonne, comme les autres villes faisant partie de son héritage, passa d'abord au pouvoir du roi de France, Louis VII, puis tomba sous la domination anglaise. Elle y resta jusqu'en 1451, époque où la Guyenne fut reconquise par Dunois.

Les rois d'Angleterre avaient accordé à Bayonne une protection toute spéciale, et de son côté cette ville leur avait rendu de grands services; elle avait fourni à Édouard III vingt vaisseaux et dix galées (1).

Bayonne, devenue française, mérita, par son dévouement et sa fidélité, que Charles VII lui accordât, à son tour, d'importants privilèges, entre autres celui de se garder elle-même.

---

(1) Une galée était un bâtiment à voiles et à rames. Chaque galée était montée par vingt-cinq hommes.

Vint pourtant un moment où les Bayonnais résistèrent au roi de France.

En 1565, Catherine de Médicis avait eu, à Bayonne même, une entrevue avec le duc d'Albe, dans laquelle avait été arrêté le massacre des protestants. Diverses raisons en avaient fait ajourner l'exécution jusqu'en 1572. Dans la nuit de la Saint-Barthélemy, ordre fut envoyé au vicomte d'Orthez, gouverneur de Bayonne, de faire massacrer les hérétiques qui se trouvaient dans cette ville. On sait quelle fut la belle réponse qu'il fit donner au roi :

« Sire, dit-il, j'ai communiqué le commandement de Votre Majesté à ses fidèles habitants et gens de guerre de garnison ; je n'ai trouvé que de bons citoyens et fermes soldats, mais pas un bourreau. C'est pourquoi, eux et moi, supplions Votre Majesté de vouloir employer en choses possibles, quelque hasardeuses qu'elles soient, nos bras et nos vies, comme étant, autant qu'ils vivront, Sire, vos très humbles, etc. »

Déjà, à différentes reprises, les Espagnols avaient vainement attaqué Bayonne, et elle était menacée par les Espagnols et les Hollandais réunis, quand Louis XIV chargea Vauban de la fortifier.

En 1718, Bayonne, alors en pleine prospérité, comptait seize mille habitants ; ses opérations commerciales s'élevaient au chiffre de vingt-sept millions de francs, quoique son port fût déjà devenu à cette époque d'un accès très difficile, à cause d'un banc formé au XVIe siècle à l'entrée de l'Adour ; mais, dans la seconde moitié du XVIIIe siècle, sa population s'était réduite d'un tiers, et le chiffre de ses affaires était tombé à neuf ou dix millions. Tels avaient été pour elle les résultats désastreux du système prohibitif. Heureusement pour cette ville, la liberté de commerce, reconnue en 1784, lui rendit sa première prospérité.

La guerre ayant été déclarée à l'Espagne en 1793, le bataillon de Bayonne se signala par des prodiges de valeur.

C'est à Bayonne qu'eut lieu, en 1808, l'entrevue de Napoléon et de Charles IV ; c'est dans cette ville que les Bourbons d'Espagne durent signer leur renonciation au trône d'Espagne, dont Napoléon investit son frère Joseph, après avoir donné une nouvelle constitution au pays.

En 1813, quand le général lord Wellington eut passé la Bidassoa, le général Soult se retrancha à Bayonne; mais, l'Anglais ayant débarqué sur les bords de l'Adour et s'étant emparé des plateaux et de la citadelle, l'armée française dut évacuer la place.

En 1815, les Espagnols, ayant, à leur tour, franchi la Bidassoa, menacèrent Bayonne; il n'y avait pas un soldat dans la ville, mais la fière attitude des habitants, armés à la hâte, les détermina à renoncer à leur projet.

Depuis ce temps l'histoire de Bayonne n'offre aucun fait assez important pour mériter d'être signalé.

La ville de Bayonne, située entre l'Adour et la Nive, au confluent de ces deux rivières, à six kilomètres de l'Océan, se compose de trois parties bien distinctes : le faubourg Saint-Esprit, situé sur la rive droite de l'Adour, où se trouve la gare de Bordeaux et que domine la citadelle; le grand Bayonne, au sud du confluent de l'Adour et de la Nive, et le petit Bayonne entre les deux fleuves.

Un magnifique pont, composé de sept arches et d'un pont-levis long de deux cents mètres, relie le faubourg Saint-Esprit à la ville proprement dite. Ce pont, achevé en 1851, a été construit en remplacement de l'ancien pont Saint-Esprit, qui avait été détruit en grande partie par les débordements de l'Adour.

Bayonne est rangée parmi les places fortes de premier ordre. La citadelle de Saint-Esprit et tous les ouvrages qui forment l'enceinte de la ville sont dus à Vauban.

On pénètre dans Bayonne par quatre portes : la porte de France ou du Réduit, sur la rive gauche de l'Adour, au sortir du grand Pont; la porte de Mousserolles, à l'extrémité du petit Bayonne; la porte d'Espagne, à l'extrémité méridionale de la ville; et la porte Marine, sur la rive gauche de l'Adour.

CHAPITRE XXXI

BAYONNE (*Suite*).

Château-Vieux. — Cathédrale. — Place d'Armes. — Place de la Liberté. — Rue Chigaray. — Citadelle. — Vue des bastions. — Église de Saint-Esprit. — Israélites. — Pont de l'Adour. — Porte du Réduit. — Château-Neuf. — Saint-André. — Allées de Boufflers. — Chantiers de Mousseroles. — La Nive. — Allées Marines. — Dune du Blanc-Pignon. — Pignadas. — Rue du Pont-Neuf.

— Si nous montions tout de suite à la cathédrale? me dit Charles, le lendemain de notre arrivée à Bayonne, comme nous sortions de l'hôtel.

— Je ne demande pas mieux.

Nous demeurions justement rue Thiers, une belle rue plantée d'arbres qui conduit au Château-Vieux et à la cathédrale; nous n'avions qu'à la suivre tout droit.

Le Château-Vieux, situé tout près de la cathédrale, fut, dit-on, construit au XIIe siècle, sur une partie de l'enceinte romaine, par Guillaume Raymond de Sault, dernier vicomte de Bayonne; mais ses quatre tours rondes ne datent que du XVe siècle. C'est dans ce château que, le 25 avril 1529, la rançon de François Ier fut payée à Charles-Quint. Il est occupé aujourd'hui par différents services de la place et de la division.

La cathédrale de Bayonne fut fondée en 1140, mais l'édifice actuel ne fut commencé que vers 1213. Le clocher ne fut construit qu'au xvi° siècle et resta inachevé; quant aux deux tours, elles sont modernes, mais, malgré cela, fort jolies avec leurs deux flèches élégantes, hautes de quarante-deux mètres, que terminent des croix dorées de cinq mètres d'élévation.

La porte du croisillon sud-est est la seule partie de cette cathédrale dont les sculptures soient à peu près bien conservées; celles qui ornaient autrefois le portail de la façade ouest et la porte du croisillon nord étaient, paraît-il, beaucoup plus belles, mais elles furent mutilées en 1793. La porte du transept nord est précédée d'un porche, en forme de dais, soutenu par des pilastres dont les sculptures sont d'une délicatesse remarquable.

L'église se compose de trois nefs, de sept travées chacune, dont les voûtes, très élevées, sont soutenues par de forts piliers en colonnettes; sa forme est celle d'une croix latine. On y admire les belles boiseries du chœur et de magnifiques verrières anciennes, particulièrement celles de la chapelle Saint-Joseph, représentant la visite de Notre-Seigneur à Marthe et à Marie, en présence des apôtres; celle-ci fut offerte à la cathédrale de Bayonne par François Ier; elle est ornée de fleurs de lis, elle a été très bien restaurée.

De grands travaux de réparations et des embellissements importants ont été exécutés dans cette église depuis 1854, époque où un riche habitant de Bayonne, M. Lormand, légua à cet effet trente-cinq mille francs de rente à la cathédrale de Bayonne.

Le nouvel autel, en marbre blanc d'Italie, avec panneaux de vermeil à ornements repoussés, est magnifique. Quant au dallage du sanctuaire, c'est un véritable chef-d'œuvre de mosaïque.

Le cloître, placé au sud de l'église, et qui date du milieu du xiii° siècle, était autrefois le cimetière du chapitre; une de ses galeries a été transformée en une chapelle avec sacristie.

C'est au même M. Lormand que la ville de Bayonne doit son hôpital civil, un magnifique édifice, situé en dehors de la ville, sur la route de Cambo, que nous n'eûmes pas le temps de visiter, mais qui passé pour un des plus beaux hôpitaux civils de France et surtout pour un des mieux aménagés au point de vue de l'hygiène.

De la cathédrale nous descendîmes à la place d'Armes et gagnâmes

CATHÉDRALE

celle de la Liberté. Sur cette dernière place est un grand monument carré, entouré d'arcades, qui renferme le théâtre, l'hôtel des douanes, la bibliothèque et le musée. Cet édifice n'a rien de remarquable.

Nous étions revenus près du pont Magou, par lequel nous étions arrivés la veille à Bayonne. En face de ce pont, auquel elle fait suite, est la rue Chigaray, une des rues commerçantes de la ville. Nous la suivîmes.

On n'a pas idée de l'animation qui règne dans cette rue, de la foule bigarrée qui s'y presse et s'y coudoie : tous les types méridionaux y sont représentés : le Béarnais, à l'œil vif et spirituel; le Basque, à l'allure fière et hardie; le paisible Landais; le remuant Bordelais; les arriéros qui conduisent leurs mulets; les marchandes de chiffons avec leur grand panier, sur le dessus duquel est souvent couché leur dernier enfant, attirent nécessairement l'attention de l'étranger.

Au milieu de tout ce monde, passent ou se promènent des femmes très élégantes étalant au soleil leurs toilettes parisiennes, et quantité de jeunes Bayonnaises, coquettement coiffées du madras traditionnel, dont l'air mutin et hardi annonce la confiance en elles-mêmes.

Toutes les Bayonnaises pourtant ne sont pas jolies, mais il y en a de vraiment belles, et presque toutes, sveltes, élancées, gracieuses, rachètent par les charmes de la taille et le piquant de la physionomie les imperfections de leurs traits.

Somme toute, leur type est ravissant; elles sont charmantes, et le savent bien.

Au bout de la rue Chigaray, nous aboutîmes à un carrefour assez vilain, celui des Cinq-Cantons. Nous n'allâmes pas plus loin; mais, revenant sur nos pas, nous regagnâmes l'hôtel, enchantés de notre promenade.

Aussitôt après le déjeuner, profitant de l'omnibus qui conduisait à la gare de Bordeaux plusieurs voyageurs de l'hôtel, nous nous fîmes transporter à Saint-Esprit.

Notre premier soin fut de monter à la citadelle qui domine le faubourg et la ville. Cette citadelle est, dit-on, fort intéressante à visiter pour les hommes du métier; mais, pour nous, nous n'étions attirés que par la vue magnifique que nous savions découvrir du haut de ses bastions. La magnificence du tableau qui s'offrit à nos regards dépassa notre attente : à nos pieds, la ville de Bayonne, l'Adour, la Nive et sa riche vallée ; plus loin, Biarritz et la mer, une grande partie des Pyrénées et du pays basque. Je restai longtemps immobile et muet devant ce panorama splendide, admirant, mais ne trouvant pas une parole pour exprimer mon admiration.

Charles me tira de mon extase :

— Il serait temps de redescendre, dit-il, nous n'avons plus rien à voir ici.

Plus rien à voir ? Le profane ! Je fus sur le point de lui dire des sottises. Je me retins, et me contentai de le plaindre. Il ne faut pas demander aux gens de sentir ce qu'ils ne comprennent pas ; j'avais depuis longtemps renoncé à faire partager mes enthousiasmes à mon ami.

— Descendons, lui répondis-je un peu brusquement.

Le faubourg de Saint-Esprit ne fut annexé à Bayonne qu'en 1857. Avant cette époque, l'agglomération de Saint-Esprit formait un bourg, dépendant du département des Landes. Ce bourg devait son nom à un établissement hospitalier de l'ordre du Saint-Esprit, établi autrefois sur la rive droite de l'Adour.

La vieille église de Saint-Esprit, aujourd'hui si délabrée qu'on a l'intention de la remplacer, n'est pas très curieuse. Elle est entièrement pavée de pierres tombales. Le sacristain, qui nous en fit les honneurs, attira notre attention sur un morceau de sculpture, d'une seule pièce, représentant la fuite en Égypte, pour lequel les Basques ont, nous dit-il, une vénération toute particulière.

Le faubourg de Saint-Esprit est en grande partie peuplé d'Israélites. Au XVIe siècle, chassés d'Espagne par Ferdinand et Isabelle la Catholique, et du Portugal par Emmanuel, beaucoup de Juifs passèrent les Pyrénées et s'établirent à Saint-Esprit, où, comme partout, ils se livrèrent au négoce et devinrent bientôt maîtres du commerce.

Aujourd'hui encore, les habitants de Saint-Esprit ont presque tous des yeux noirs veloutés, un nez fin et busqué, le teint plus ou moins olivâtre; enfin, ils offrent le type très prononcé du Juif espagnol.

Il faisait nuit quand nous avions, la veille, traversé en voiture le pont de l'Adour; nous n'avions donc pu juger du magnifique point de vue dont on y jouit. Cette fois nous nous arrêtâmes longtemps pour l'admirer.

Ayant enfin traversé le pont, nous nous trouvâmes près d'une porte monumentale, par laquelle les piétons passent seuls aujourd'hui. Cette porte, enclavée dans un ouvrage de fortification, maintenant inutile, mais que le génie militaire ne veut pas détruire, est la porte du Réduit ou porte de France.

Ayant passé sous cette porte, nous tournâmes à gauche; de ce côté s'étend, entre l'Adour et la Nive, le petit Bayonne; là sont le Château-Neuf, l'église Saint-André, l'arsenal et l'hôpital militaire.

Le Château-Neuf, qui sert aujourd'hui de caserne et de prison militaire, est un vieux monument aux murs noirs et humides dont les grosses tours datent du temps de Charles VIII; il fut achevé en 1489.

L'église Saint-André, située sur la place des Capucins, est moderne et construite dans le style gothique du XIIIe siècle. Dans une des chapelles de cette église, se trouve un magnifique tableau de Bonnat : *l'Assomption*.

On sait que Bonnat est Bayonnais; sa ville natale possède plusieurs de ses tableaux.

Tout près de l'église Saint-André, dans les allées de Boufflers, est l'hôpital militaire.

Les allées de Boufflers, dominées par de jolies maisons modernes, et où se trouve le jardin public, longent la rive gauche de l'Adour. Dans ces allées sont des chantiers de construction très renommés, d'où sortent journellement des navires destinés à tous nos grands ports de commerce; là aussi est l'arsenal.

Les allées de Boufflers continuent jusqu'aux chantiers de Mousseroles et à la porte du même nom.

Les chantiers de Mousseroles sont de vastes magasins où sont entreposés une partie des produits vinicoles du Béarn et de l'Espagne.

VIEUX QUARTIER DE SAINT-ESPRIT

De la porte de Mousseroles, nous gagnâmes les bords de la Nive. Cette rivière, qui traverse la ville dans toute sa longueur, séparant le grand et le petit Bayonne avant de réunir ses eaux à celles de l'Adour, dans le port même, offre un aspect des plus pittoresques et des plus animés. Son bassin sert de port pour la navigation fluviale; des bateaux de formes les plus diverses la sillonnent de toutes parts : il y en a de construction massive, que M. Charles Hennebutte compare avec raison à des arches de Noé, « où grouillent hommes, femmes, enfants, poules, veaux, cochons (1); » d'autres, longs, étroits, guidés par un seul homme, glissent sur l'eau comme les pirogues indiennes. Un bateau, d'apparence antique, formant éventail, en avant et en arrière, attira particulièrement nos regards, c'était la tillole, un bateau essentiellement bayonnais : la tillole et le tillolier sont chantés dans les refrains populaires; ce dernier fait mouvoir ses rames en croisant ses bras l'un contre l'autre. Il y a aussi sur la Nive de grands bateaux, plats en avant et carrés en arrière; ceux-ci, nommés galopes, viennent de Dax ou de Mont-de-Marsan. Il ne faut pas non plus oublier, dans la nomenclature des embarcations qui sillonnent cette rivière, les conradins, bateaux de promenades, aussi nombreux sur la Nive que sur l'Adour.

Les quais de la Nive, bordés de galeries couvertes, sont, à mon avis, une des plus agréables promenades de Bayonne; nous les descendîmes jusqu'à l'endroit où la Nive se joint à l'Adour, pour former la rivière et le port de Bayonne.

Le port de Bayonne est très animé et très important. Quelque difficile qu'en soit l'accès, à cause de la barre, il n'en est pas moins l'entrepôt général des denrées du département des Landes et des départements voisins, des vins de la Chalosse, des eaux-de-vie du Midi, et des matières résineuses, très abondantes dans la contrée. C'est à Bayonne que sont expédiés les bois de construction fournis par les Pyrénées, le kaolin de Louhossoa, etc., etc.

Sur les bords de l'Adour règne une belle et vaste promenade, connue sous le nom d'Allées-Marines. Cette promenade, commencée et plantée en 1727, et qui ne fut achevée qu'au XIXe siècle, part de la

---

(1) Hennebutte, *Description des environs de Bayonne et de Saint-Sébastien.*

porte Marine qui s'ouvre sur la place d'Armes, et sa belle chaussée plantée se continue à plus de deux kilomètres de la ville, jusqu'au pied de la dune du Blanc-Pignon. Bordée de jolies maisons et de beaux jardins, la promenade des Allées-Marines est la plus fréquentée des flâneurs bayonnais. Des points de vue ravissants y charment les regards, une douce brise de mer y tempère la chaleur même la plus ardente; enfin le spectacle des navires qui montent et descendent le fleuve est pour l'habitué des Allées-Marines une attachante et continuelle distraction.

Si j'habitais Bayonne, je passerais certainement une partie de mes journées sous ces délicieuses allées. La flânerie doit y être si douce !

A l'extrémité de la promenade, au pied de la dune du Blanc-Pignon, colline couverte de pins, l'Adour forme une charmante petite rade au fond de laquelle se trouve le port du Boucau.

Un chemin, qui, tracé à la base de la dune, suit cette petite baie, nous conduisit au milieu des pignadas. Nous nous arrêtâmes et nous assîmes quelques instants pour respirer, à pleins poumons, la pénétrante odeur de résine répandue dans l'air.

Lorsque nous voulûmes continuer notre promenade, deux routes s'offrirent à nous : l'une entrait dans le bois, l'autre longeait la rive du fleuve. Nous choisîmes cette dernière ; elle nous conduisit à l'ancien lazaret, occupé aujourd'hui par un poste de douaniers, et aux jetées en pierre qui encaissent le fleuve jusqu'à son embouchure, et sur l'une desquelles est un feu fixe blanc, de six milles de portée seulement.

Pendant que nous nous promenions sur cette jetée, un gros bateau sortait du port, conduit par le remorqueur à vapeur de Bayonne, sans l'aide duquel le passage de la barre serait fort dangereux.

Ce remorqueur, armé par la chambre de commerce de Bayonne, stationne ordinairement en face du Boucau.

C'est dans le vaste bassin du Boucau que les navires, chargés à Bayonne, attendent que l'état de la barre leur permette de prendre le large.

Arrivés à l'embouchure de l'Adour, nous revînmes sur nos pas. En face du Boucau, ayant avisé un conradin, nous traversâmes l'Adour.

Le village du Boucau, habité presqu'exclusivement par des pêcheurs et par des lamineurs qui font le service du port, n'offre pas beaucoup d'intérêt. Nous y passâmes peu de temps. Le bateau qui nous avait amenés nous fit remonter l'Adour jusqu'à la cale de la place de la Liberté, où stationne ordinairement son propriétaire.

Quand nous y débarquâmes, il était déjà tard ; nous rentrâmes à l'hôtel juste à temps pour nous mettre à table.

Après le dîner, voulant profiter de la seule soirée que nous eussions à passer à Bayonne, d'où nous devions partir le lendemain matin, nous fîmes un tour en ville. Surpris par la pluie, nous passâmes longtemps sous les galeries plafonnées de la rue du Port-Neuf ; ces galeries, garnies d'assez jolies boutiques, sont très fréquentées par les Bayonnais, surtout les jours où le mauvais temps rend impraticables la plupart des autres promenades.

CHAPITRE XXXII

BIARRITZ

Sa position. — Son histoire. — Sa transformation. — Son climat. — Grande plage. — Casino. — Chinaourgue. — Parc aux huîtres. — Aquarium. — Bassin à flot du port des Pêcheurs. — L'Atalaye. — Ruines du château de Ferragus. — Le tunnel. — Le Bonhoum. — Roche-Percée. — Port-Vieux. — Côte des Basques. — Le Vieux-Biarritz. — Un courrier. — Le phare de Biarritz. — La grotte du cap Saint-Martin. — La Chambre d'Amour. — Le bois de Boulogne et le lac de la Négresse.

Nous avions eu l'intention de nous rendre à Biarritz à pied; la pluie, qui tombait à torrents lorsque nous nous réveillâmes le lendemain matin, nous força de prendre le chemin de fer de Biarritz-Anglet, dont la station est, on le sait, placée hors des murs de Bayonne, mais où l'omnibus nous conduisit en un quart d'heure. En un autre quart d'heure, nous fûmes à Biarritz.

La petite ville de Biarritz est située sur les bords du golfe de Gascogne, au-dessus d'une falaise rocheuse et escarpée, haute de quarante mètres. Il n'est pas de ville dont l'aspect soit plus pittoresque; des rues qui serpentent et s'échelonnent sur la falaise, des chalets, des maisons de tous styles, de magnifiques hôtels, de splendides villas placés là comme par hasard, tout cela renfermé dans un étroit espace, il y a de quoi étonner et charmer en même temps.

L'histoire de Biarritz ne date que du xi° siècle, de l'époque où, nous dit M. Germonet de Lavigne, « les premiers bateaux furent harponnés dans le golfe de Gascogne par les premiers harponneurs basques. »

Autrefois s'élevaient autour du Port-Vieux de très vastes magasins où s'entassaient les produits de la grande pêche. La dîme prélevée sur ces marchandises était un important produit pour l'évêque de Bayonne.

Un château du XIIIe siècle, le château de Ferragus, bâti au sommet de l'Atalaye, défendait alors le port et le pays.

Mais la mer est terrible en cet endroit; elle sapa les rochers, et leur chute détruisit le port. Presque tous les habitants de Biarritz l'abandonnèrent.

Pendant des siècles Biarritz ne fut qu'un hameau misérable et inconnu. Cependant de beaux jours lui étaient réservés. Quand les bains de mer devinrent à la mode, Biarritz attira les étrangers, séduits par son admirable position; en dix ans le village devint ville, et fut bientôt une des stations les plus fréquentées de la côte. Des rues y furent percées, des chaussées bien empierrées remplacèrent les mauvais chemins d'autrefois. Le seul défaut du pays était d'être un peu trop *souleillé*, suivant l'expression des habitants; des tamaris et des platanes furent plantés partout et transformèrent la charmante petite ville en « un nid d'ombre et de verdure; » des boulevards entourèrent Biarritz; des maisons, des palais s'élevèrent sur la falaise, devenue le rendez-vous de la société la plus élégante; Biarritz eut bientôt une réputation presque sans rivale, réputation méritée d'ailleurs. La beauté du site, la douceur du climat, la pureté du ciel, la salubrité de l'air, chargé, selon les vents qui règnent, des émanations salines de l'Océan ou des balsamiques senteurs de la montagne, tout est fait non seulement pour attirer les étrangers à Biarritz mais pour les y retenir; aussi la charmante station d'été est-elle devenue une résidence hivernale très suivie. On se baigne à Biarritz de mai à novembre, et la température s'y élève parfois, l'hiver, jusqu'à quinze ou dix-huit degrés.

Biarritz possède trois belles plages, placées chacune dans des con-

BIARRITZ

ditions différentes : la grande plage, la plage du Bassin-Vieux et la plage des Basques.

Arrivés à Biarritz par une pluie battante, nous ne pûmes sortir avant le déjeuner. Vers une heure seulement, nous nous rendîmes à la grande plage. Celle-ci commence au pied des rochers que domine la villa Eugénie, ou plutôt le palais Biarritz, résidence impériale sous Napoléon III, aujourd'hui occupé par un établissement industriel, et elle s'étend jusqu'aux premiers rochers sur lesquels s'élève le bel hôtel connu sous le nom d'hôtel Garderet ; c'est une belle plage sablonneuse, limitée par des terrains bitumeux. Des pelouses gazonnées conduisent de la plage à la villa Eugénie ; au delà s'étend une ligne d'habitations, plus ou moins coquettes, derrière lesquelles passe la route de Bayonne.

Sur la grande plage est un bel établissement de bains, de style mauresque, à quelques pas duquel se trouve une fontaine ferrugineuse ombragée par un joli bouquet de tamaris que semblent beaucoup affectionner les baigneurs de Biarritz.

A l'extrémité sud de cette plage, s'élève le principal groupe des maisons de Biarritz ; une avenue carrossable, contournant la falaise, conduit à ces maisons.

Au milieu des jolies habitations construites en amphithéâtre sur la colline, on remarque le Casino, monument bizarre qui représente une espèce de forteresse crénelée, avec tour à mâchicoulis et soubassement casematé, le tout peint en une couleur gris-rose qui atténue l'aspect sévère du bâtiment, mais n'est pas d'un goût irréprochable.

Des pentes vertes rattachent Biarritz à l'Atalaye.

Au pied de la colline de Biarritz, est un chaos de rochers informes que l'on désigne sous le nom de la Chinaourgue.

Deux fois par jour, la mer envahit la Chinaourgue ; son travail incessant détache peu à peu les matières agglutinées qui composent les roches, en ronge certaines, en contourne et en transforme d'autres, leur donnant les formes les plus bizarres et les plus pittoresques.

Continuant à suivre la côte, nous trouvâmes, après la Chinaourgue, au pied de l'Atalaye, un parc aux huîtres et un vaste aquarium, puis nous arrivâmes au bassin à flot du port des Pêcheurs, protégé par l'Atalaye.

L'Atalaye, dont nous avons déjà parlé, et dont le nom vient d'un mot arabe qui signifie *lieu élevé, vigie*, est un promontoire, haut de quatre mètres vingt centimètres et couronné par un plateau gazonneux, portant les ruines du vieux château de Ferragus, sur lequel se trouvent un poste de douane, un sémaphore, quelques habitations et un tir au pistolet. Du côté du sud, les pentes de l'Atalaye, adoucies et sillonnées de sentiers, ainsi que des escaliers taillés dans le roc, permettent d'y monter et d'en descendre facilement. Nous n'en profitâmes pas ; nous revînmes sur nos pas et rejoignîmes le chemin carrossable, partant de la grande plage, qui, nous l'avons dit, contourne Biarritz; nous savions qu'il nous conduirait à un tunnel, creusé sous l'Atalaye, au sortir duquel nous attendait un admirable spectacle dont nous fûmes littéralement éblouis : devant nous, le golfe de Gascogne resplendissant sous les feux du soleil; et, à l'horizon, les côtes d'Espagne, se dessinant sur un de ces ciels bleus éclatants, inconnus dans le nord de la France, qui pour mon compte m'étonnent toujours autant qu'ils m'enchantent.

Au nord et à l'ouest, l'Atalaye présente des murailles verticales arides et rocheuses, sans cesse battues par la mer, qui s'engouffre, avec un bruit épouvantable, dans les cavités qu'elle-même a creusées à sa base et dont une s'appelle le *Bonhoum*.

Au-dessus du Bonhoum est le gouffre effrayant de la *Roche-Percée*. En cet endroit les vagues s'élèvent parfois avec une telle violence qu'on a vu des gens sur le point d'être enlevés par la lame.

Sur la croupe méridionale de l'Atalaye, sont tracés plusieurs sentiers dont un nous conduisit au Port-Vieux.

Le Port-Vieux est tout ce qui reste de l'ancien port de Biarritz, jadis si animé. Encaissé entre des rochers verticaux, il est dominé, à droite par l'Atalaye, et à gauche par la roche du Haldo, dont la base est formée de rochers d'aspect bizarre, dont quelques-uns font songer aux clochetons et aux gargouilles gothiques. Ces rochers se composent de sable fin fortement agglutiné et mêlé de coquilles de nummulaires.

Une profonde tranchée, faite dans la roche du Haldo, a permis d'ouvrir une route de communication entre le Port-Vieux et la côte

LE PORT-VIEUX

des Basques. Un joli pont en rocaille, connu sous le nom de Pont-du-Diable, franchit, au fond de la tranchée, une crevasse de rochers où la mer s'engouffre avec un bruit épouvantable.

En avant de la tranchée, s'élève un monticule pyramidal, reste de ce qui formait autrefois le sommet du promontoire. Nous eûmes la curiosité d'y monter et en fûmes bien récompensés, car, de ce point élevé, qui domine la côte des Basques, on plonge dans le golfe de Gascogne et l'on aperçoit les montagnes de la Cantabre.

Nous nous trouvâmes justement sur la plage du Port-Vieux à l'heure du bain. Le bassin du Port-Vieux est fort exigu, vu le nombre des baigneurs qui le préfèrent au bain de la grande plage, cela pour différents motifs dont les principaux sont la liberté et la sécurité dont on y jouit. Le flot y monte doucement et ne franchit les bancs de roche, qui forment barrage en avant du port, qu'aux jours de tempête.

Nous nous assîmes sur le rivage afin d'assister aux exploits des modestes baigneurs de Port-Vieux. Le tableau était vraiment pittoresque et animé. Des maris, tenant leurs femmes dans leurs bras, leur apprenaient à nager; élèves et professeurs riaient, à l'envi, des maladresses commises; les guides baignaient les plus poltrons et les plus poltronnes; les habiles nageurs allaient jusqu'aux rochers; les novices, qui voulaient se tirer eux-mêmes d'affaire, étaient bien drôles à voir. Prenant une paire de gourdes, réunies à l'aide d'une lisière, ils les jetaient en avant, barbottaient jusqu'à ce qu'ils les eussent rejointes; puis, se soutenant sur le dos ou sur la poitrine, pataugeaient jusqu'à la corde, non sans avaler de temps en temps une gorgée d'eau salée qui leur faisait faire une épouvantable grimace.

La corde est un câble tendu en travers, à vingt ou vingt-cinq brassées du rivage, de l'une des roches de l'Atalaye à une roche correspondante du promontoire du Haldo. Des bouées de liège sont suspendues à ce câble.

Ce qui nous amusa beaucoup, ce fut de voir les Basquaises prendre leur bain. Elles se baignent tout habillées et coiffées d'un large chapeau de paille destiné à les protéger contre les ardeurs du soleil. Elles quittent seulement leurs chaussures, relèvent décemment leurs jupes, et n'entrent dans l'eau que jusqu'au genou. Un bain de pied leur suffit.

L'établissement de bains du Port-Vieux est un bâtiment de forme trapézoïde, orné de découpures. Il occupe le fond du ravin et communique avec la plage du Port-Vieux par un escalier de pierre.

On prend au Port-Vieux, en outre des bains de mer, beaucoup de bains de sable.

Le sable du Port-Vieux est un peu gros, mais sans aucun mélange de galet; le flot le traverse, l'eau y filtre, mais n'y séjourne pas. Nous vîmes un jeune Basque prendre un bain de sable. Il creusa un trou et s'y coucha; un camarade le recouvrit avec le sable qu'il avait retiré du trou, de sorte que sa tête seule passait. La chaleur était très grande, et le sable, par conséquent, brûlant; il prit un bain d'étuve, dont l'effet est, paraît-il, souverain dans bien des cas.

Mais nous ne pouvions passer le reste de la journée au Port-Vieux, car nous voulions, avant de rentrer, visiter la troisième plage de Biarritz. Si bien que nous nous trouvions à la place que nous avions choisie pour nous reposer, nous nous levâmes et descendîmes à la côte des Basques, par la tranchée du Haldo.

L'aspect de la côte des Basques est bien différent de celui des deux plages que nous venions de visiter. Située en dehors de Biarritz, entourée de falaises argileuses, toujours ruisselantes, qui, d'un côté, vont s'amoindrissant jusqu'aux rochers de Bidart, elle présente un caractère tout particulier. C'est la plage préférée des Basques qui trouvent celle du Port-Vieux trop tranquille et ne sont pas assez libres sur la grande plage.

Les bains s'y prennent dans d'autres conditions qu'au Port-Vieux.

Au Port-Vieux, la grève est douce, le flot moins agité qu'ailleurs; ici, sur la côte des Basques, c'est la grosse lame, non amortie, mais à laquelle les roches semées sur la grève opposent un obstacle qui la calme tout en l'irritant.

Les Basques, qui ne peuvent se donner le luxe de passer une saison aux bains de mer, se retrouvent sur cette côte le premier dimanche de septembre; ce jour est pour eux un jour de fête, unique dans l'année. C'est un jour de fête aussi pour Biarritz qui emprunte à leur présence une physionomie toute particulière. En effet, ils descendent par bandes du Labour, de la Soult, et même de la Basse-Navarre, portant presque tous leur costume national, pantalon de velours ou de cotonnade, ceinture de soie rouge, et veste sur l'épaule. Ils marchent, précédés de leurs instruments nationaux, fifres, tambourins et aussi une espèce de lyre à trois cordes sur laquelle on frappe avec des baguettes de tambour. Dès le matin, ils envahissent la ville et exécutent le *mouchico* sur la place publique; après quoi ils se dirigent vers la mer; ils descendent sur la grève, se déshabillent, et, se tenant par la main, ils tendent le dos et courbent la tête pour attendre la vague.

Tous les détails de cette fête originale nous furent donnés, sur la côte des Basques, par un de nos commensaux d'hôtel, un Parisien qui, arrivé à Biarritz quelques jours avant nous, y avait assisté avec beaucoup d'intérêt.

— Si nous avions eu connaissance de cette fête, dis-je, nous nous serions certainement arrangés pour être ici dimanche dernier; arriver trois jours trop tard, ce n'est vraiment pas avoir de chance!

Nous causâmes encore quelques instants avec le voyageur parisien, puis nous le quittâmes pour monter au vieux Biarritz, où nous conduisit un escalier en limaçon.

La physionomie du vieux Biarritz est bien différente de celle du Biarritz moderne. Pour le dernier, la mer est tout, elle a fait la fortune du pays qui ne vit que d'elle; pour le vieux Biarritz, il est, lui, essentiellement agricole; c'est à la terre que ses habitants demandent sinon la richesse, au moins les ressources nécessaires pour élever leur famille.

Il n'y a rien à voir au vieux Biarritz, si ce n'est une église du XIVe siècle, qui elle-même n'a guère d'autre intérêt que son ancienneté. Nous en redescendîmes donc presque aussitôt, et, nous étant aperçus que le soleil commençait à baisser à l'horizon, nous nous dirigeâmes du côté de l'hôtel. Une grande animation régnait dans la ville, les promeneurs étaient plus nombreux que le matin; dans les rues et sur la place, les saltimbanques et les marchands paradaient et appelaient les passants par leurs cris nasillards. Le soleil couchant, je l'ai su depuis, est, à Biarritz, l'heure de la promenade et de la flânerie.

LA

DESCENTE DES BASQUES

A

BIARRITZ

Nous passâmes la soirée sur la grande plage. Le temps était beau, et grande la foule des promeneurs; nous nous amusâmes beaucoup à étudier certains types, vraiment curieux, que nous avions, par hasard, distingués au milieu d'une foule banale, comme toutes les foules, types que j'ai dessinés de mémoire en rentrant à l'hôtel, et que je revoyais encore, il y a quelques jours, en feuilletant mon album de voyage.

En sortant, le lendemain, notre premier soin fut d'aller à la poste voir s'il y avait des lettres pour nous. On nous en remit une à chacun. La mienne était de ma sœur.

« Tout va bien, me disait Hélène, notre père est de jour en jour mieux disposé en faveur de nos projets. Revenu ici depuis seulement huit jours, je crois qu'il commence à s'ennuyer de Juliette. Tu n'auras pas grand'peine à le décider à faire le voyage de Dunkerque avec toi. »

— Mon oncle arrive à Calais dans trois jours, me dit Charles, après avoir pris connaissance de la lettre qui lui avait été remise.

— Dans trois jours tu peux être chez toi, lui répondis-je.

— Certainement, mais j'aurais volontiers passé ici le reste de la semaine, il y a tant d'excursions intéressantes à faire de Biarritz.

— Oui, mais l'époque fixée pour notre retour est arrivée. Nous n'avons pas d'ailleurs à nous plaindre. Quand, il y a trois ans, nous avons commencé le long voyage que nous achevons en ce moment, nous nous demandions, tu t'en souviens, si rien ne nous arrêterait en chemin; nous sommes au but, il s'est accompli sans aucune difficulté et dans les conditions les plus agréables. Nous sommes vraiment d'heureux mortels.

— Je pense que, pour compléter ce voyage, nous devrions, l'année prochaine, visiter les côtes françaises de la Méditerranée.

— Il ne faut pas toujours disposer de l'avenir, Charles.

— Mon projet ne te tente pas?

— Si, mais....

— Mais, ce n'est pas avec moi que tu veux faire ce nouveau voyage; tu en as assez de ma société, je le vois bien.

— Que dis-tu?

— La vérité. Je ne t'en veux pas.

Pour toute réponse, je lus à Charles la lettre de ma sœur.

— Quand partons-nous? me dit-il.

— Nous sommes aujourd'hui mardi. Passons encore la journée à Biarritz, demain nous irons à Saint-Jean-de-Luz, et le soir nous partirons pour Bordeaux; après demain, dans la journée, nous serons à Orléans, tu nous donneras ta soirée, et vendredi matin tu te mettras en route pour Calais, où tu arriveras en même temps que ton oncle.

— Tu arranges parfaitement tout cela, et j'adopte ton plan sans observation.

— Ne perdons pas un temps qui nous est maintenant parcimonieusement compté; nous sommes, je crois, convenus d'aller, avant le déjeuner, visiter le phare et de continuer jusqu'à la Chambre d'Amour; partons.

Nous nous dirigeâmes alors vers la porte de Bayonne, et, prenant à gauche un chemin qui contourne le parc de la villa Eugénie, nous ne tardâmes pas à arriver au phare.

Le phare de Biarritz est construit au-dessus du cap Saint-Martin, lequel domine de vingt mètres le niveau moyen de la mer et occupe une des extrémités de la vaste courbe fermée à l'autre extrémité par les rochers de l'Atalaye. Dans cette courbe se dessine la côte du Coût, interrompue par deux rochers dont la haute mer baigne la base et dont le plateau domine la grande plage, plateau sur lequel s'élève le palais Biarritz, bâtiment fort simple en brique rouge, avec chaînes en pierre blanche, formant trois corps de logis, dont le principal a quarante mètres de développement sur la mer.

Pour monter au phare, nous dûmes gravir deux cent cinquante-six marches. Mais quel panorama que celui qui s'offrit à nos regards, quand nous eûmes achevé cette pénible ascension et fûmes parvenus à la large galerie qui entoure la lanterne !

Au premier plan, Biarritz, ses maisons semées en amphithéâtre sur la colline, ses dunes, ses plages, et puis les landes, les campagnes du pays basque ; enfin, la chaîne des Pyrénées et les côtes d'Espagne. Tout cela à peine dégagé des vapeurs du matin, qui, même par endroits, enveloppaient encore d'un nuage transparent les splendeurs de ce grandiose et magnifique paysage. Que peut-on imaginer de plus beau !

Quand nous fûmes descendus du phare :

— Messieurs, nous demanda le gardien, voulez-vous maintenant visiter la grotte ?

— Quelle grotte ?

— Celle qui se trouve sous le cap Saint-Martin.

— Certainement, répondis-je.

— Alors, venez.

Cet homme nous conduisit vers des rochers auxquels l'agitation continuelle des vagues a donné des formes si bizarres, qu'on les prendrait volontiers pour de vieilles ruines gothiques ; c'est dans ces rochers qu'est creusée la grotte en question.

Cette grotte, aux parois humides, couverte de mousses en maints endroits, et ailleurs d'ocre jaune, est si vaste et si profonde, que non seulement elle sert d'asile aux pêcheurs, mais peut offrir aux pâtres un abri suffisant pour eux et leurs troupeaux.

En sortant de cette grotte, nous suivîmes la plage, et, en un quart d'heure, nous arrivâmes à la Chambre d'Amour, grotte bien moins curieuse certainement que celle que nous venions de visiter et d'ailleurs en partie fermée par les sables, mais devenue et restée célèbre, grâce à certaines légendes accréditées dans le pays, que nous ne rapporterons pas ici, car elles sont nombreuses, et diffèrent tellement les unes des autres, que nous ne saurions faire un choix entre elles, mais qui, toutes, parlent d'un jeune homme et d'une jeune fille qui, surpris par la vague, trouvèrent dans cette grotte une mort lente et terrible.

Quand nous quittâmes la Chambre d'Amour, il était encore de bonne heure; une petite promenade sur la côte du Coût et sur celle des Fous, qui lui fait suite, achevèrent d'occuper notre matinée.

Après le déjeuner, nous montâmes au sommet de la falaise qui domine la côte des Basques; nous prîmes la route de Bidart et allâmes passer devant une maison à un seul étage, ayant l'apparence d'une mosquée mauresque, la villa Marbella. Un chemin étroit, que nous rencontrâmes un peu au-dessus de cette villa, nous conduisit à d'épais taillis dans lesquels nous pénétrâmes; nous étions dans ce qu'on appelle, à Biarritz, le bois de Boulogne. Le chemin que nous suivions depuis la villa Marbella descend en serpentant à travers ce bois jusqu'au lac de la Négresse.

Ce lac, d'un kilomètre d'étendue, est très profond, et fut longtemps réputé dangereux. Il communique par des nappes souterraines avec la mer, dont il n'est qu'à deux kilomètres et demi, et dans laquelle il répand le trop plein de ses eaux par un déversoir éclusé, placé à la pointe sud-ouest. Ses eaux sont très froides, mais, paraît-il, très poissonneuses, ce qui fait que les pêcheurs l'apprécient beaucoup; une pente rapide descend sur ses bords. Plusieurs barques étaient amarrées au rivage, nous eûmes envie de faire une petite promenade sur l'eau, nous hélâmes un batelier qui vint nous chercher aussitôt. Le temps était superbe; le ciel, d'un bleu pur, se reflétait dans les eaux du lac, transformé en nappe d'or par les rayons éclatants d'un soleil splendide, une légère et humide brise nous caressait doucement le visage. Le rivage était calme, le bois silencieux, ce n'était pas encore le moment où l'on se promène à Biarritz. Je n'oublierai jamais l'heure délicieuse que nous passâmes sur ce lac, qui, ce jour-là, méritait bien le nom de lac bleu qui lui est souvent donné. Pendant tout le temps que dura la promenade, nous ne prononçâmes pas, je crois, une seule parole; je rêvais... et Charles respecta ma rêverie, ce dont je lui sus d'ailleurs un gré infini.

CÔTE DES FOUS. — VILLA MARBELLA.

Enfin, nous nous fîmes descendre sur la rive opposée à celle où nous avions embarqué, en face de la station de la Négresse, et nous remontâmes à travers bois jusqu'à la gare, où nous trouvâmes la route qui devait nous ramener à Biarritz.

Nous y rentrâmes d'assez bonne heure.

Nous étions fatigués, je proposai à Charles d'aller nous baigner. Il accueillit mon idée avec enthousiasme, et nous nous rendîmes à l'établissement de la grande plage où nous prîmes un bain délicieux. L'eau nous parut plus chaude qu'elle ne l'est ordinairement en pleine canicule sur les plages normandes.

CHAPITRE XXXIII

SAINT-JEAN-DE-LUZ

Promenade à Saint-Jean-de-Luz. — Départ de Biarritz. — Retour de M. de Lussac à Orléans. — Celui-ci prend congé du lecteur, en lui faisant, à mots couverts, part de son prochain mariage.

Le lendemain, à huit heures, nous montions dans une voiture que nous avions louée la veille pour nous conduire à Saint-Jean-de-Luz. Nous avions peu de temps à donner à cette dernière promenade, car, le train de Bordeaux partant à six heures, nous voulions être de retour à Biarritz à quatre heures au plus tard.

La route de Biarritz à Saint-Jean-de-Luz longe le littoral, elle est pittoresque et charmante. Nous traversâmes Bidart et Guétari. A partir de ce dernier village, notre voiture fut littéralement et continuellement assiégée par une nuée d'enfants qui, accrochés à la portière, nous offraient des bouquets de jolis petits œillets des sables; nous avions eu la malencontreuse idée d'accepter les premiers qui nous avaient été présentés, et de les payer généreusement; les enfants, enchantés, avaient averti leurs camarades, leurs associés peut-être, et nous ne pouvions plus nous débarrasser des indiscrets gamins.

La petite ville de Saint-Jean-de-Luz, située sur le golfe de Gascogne, à l'embouchure de la Nivelle, au fond d'une rade, formant un arc régulier, aux extrémités duquel se trouvent, au nord, les rochers de Sainte-Barbe, au sud, la tour et les jetées de Sawa, encadrée et surmontée de collines boisées ou plantées de vignes, est pour ainsi dire cachée derrière les énormes digues destinées à la protéger contre les envahissements de l'Océan.

Saint-Jean-de-Luz fut autrefois un port important, plein de mouvement et de vie; ses corsaires y apportaient de riches cargaisons, il s'y faisait de grands armements pour la pêche de la morue. Au XVIIe siècle, Saint-Jean-de-Luz et Ciboure, commune que la Nivelle sépare de Saint-Jean, possédaient quatre-vingt-quatre bateaux, les deux ports n'en ont que trois ou quatre aujourd'hui.

Les rues de Saint-Jean sont maintenant désertes et silencieuses. On n'y voit un peu d'activité qu'au moment du retour des Terre-Neuviens, qui, partis en mars, reviennent de septembre à novembre. La pêche de la morue est encore la principale branche du commerce de Saint-Jean-de-Luz; il faut y joindre celles du thon et des anchois.

De 1777 à 1822, les ouragans renversèrent par trois fois la digue de Saint-Jean-de-Luz. Les violences de la mer rendent sa baie inabordable, et les progrès constants du flot sont une menace pour la ville, dont une partie est déjà dans la mer, et dont l'autre peut-être ne tardera pas à lui appartenir.

N'ayant que fort peu de temps à rester à Saint-Jean-de-Luz, notre premier soin, en y arrivant, fut d'aller visiter le port et d'essayer de nous rendre compte de la position de la ville. Pour cela, nous prîmes une barque, car c'est de la mer qu'il faut voir Saint-Jean-de-Luz dans son encadrement de verdure.

Dans l'après-midi, nous visitâmes les monuments, fort peu nombreux à Saint-Jean-de-Luz, d'abord l'église, où fut célébré, le 9 juin 1660, le mariage de Louis XIV et de l'infante Marie-Thérèse.

L'église Saint-Jean-Baptiste, bâtie au XIIIe siècle, a été souvent restaurée, il ne reste de l'église primitive que quelques fenêtres et deux portes. Les colonnes et les statues dorées que l'on voit aujourd'hui dans l'église Saint-Jean-de-Luz lui donnent un aspect quelque peu espagnol, tandis que sa disposition rappelle le caractère archéologique des églises du pays basque. La porte principale de cette église fut, dit-on, murée après le mariage du roi.

En sortant de l'église Saint-Jean, nous voulûmes nous rendre à la maison qui fut habitée par le roi Louis XIV. Nous suivîmes, à cet effet, la principale rue de la ville, à l'extrémité de laquelle se trouve cette maison, ordinairement appelée château du roi. Cette rue, à laquelle aboutissent des ruelles étroites et tortueuses, offre un aspect tout particulier, avec ses maisons en brique rouge, dont les volets, les portes, les compartiments de maçonnerie sont peints en rouge sang. C'est dans cette rue surtout que nous entendîmes les cris et les chants des marchandes de sardines qui, la jupe relevée jusqu'au genou, s'en allaient à Bayonne porter leur marchandise, ou qui, après avoir achevé leur vente et s'être réconfortées avec un petit verre de consolation, revenaient chez elles en chantant et dansant, suivant l'usage du pays.

Le château Louis XIV, bâti sous Henri III ou Henri IV, est flanqué de deux tourelles et décoré de deux rangs d'arcades.

Le château de l'Infante, que nous voulûmes voir ensuite, fut bâtie au commencement du XVIIe siècle, c'est un monument fort ordinaire qui n'attirerait pas l'attention s'il n'avait été la demeure de Marie-Thérèse, fiancée de Louis XIV.

On nous avait signalé plusieurs maisons, célèbres à différents titres, à voir à Saint-Jean-de-Luz; mais, ne sachant pas exactement où elles se trouvaient, nous n'eûmes pas le temps de les chercher. Nous avions recommandé à notre cocher d'atteler pour deux heures; nous nous étions aperçus, le matin, que la vitesse de son cheval laissait à désirer, et nous ne voulions pas être exposés à manquer le train de Bordeaux.

Nos ordres avaient été ponctuellement exécutés. Comme deux heures sonnaient, nous montions en voiture.

Nous arrivâmes à Biarritz assez à temps pour boucler nos valises, régler notre compte d'hôtel, aller faire nos adieux à la mer et dîner tranquillement avant de partir.

A six heures, nous quittions Biarritz.

Le lendemain soir, nous étions à Orléans.

Charles nous quitta le surlendemain.

Quelques jours plus tard, j'eus avec mon père une longue conversation, à la suite de laquelle nous partîmes ensemble pour Dunkerque. Nous y fûmes très bien reçus, je commence par le dire, mais notre arrivée ne parut causer de surprise à personne, ce qui me fit soupçonner ma chère Hélène d'avoir, en cette circonstance, quelque peu manqué de discrétion. Je me promis de la gronder lorsque je la reverrais; et pourtant, de retour à la maison, je ne lui fis aucun reproche, j'étais trop heureux pour songer à autre chose qu'à mon bonheur.

ÉGLISE DES TEMPLIERS A SAINT-JEAN-DE-LUZ

TABLE DES MATIÈRES

CHAPITRE I. DE SAINT-NAZAIRE AU POULIGUEN. — Départ de Saint-Nazaire. — Pornichet. — Le Pouliguen. 5

CHAPITRE II. DU POULIGUEN AU CROISIC. — Du Pouliguen à Batz. — Impression produite par le pays sur l'imagination des voyageurs. — Batz. — L'église. — Ruines de la chapelle de Notre-Dame du Mûrier. — Costumes de Batz. — Un enfant de Batz. — Les falaises. — La Barrière. — Un puits. — Arrivée au Croisic. . . . 13

CHAPITRE III. LE CROISIC. — Position et histoire du Croisic. — Son port. — Notre-Dame-de-Pitié. — Le mont Saint-Esprit et le mont Lénigo. — La chapelle de Saint-Goustan. — L'établissement des bains Valentin. — La Grande-Côte. — Le Grand-Autel et le trou du Kourigan. — La pointe du Croisic. — Rochers et plages. . . . 21

CHAPITRE IV. GUÉRANDE. — Origine et histoire de cette ville. — Son aspect général. — Ses fortifications. — L'église Saint-Aubin. — Coiffure des femmes de Guérande. — Guérande évêché. — Les marais salants. 27

CHAPITRE V. DE GUÉRANDE A PAIMBŒUF. — Rêveries. — Départ de Guérande. — Aspect des marais salants. — Escoublac. — Une ville disparue. — La Bôle. — Retour à Saint-Nazaire et départ pour Paimbœuf. 37

CHAPITRE VI. PAIMBŒUF. — Origine et histoire de Paimbœuf. — Une ville morte. — Réflexions philosophiques — Le port de Paimbœuf, son môle. — L'église. — Le maître-autel de Buzai. 41

CHAPITRE VII. NANTES. — Origines, notions historiques. . . . 45

CHAPITRE VIII. NANTES (suite). — Arrivée à Nantes par la Loire. — Le quai de la Fosse. — La place Graslin. — La place Royale. — L'église Saint-Nicolas. — Le passage Pommeraye. — Principaux monuments de Nantes. . . . 55

CHAPITRE IX. Pornic. — Position et aspect de la ville. — Le port et la rade. — Le commerce de Pornic. — Les cendres marines. — Le château de Pornic. — La promenade de la Terrasse. — La croix des Huguenots. — La plage du château. — La Malouine. — La falaise. — Le phare. — La plage de Noveillard. — La source de Malmy. — Les Cheminées. — Mlle Thérèse. 71

CHAPITRE X. L'Île de Noirmoutier. — Le port de Noirmoutier. — Histoire de l'île. — Le château de Noirmoutier. — Le bois de la Chaise. — L'îlot du Pilier. — Notre-Dame de la Blanche. — La Guérinière. — La Barbâtre. — Le passage du Goa. . 81

CHAPITRE XI. De Beauvoir aux Sables-d'Olonne. — Beauvoir. — La Barre-de-Mont. — Notre-Dame-de-Mont. — Saint-Jean-de-Mont. — Saint-Hilaire-de-Riez. — Sainte-Croix-de-Vie. — Saint-Gilles-sur-Vie. — L'île d'Yeu. 87

CHAPITRE XII. Les Sables-d'Olonne. — Notions historiques sur la ville. — Le port. — La plage. — Le Casino. — Une belle soirée. — La ville des Sables. — Ses environs. 93

CHAPITRE XIII. Des Sables-d'Olonne a la Rochelle. — Les ruines du château de Talmont. — Jard. — Saint-Vincent-sur-Jard. — Tumulus du champ de la Fée. — La Tranche. — Le marais Poitevin. — Les Angles. — Aiguillon. — Les parcs aux moules. — Une triste traversée. — Ars-en-Ré. — Saint-Martin. — Départ pour la Rochelle. . . 101

CHAPITRE XIV. La Rochelle. — Son origine, son histoire. . . . 115

CHAPITRE XV. La Rochelle (suite). — L'ancien port et le port actuel. — Les bains Richelieu. — La jetée. — Les bains du Mail. — La plage. — Les bains Marie-Thérèse. — La tour de la Grosse-Horloge. — La Bourse. — Le palais de justice. — La cathédrale. — Les remparts. — La tour Saint-Nicolas. — La tour du Chaume. — La tour de la Lanterne. — Le Mail. — L'hôtel de ville. — Les vieilles maisons. . . . 125

CHAPITRE XVI. De la Rochelle a Rochefort. — Châtelaillon. — Yves. — Fouras. — La pointe de l'Aiguille. — L'île d'End. — Arrivée à Rochefort. . . 137

CHAPITRE XVII. Rochefort. — Origines de Rochefort. — Louis XIV crée le port et l'arsenal de Rochefort. — Privilèges accordés à cette ville. — L'amiral Tromp échoue devant Rochefort. — Brest et la Rochelle s'agrandissent à ses dépens. — Défaite de l'amiral Allemand en 1809. — Décadence de Rochefort. . . . 141

CHAPITRE XVIII. Rochefort (suite). — Situation et aspect de Rochefort. — La place d'Armes. — L'hôtel de ville. — Le jardin public et le jardin botanique. — L'église Saint-Louis. — L'hôpital de la marine et l'école de médecine navale. — Le port de Rochefort. — Le port marchand. — Le port militaire et l'arsenal. — L'hôtel de la préfecture maritime. 145

TABLE DES MATIÈRES

CHAPITRE XIX. DE ROCHEFORT A LA TREMBLADE. — Soubize. — Moëze. — Brouage. — Ce que fut Brouage. — Son histoire. — Ce qu'est aujourd'hui cette ville. — Hiers. — Marennes. — La plage. — Déjeuner aux huîtres. — L'église. — La ville. — Le port. 151

CHAPITRE XX. LA TREMBLADE. — Aspect de la ville. — Le tramway de la ville à la plage. — Coup d'œil. — Les huîtrières. — Une invitation. — Traversée de la Tremblade à Oléron. 157

CHAPITRE XXI. L'ÎLE D'OLÉRON. — Arrivée à Saint-Trojan. — La famille Lorville. — La plage de Saint-Trojan. — Quelques renseignements historiques sur l'île d'Oléron. — Le château d'Oléron. — Saint-Pierre d'Oléron. — Saint-Georges. — Boyardville. — Saint-Denis. — Le phare. — Le pertuis d'Antioche. — La côte d'Antioche. — Adieux. 163

CHAPITRE XXII. ROYAN. — Histoire de Royan. — Les conches de Royan. — Le port. — Une rencontre. — Ce qu'était autrefois Royan. — La plage de Royan. — Climat de Royan. — Saint-Palais-sur-Mer. — Puyravault. — Terre-Nègre. — La grande côte. — L'épave. — Les dunes d'Arvert. 177

CHAPITRE XXIII. ENVIRONS DE ROYAN. — Le phare de Cordouan. — Le maigre et la lombine. — Saint-Georges-de-Didonne. — Suzac. — Meschers. — Une baleine à Meschers. — Les trous de Meschers. — Talmont et son église. — Départ de Royan. — Une lettre. 193

CHAPITRE XXIV. DE ROYAN A BORDEAUX. — La pointe de Grave. — Soulac. — Notre-Dame de la Fin des Terres. — Le Talais. — Saint-Vivien. — Montalivet. — De Montalivet à Lesparre et de Lesparre à Bordeaux. 205

CHAPITRE XXV. BORDEAUX. — Notions historiques. . . . 214

CHAPITRE XXVI. BORDEAUX (suite). — Place des Quinconces. — Port. — Douane. — Bourse. — Porte du Palais. — Grand pont. — Porte de Bourgogne. — Églises Saint-Michel et Sainte-Croix. — Jardin public. — Quais des Chartrons et de Bacalan. — Bassin à flot. — Commerce. — Cathédrale. — Saint-Seurin. — Crypte de Saint-Fort. — Palais Gallien. Porte de l'hôtel de ville. — Musée. — Palais de justice. — Hôpital Saint-André. — Grand théâtre. 219

CHAPITRE XXVII. DE BORDEAUX A ARCACHON. — Départ de Bordeaux. — Le Bec d'Ambez. — Les châteaux Palmer, d'Issan, de Rouzan. — Château-Margaux. — Blaye. — Le château de Beychevelle. — Saint-Julien, Léoville, Longueville, Château-Lagrange. — Château-Latour. — L'île de Patiras. — Château-Lafitte. — Lesparre. — Les étangs d'Hourtin et de Lucanau. — Arrivée à Arcachon. . . . 237

CHAPITRE XXVIII. ARCACHON. — Position d'Arcachon. — La plage. — Le Casino. — Le bassin d'Arcachon. — Le musée-aquarium. — Le Truc de Pey-Mahon. — La forêt. — Les dunes. — La Teste. — L'étang de Cazau. — Les dunes de Lescours. — La forêt de la Teste. — La pointe du Sud. — Le mont Pilat. — La dune de la Grave. — Le Moullo. — Notre-Dame d'Arcachon. — L'île des Oiseaux. — Le cap Ferret. . . 245

CHAPITRE XXIX. D'Arcachon a Bayonne. — Parentis-en-Born. — Biscarosse. — Étang de Biscarosse. — Mimizan. — Mézos. — Un berger landais. — Saint-Julien-en-Born. — Étangs de Saint-Julien et de Lit. — Costumes et types landais. — L'embouchure de l'Adour et ses déplacements. — De Lesbennes à Capbreton. — Capbreton. — Soustons. — Le Vieux-Boucau. 265

CHAPITRE XXX. Bayonne. — Notions historiques. — Situation et ensemble de la ville. 277

CHAPITRE XXXI. Bayonne (suite). — Château-Vieux. — Cathédrale. — Place d'Armes. — Place de la Liberté. — Rue Chigaray. — Citadelle. — Vue des bastions. — Église de Saint-Esprit. — Israélites. — Pont de l'Adour. — Porte du Réduit. — Château-Neuf. — Saint-André. — Allées de Boufflers. — Chantiers de Mousseroles. — La Nive. — Allées-Marines — Dune du Blanc-Pignon. — Pignadas. — Rue du Pont-Neuf. . . 281

CHAPITRE XXXII. Biarritz. — Sa position. — Son histoire. — Sa transformation. — Son climat. — Grande plage. — Casino. — Chinaourgue. — Parc aux huîtres. — Aquarium. — Bassin à flot du port des Pêcheurs. — L'Atalaye. — Ruines du château de Ferragus. — Le tunnel. — Le Bonhoum. — Roche-Percée. — Port-Vieux. — Côte des Basques. — Le Vieux-Biarritz. — Un courrier. — Le phare de Biarritz. — La grotte du cap Saint-Martin. — La Chambre d'Amour. — Le bois de Boulogne et le lac de la Négresse. 291

CHAPITRE XXXIII. Saint-Jean-de-Luz. — Promenade à Saint-Jean-de-Luz. — Départ de Biarritz. — Retour de M. de Lussac à Orléans. — Celui-ci prend congé du lecteur, en lui faisant, à mots couverts, part de son prochain mariage. . . 311

TABLE DES VIGNETTES

Arcachon.	247
— (Casino).	249
— (Église Notre-Dame).	257
— (Parc aux huîtres).	261
— (Villa Brémontier).	253
— (Vue dans la forêt).	251
Arrivée des paludiers à l'époque de la récolte du sel.	33
Barques de pêche.	276
Batz (Costumes de fête des paludiers).	17
Bayonne (Cathédrale).	283
— (Port).	2
— (Vieux quartier de Saint-Esprit).	287
Bergers landais.	269
Biarritz.	298
— (La côte des Fous. — Villa Marbella).	307
— (La descente des Basques).	304
— (Le Port-Vieux).	297
Blaye.	239
Bouchots à marée basse.	105
Bordeaux.	221
— (Cathédrale).	229
— (Église Saint-Michel).	225
— (Grand Pont).	223
— (Grand théâtre).	235
— (Ruines du palais Gallien).	233
— (Tour de Pey-Berland).	231
Cambronne (Statue de) à Nantes.	67
Croisic (le).	23
Colbert.	153
Cordouan (Phare de).	195
Départ pour la troque.	40
Espadon.	199
Esturgeon.	199
Facteur dans les Landes.	273
Femmes apportant le sel.	39

Grave (Pointe de).	207
Guérande (Porte Saint-Michel).	29
Ile de Ré (Costumes des femmes).	109
— (Phare de la Baleine).	107
— (Saint-Martin).	111
Lamoricière (le général).	63
La Rochelle.	124
— (Hôtel de ville).	131
— (Rue de l'Évêché et cloître Saint-Barthélemy).	127
— (Siège de) par Louis XIII (d'après Callot).	119
— (Tour de la Lanterne et entrée du port).	129
La Teste (Cippe de Brémontier près de).	255
Nantes (Cathédrale).	59
— (Château).	49
— (Château de la duchesse Anne).	51
— (Muséum d'histoire naturelle).	52
— (Palais de justice).	69
— (Pont de Barbin).	70
— (Préfecture).	65
— (Théâtre).	61
— (Vue générale).	55
Navire en détresse.	191
Paimbœuf.	43
Pêche aux moules.	113
Plan d'un marais salant.	31
Pornic (Baie de).	73
Richelieu.	123
Rochefort.	147
— (Arsenal).	143
Royan (Église de).	181
Sables d'Olonne (Costumes des femmes).	95
— (Plage des baigneurs).	97
Saint-Jean-de-Luz (Église des Templiers).	314
Saint-Nazaire.	5
Soulac (Église de).	209
Talmont (Ruines du château de).	103

www.ingramcontent.com/pod-product-compliance
Lightning Source LLC
Chambersburg PA
CBHW071247160426
43196CB00009B/1201